Uni-Taschenbücher 957

UTB

Eine Arbeitsgemeinschaft der Verlage

Birkhäuser Verlag Basel und Stuttgart
Wilhelm Fink Verlag München
Gustav Fischer Verlag Stuttgart
Francke Verlag München
Paul Haupt Verlag Bern und Stuttgart
Dr. Alfred Hüthig Verlag Heidelberg
Leske Verlag + Budrich GmbH Opladen
J. C. B. Mohr (Paul Siebeck) Tübingen
C. F. Müller Juristischer Verlag – R. v. Decker's Verlag Heidelberg
Quelle & Meyer Heidelberg
Ernst Reinhardt Verlag München und Basel
K. G. Saur München · New York · London · Paris
F. K. Schattauer Verlag Stuttgart · New York
Ferdinand Schöningh Verlag Paderborn
Dr. Dietrich Steinkopff Verlag Darmstadt
Eugen Ulmer Verlag Stuttgart
Vandenhoeck & Ruprecht in Göttingen und Zürich

Wolf D. Oswald
Grundkurs Soziogramm (UTB 672)

Wolf D. Oswald
Grundkurs Information (UTB 775)

Michael Zängle
Einführung in die politische Sozialisationsforschung (UTB 772)

Werner Kaltefleiter
Peter Nißen

Empirische Wahlforschung

Eine Einführung in Theorie und Technik

Ferdinand Schöningh
Paderborn München Wien Zürich

Werner Kaltefleiter, Dr. rer. pol., o. Professor für Politische Wissenschaft an der Universität Kiel, Direktor des Instituts für Politische Wissenschaft, von 1970 bis zur Wahl zum Vizepräsidenten der Universität Kiel im Sommersemester 1975 Leiter des Sozialwissenschaftlichen Forschungsinstituts der Konrad-Adenauer-Stiftung, geb. 1937 in Hagen.

Peter Nißen, Dr. sc. pol., Wissenschaftlicher Assistent am Institut für Politische Wissenschaft der Universität Kiel; 1977 Visiting Professor an der Pennsylvania State University; geb. 1948 in Kiel.

CIP-Kurztitelaufnahme der Deutschen Bibliothek

Kaltefleiter, Werner:
Empirische Wahlforschung: e. Einf. in Theorie
u. Technik / Werner Kaltefleiter; Peter Nissen.
— Paderborn, München, Wien, Zürich: Schöningh,
1980.
(Uni-Taschenbücher; 957)
ISBN 3-506-99217-1
NE: Nissen, Peter:

Herstellung: Ferdinand Schöningh, Paderborn.

Einbandgestaltung: Alfred Krugmann, Stuttgart.

ISBN 3-506-99217-1

Inhaltsverzeichnis

Vorwort

Die Wahlforschung gehört zu jenen Wissenschaftsgebieten, die sich einerseits erst in jüngerer Zeit entwickelt haben, die aber dennoch in der Öffentlichkeit eine breite Aufmerksamkeit finden. Dort wird die Wahlforschung mit einer Mischung aus hochgesteckten Erwartungen und tiefverwurzelter Skepsis beobachtet. Die Disziplin steht — obwohl grundsätzlich weder geeignet noch von ihr beabsichtigt — häufig im Rampenlicht der Öffentlichkeit, um „Wahlvorhersagen" zu geben. Da häufig genug irgendwo gewählt wird, wird die Voraussage, nicht die Analyse, als Wahltoto dann zur Dauershow, die manchmal nahezu zirzensische Züge annimmt und damit zugleich den Anspruch eines Wissenschaftsgebietes in Zweifel zieht. Daß Seriosität und öffentliches Interesse sich nicht immer wechselseitig befruchten, ist eine alte Erfahrung der Wissenschaftsgeschichte.

Aus dieser Tatsache ergibt sich ein erstes Motiv für den hier vorgelegten Versuch einer Einführung in das Wissenschaftsgebiet Wahlforschung. Sie wendet sich zunächst an diese breite interessierte Öffentlichkeit.

Sie wird dies Übel des Mißbrauchs einer Wissenschaft allerdings nicht beseitigen, aber vielleicht zu einer angemessenen Bewertung beitragen können. Der Drang zum Orakel scheint so alt wie die Menschheit zu sein, die Formen des Orakels ändern sich freilich. In einer Zeit mit weitverbreiteter Wissenschaftsgläubigkeit spricht Pythia deswegen nicht mehr aus dem Dampfe, sondern von Kathedern und aus Computerzentren. Aber vielleicht erkennen einige Wähler, einige Journalisten oder sogar einige Politiker oder deren Mitarbeiter, die einen Teil ihrer kostbaren Zeit in die Lektüre dieser Einführung investieren: Wahlforschung ähnelt dem chirurgischen Skalpell, aber im grellen Licht des politischen Marktes werden häufig Brocken gehandelt, die nur vom Schlachtermesser stammen können.

Ein zweites Motiv für den Versuch der Einführung ergibt sich aus der Entwicklung des Wissenschaftsgebietes. Einführungen werden in der Regel für Studiengänge geschrieben, aber es gibt nirgendwo einen „Studiengang“ Wahlforschung — und das ist gut so. Die Verselbständigung einer Teildisziplin ermöglicht zwar einerseits Forschungsfortschritte durch Spezialisierung, aber andererseits ist dafür oft der hohe Preis des Verlustes von Bezügen zu anderen Disziplinen zu bezahlen. Bei einem Wissenschaftsgebiet, das wie die Wahlforschung von derartigen interdisziplinären Querverbindungen lebt, wäre eine solche Entwicklung gefährlich, was die heute schon zu beobachtende Tendenz zur Verselbständigung bestätigt.

Die Bandbreite der mit Wahlen zusammenhängenden Fragestellung gilt es aufzuzeigen: die Einbettung der Wahlen in das sie umgebende Geflecht institutioneller politischer und sozialer Prozesse, die Funktionen von Wahlen in der Demokratie, die Auswirkungen verschiedener Wahlsysteme für die Erfüllung dieser Funktionen einerseits und für die Art des Wahlverhaltens andererseits, und schließlich erst vor diesem Hintergrund kann sinnvoll behandelt werden, was meistens intuitiv als „Wahlforschung“ verstanden wird, nämlich die Analyse einzelner Wahlen und des Wahlverhaltens, sowie die dabei verwendeten Hypothesen und Methoden. Wahlforschung ist empirische Demokratieforschung. Ein isolierter Versuch, eine Kausalkette zwischen einzelnen Ereignissen oder Stimuli und dem output „Wahlverhalten“ herzustellen, ist zum Scheitern verurteilt.

Aus diesem Wissenschaftsverständnis ergibt sich der akademische Adressatenkreis: Studenten oder Wissenschaftler, die sich in diesem Gebiet eine erste Orientierung verschaffen wollen. Dabei ist zu bedenken, daß diese Leser meist an eine Ausbildung in Disziplinen wie der Politischen Wissenschaft, der Soziologie, der Sozialpsychologie oder der Statistik anknüpfen, und sich mit den vertrauten Fragestellungen und Methoden ihrer Heimatdisziplin dem neuen Gebiet zuwenden. Diesem Kreis soll versucht werden zu zeigen, daß Wahlforschung nach mehr verlangt als nach „nur“ politologischer, soziologischer oder sonstiger Fragestellung. Wenn dem so akademisch Vorgebildeten die seiner Disziplin entstammenden

Aspekte trivial erscheinen, so kann dies gelassen hingenommen werden, wenn gleichzeitig erreicht werden kann, daß die Einsicht in die Notwendigkeit interdisziplinärer Arbeit auf diesem Gebiet gefördert wird.

Vor diesem Hintergrund kann eine Einführung auch auf einen umfangreichen wissenschaftlichen Apparat verzichten. Statt dessen werden zu den einzelnen Abschnitten Hinweise für die weiterführende Lektüre gegeben. In der Breite der angesprochenen Aspekte und dem Verzicht auf ein nur für Spezialisten erforderliches Vordringen in die Tiefe liegt der Charakter der Einführung: der des Apéritifs, der den Leser hungrig machen soll auf das folgende Menu: die Vertiefung durch die umfassende Spezialliteratur.

Eine letzte Hoffnung schließlich ist, mit dieser Einführung denen eine Antwort geben zu können, die in unzähligen Briefen und Diskussionsbeiträgen immer wieder gefragt haben: „Die Wahl ist doch geheim, woher wollen Sie eigentlich wissen ...?" Diesen Wählern, die gleichzeitig Forschungsgegenstand der Wahlforschung sind, kann versichert werden: die Wahl ist geheim und muß es bleiben, und doch können manche Aussagen gemacht werden. Wieso, warum und wie, das zu verstehen, soll diese Einführung helfen.

Wie jedes Buch ist auch dieses nicht ohne Hilfe Dritter zustande gekommen, wenn auch die Autoren die alleinige Verantwortung für den Inhalt tragen. Zahlreiche Anstöße kamen von interessierten Studenten, Bürgern, Journalisten und Politikern, die vor und nach Wahlen fragten und fragten und fragten ..., und dies über Jahre. Ihnen sei herzlich gedankt, denn Fragen ist die Voraussetzung dafür, daß Antworten gegeben werden können.

Besonderer Dank aber gilt den Mitarbeitern des Instituts für Politische Wissenschaft der Christian-Albrechts-Universität zu Kiel, die in vielfältiger Form an der Entstehung des Manuskripts beteiligt waren. Beispielhaft für alle seien genannt Diplom-Volkswirt Ernst W. Münster, der zahlreiche Einzelheiten miterarbeiten half, und Frau Maria Raetsch, deren Geduld es nahezu allein zu verdanken ist, daß es endlich eine Reinschrift des Manuskriptes gab.

Das fertige Manuskript las schließlich ein anerkannter Wahlforscher, Franz Urban Pappi. Er gab noch wertvolle Anregungen und den Mut, den Versuch zu wagen: eine Einführung in eine von der Öffentlichkeit längst in Besitz genommene Disziplin der Öffentlichkeit vorzulegen.

Kiel, im Oktober 1979

Werner Kaltefleiter
Peter Nißen

I. Abschnitt:

Wahlforschung als Teil der empirischen Demokratieforschung

1. Kapitel:

Die Wahl im Gefüge der politischen Institutionen und der sozialen Strukturen

1. Gegenstand und Ziele der Wahlforschung

Gegenstand der Wahlforschung ist die Wahl, also die geheime Stimmabgabe, mit der in demokratischen Systemen die Machtzuweisung erfolgt. Wahlforschung fragt nach einem Teilbereich politischen Verhaltens: ihr Gegenstand ist die Erforschung und Entwicklung von Theorien zum menschlichen Verhalten.

Wählen ist eine Form politischen Verhaltens, die (a) massenhaft, (b) in regelmäßigen Abständen unter vergleichbaren Bedingungen und (c) in quantitativ leicht erfaßbarer Weise erfolgt. Diese drei Bedingungen sind in diesem Maße bei kaum einer anderen menschlichen, insbesondere bei keiner anderen politischen Verhaltensweise gegeben. Die Möglichkeit, eine große Zahl von Beobachtungen wiederholt unter etwa gleichen Bedingungen mit großer Genauigkeit und Vergleichbarkeit durchzuführen, schafft günstige Voraussetzungen für die Bildung von Theorien. Dadurch erhält die Wahlforschung bis zu einem gewissen Grad den Charakter des Experimentier- und Prüfgebietes für beträchtliche Bereiche insbesondere der politischen Verhaltensforschung. Dem steht gegenüber, daß eine Theorie des Wahlverhaltens nur Teil einer übergeordneten, allgemeinen Theorie menschlichen Verhaltens sein kann und sich in ein derartiges Theoriegebäude widerspruchsfrei einordnen lassen muß. Diese fast selbstverständliche, wissenschaftstheoretische Aussage mag den methodologischen Rigoristen dazu verführen, Wahlforschung erst dann für sinnvoll zu halten, wenn eine solche „generelle Theorie menschlichen Verhaltens" vorliegt. Eine derartige Forschungsstrategie wäre abwegig: sie wäre die Aufforderung zum Verzicht auf die Erforschung gesellschaftlich bedeutsamer Teilbereiche. Wie in anderen Wissenschaftsgebieten, gerade auch in den Naturwissenschaften, kann die Erkenntnis, daß die allgemeine Theorie nicht — oder noch nicht — formulierbar ist, nur zu dem Schluß führen, daß man sich um die Entwicklung von „Theorien mittlerer Reichweite“ oder „Quasi-Theorien“ bemühen muß, also um Aussagesysteme, die zwar eine Beschreibung, Erklärung und Vorhersage ermöglichen, die aber insofern nur eingeschränkte Gültigkeit haben als sie nicht immer und überall, sondern nur bei Vorliegen bestimmter angebbarer Bedingungen gelten.

Diese Relativierung erfolgt im Bereich der Politischen Wissenschaft durch den Bezug auf die relevanten Strukturen des politischen Systems. Im Gegensatz zur räumlichen oder historischen Relativierung, wo die Aussagen zumeist als singulär erscheinen, ermöglicht der Bezug auf die politischen Institutionen eine strukturelle Relativierung, wie sie den Sozialwissenschaften sonst häufig schwer fällt. Dennoch ist allerdings nicht zu übersehen, daß diese Möglichkeit häufig nicht genutzt wird, und der Historismus feiert in dieser Disziplin genauso häufige Wiederkehr wie die tautologische Relativierung, d. h., das Konstruieren abstrakter, über die Wirklichkeit nichts aussagender, dafür aber mathematisch elegant formulierter Modelle. Gerade die Wahlforschung kennt zahlreiche Beispiele dafür; die Verfügbarkeit quantitativ leicht erfaßbarer Daten in großer Zahl verführt dazu.

Aus dieser Abgrenzung ergibt sich die Aufgabenstellung der Wahlforschung: der Versuch, Aussagesysteme zu entwickeln, die zur Beschreibung, Erklärung und Prognose von Wahlverhalten geeignet sind. Wissenschaftstheoretisch besteht dieses Ziel in der Entwicklung von Quasi-Theorien aufgrund struktureller Relativierung. Das erscheint als eine methodologische Begrenzung. Aber: Gerade in diesem beschränkten Rahmen kann die Wahlforschung wegen der genannten Bedingungen der massenhaften, regelmäßigen und quantitativen Verfügbarkeit von Daten sogar einen paradigmatischen Charakter für die Verhaltensforschung und insbesondere für die Theoriebildung im Bereich des politischen Verhaltens entwickeln. Hier entwickelte Theorieansätze können sich auch in anderen Forschungsgebieten als fruchtbar erweisen. Das Ziel der Wahlforschung liegt also zunächst in der Entwicklung und Prüfung strukturell relativierter Quasi-Theorien zur

Erklärung des Verhaltens in Wahlen und langfristig in dem Versuch, einen Beitrag zur Formulierung genereller Theorien über das menschliche Verhalten zu leisten. Dennoch ist sofort zu betonen, daß der tatsächliche Leistungsstand weit von diesem aus wissenschaftstheoretischer Sicht noch begrenztem Ziel entfernt ist.

Gegenstand der Forschung sind „Wahlen", also ein Teil des Prozesses der Machtzuweisung und Machtkontrolle im System demokratischer Regierungsweise. Deswegen ist diese Disziplin, wie die Politikwissenschaft generell, auf das engste mit der demokratischen Ordnung verknüpft.

Dabei läßt sich der Gegenstand der Wahlforschung in drei einfachen Fragen formulieren, die den verschiedenen Stufen der Theoriebildung entsprechen, nämlich Beschreibung, Erklärung und Prognose.

1. „*Wer* wählt wen?"

Das statistische Wahlergebnis ist stets ein Bruttoergebnis, das sich aus Teilergebnissen von Gruppen zusammensetzt, deren Stimmabgabe in der Regel häufig voneinander abweicht. Stimmengewinne oder Verluste einer Partei sind der Saldo häufig gegenläufiger Bewegungen in den Teilgruppen. Es gilt also zunächst, ein gegebenes Wahlergebnis oder die Unterschiede zwischen den Ergebnissen zweier Wahlen hinsichtlich der Wählerstruktur zu beschreiben. Dabei ist „Wer" nie ein Individuum, sondern immer eine Gruppe von Wählern, die sich durch bestimmte Eigenschaften von anderen Wählern unterscheidet. Diese Eigenschaften können *demographische Merkmale* oder sozial-psychologische *Einstellungen* (Attitüden) sein. Eine Unterscheidung nach demographischen Merkmalen erfolgt, wenn die Gruppen nach Geschlecht, Alter, Schulbildung, Beruf und ähnlichen Merkmalen gegeneinander abgegrenzt werden. Der Gruppierung liegen Einstellungen zugrunde, wenn man Unterscheidungskriterien verwendet wie z. B. Parteianhängerschaft, Erwartungen über zukünftige Wirtschaftsentwicklung, Orientierung an politischen Normen und ähnliches mehr. Durch Strukturierung nach solchen Merkmalen wird die Wählerschaft in abgrenzbare, in sich möglichst homogene Teilgruppen oder Segmente eingeteilt. Hierdurch wird eine Beschreibung des Wahlergebnisses möglich, die um so aussagefähiger wird, je homogener die Gruppen gebildet werden können. Dadurch werden Strukturen politischen Verhaltens offenbar, die das statistische Wahlergebnis verhüllt. Diese Beschreibung verlangt aber sofort nach Erklärungen für die Unterschiede; das führt zu der zweiten Frage:

2. „*Warum* wählte wer wen?"

Diese Frage stellt den Übergang von der Beschreibung zur Erklärung und damit zur Theoriebildung dar. Die Beschreibung des nach Gruppen unterschiedlichen Wahlverhaltens sagt noch nichts über das „Warum" aus, obwohl eine solche Aussage häufig nahegelegt, ja suggeriert wird (besonders häufig geschieht dies in den ad-hoc-„Analysen" in den Fernsehstudios am Abend nach der Wahl). Ist es wirklich allein der biologische Unterschied der Geschlechter, der das Wahlverhalten von Frauen gelegentlich anders gestaltet als das der Männer, oder sind es z. B. verschiedenartige Sozialisationsprozesse und Lebensumstände, die zum unterschiedlichen Verhalten von Frauen und Männer führen?
Dieses einfache Beispiel mag verdeutlichen, daß die Differenzierung der Wählerschaft in homogene Teilgruppen oft nur den Eindruck einer Erklärung bietet: Diese Gruppen sind möglicherweise nur ein statistisches Konstrukt, innerhalb dessen wiederum recht unterschiedliche Faktoren zusammengefaßt und damit verborgen sind. Diese nicht erkennbaren Faktoren können sich auch in deutlichen Korrelationen zwischen den Gruppierungsmerkmalen und dem beobachteten Verhalten niederschlagen — was nur erneut bestätigt, daß Korrelationen keine Kausalaussagen enthalten. Zur Beantwortung der Frage nach dem „Warum" aber werden gerade Kausalaussagen benötigt; diese aber sind nur mit Hilfe bestimmter Techniken und nur dann ableitbar, wenn prüfbare Theorien zur Interpretation des Wahlverhaltens zugrunde gelegt werden.
Eine Theorie, die Wahlverhalten erklären kann, wäre aufgrund der erkannten Zusammenhänge grundsätzlich auch zur Erstellung von Prognosen über das Wahlverhalten geeignet. Schon hier muß aber betont werden, daß die Wahlforschung vom Ziel einer der-

artigen Theoriebildung noch weit entfernt ist. Die gegenwärtige Forschungsaufgabe lautet deshalb: Die Wahlforschung muß Hypothesen (Theorieansätze) zur Erklärung des Wahlverhaltens entwickeln. Wenn hierdurch eine zunehmend bessere Erklärungsfähigkeit erreicht wird, beruht dies zumeist darauf, daß die Erklärungsansätze differenzierter werden und neue Variablen aufgreifen.

Aber auch eine genaue Beschreibung und eine zutreffende Erklärung des Wahlverhaltens trägt der Stellung der Wahl im demokratischen Prozeß nicht ausreichend Rechnung. Gerade die politikwissenschaftliche Wahlforschung muß auch danach fragen, was ein gegebenes Wahlergebnis für die Arbeitsweise des Systems bedeutet.

3. „Wer wählte wen *mit welcher Wirkung*?"

Diese Frage betrifft die Umsetzung des Wahlverhaltens im demokratischen Prozeß. Dabei geht es einmal um die Umsetzung von Wählerstimmen in Mandate — inhaltlich ist das die Frage nach der Zuweisung von Macht auf die sich zur Wahl stellenden Personen und Parteien. Diese Umsetzung von Stimmen in Mandate erfolgt je nach Wahlverfahren unterschiedlich, was unter dem Einfluß der Erfahrung, die der Wähler mit diesem Umsetzungsvorgang erwirbt, wieder Rückwirkungen auf das Wahlverhalten hat. Neben diesem mehr quantitativen Aspekt steht aber gleichzeitig die Frage nach der inhaltlichen Legitimation, die eine Stimmabgabe enthält; dies ist die aus vielen politischen Diskussionen bekannte Frage nach dem „Wählerwillen". Diese Frage zielt vordergründig auf die Interpretation der Motive der Stimmabgabe, darüberhinaus aber betrifft sie ein zentrales Problem demokratischer Regierungsweise: im Wahlakt werden Ansprüche und Erwartungen an das politische System artikuliert. Ob diese Forderungen auf Dauer erfüllt werden oder nicht, entscheidet nicht nur über das Schicksal von Regierungen, Parteien und Politikern, sondern letztlich auch über die Verankerung des demokratischen Systems in der Wählerschaft selbst, also über die Legitimität des Systems. Auch hier gibt es wieder Rückwirkungen auf das Wahlverhalten: Das Ausmaß, zu dem die in einer Wahl artikulierten Anforderungen in der an diese Wahl anschließenden Periode erfüllt werden, entscheidet mit über die Stimmabgabe in der folgenden Wahl.

Die Wahlforschung muß also nicht nur Wahlverhalten beschreiben und erklären, sie muß sich auch damit auseinandersetzen, wie der Wahlprozeß in das demokratische System eingebettet ist und wie er ausgestaltet sein sollte, um ein möglichst hohes Maß an Erwartungserfüllung und eine möglichst wirksame Zuweisung und Kontrolle von Macht zu gewährleisten. Solche Aussagen sind normativer Natur, wenn auch nicht wertnormativ in dem Sinne, daß das individuelle Wertsystem zur Meßlatte für die Beurteilung von Wahlverhalten und vielem mehr wird. Vielmehr handelt es sich um systemnormative Aussagen: das Funktionieren des demokratischen Systems ist das Beurteilungskriterium.

Das demokratische System hat zunächst die beiden Grundzielsetzungen Handlungsfähigkeit und Kontrolle, also die Fähigkeit zur Erfüllung von Staatsaufgaben unter Kontrolle zur Sicherung individueller Freiheit. Dies ist der Anspruch dieses Systems, und gerade in dem Element der Kontrolle zur Sicherung von individueller Freiheit unterscheidet es sich von anderen politischen Ordnungen. Neben den beiden Grundzielsetzungen gibt es weitere Anforderungen, die entweder ergänzend formuliert oder aus den Grundzielsetzungen abgeleitet werden können: Innovationsfähigkeit, Minderheitenschutz und ähnliches mehr sind hier zu nennen.

Die Anordnung und die Ausgestaltung der einzelnen politischen Institutionen ist nicht beliebig veränderbar, sondern orientiert sich an der Frage, wie diese Zielsetzungen am besten erfüllt werden können. Werden politische Institutionen nach anderen Kriterien organisiert, führt dies in der Regel zu Friktionen im demokratischen Prozeß.

Um diese Zielsetzung zu erreichen, müssen die einzelnen Institutionen bestimmte Funktionen erfüllen. Der hier verwandte politikwissenschaftliche Funktionsbegriff kommt dem der funktional-strukturellen Theorie etwa im Sinne von Talcott Parsons nahe. Es handelt sich um die Aufgaben, die erfüllt werden müssen, damit

das demokratische System stabil funktionieren kann, und das schließt die Fähigkeit zur Aufnahme und Verarbeitung von wandelnden Anforderungen ein. Dieser Funktionsbegriff mag kritisch als mechanistisch bezeichnet werden, er hat jedoch den Vorteil, den demokratischen Prozeß insgesamt in beschreibbare Teilprozesse zu untergliedern, die ihrerseits einzelnen oder mehreren Institutionen zugeordnet sind. Dies wiederum eröffnet die Möglichkeit der Verfassungs*politik*, d. h. der Technologie zur Steuerung des demokratischen Prozesses. Die Ausgestaltung der Institutionen ist das Instrument, um z. B. Friktionen im demokratischen Prozeß zu beheben. Die politische Wissenschaft — als science — enthält damit einen nahezu ingenieurwissenschaftlichen Aspekt.
In diesem Rahmen sind auch der Wahl bestimmte Funktionen zugeordnet, die in einer konkreten Situation mehr oder weniger vollständig erfüllt werden. Aus der Entscheidung für das demokratische System werden die Beurteilungskriterien für die Funktionserfüllung einer Wahl abgeleitet. Dieser systemnormativ entwickelte Katalog von Funktionen wird dann wieder zum Maßstab z. B. für die Beurteilung von verschiedenen Wahlverfahren, indem diese darauf überprüft werden, ob und wie sie diese Systemfunktionen zu erfüllen helfen.

2. Die Funktionen der Wahl im demokratischen System

Die Wahl ist der zentrale Prozeß im System demokratischer Regierungsweise, durch den sich die Demokratie von allen anderen politischen Systemen unterscheidet. Die aktive Konsensbildung in der demokratischen Wahl steht ebenso im Gegensatz zu traditionaler Akzeptierung von Regierungsautorität z. B. in monarchischen oder aristokratischen Systemen wie im Gegensatz zur erzwungenen politischen Gefolgschaft in diktatorischen Systemen. In der Demokratie wählen die Regierten mit ihrer Stimmabgabe eines von verschiedenen miteinander konkurrierenden Regierungsangeboten aus. So ist historisch gesehen der Kampf um das allgemeine, unmittelbare, freie, geheime und gleiche Wahlrecht mit dem Kampf um die Durchsetzung der Demokratie weitgehend identisch. Wo dieses demokratische Wahlrecht besteht, hat die Wahl eine Reihe von Funktionen gleichzeitig zu erfüllen.

Ein Verständnis von Wahlen, das nur die Stimmabgabe am Wahltag sieht, ist verkürzt. Die Stimmabgabe ist der letzte Schritt eines langfristigen politischen Prozesses. Die Stimmabgabe schließt den Prozeß der Konsensbildung ab. Man kann somit von einer *Artikulationsfunktion* der Wahl sprechen. In der Stimmabgabe artikulieren sich politische Präferenzen, Forderungen und Erfahrungen des Wählers. Damit ist der Wahlakt das Ergebnis eines vielfältigen und dauerhaften Kommunikationsprozesses zwischen Politikern und Wählern unter Einschaltung der Vielfalt des gesellschaftlichen Pluralismus, vermittelt durch persönliche Erfahrungen, Gespräche zwischen Freunden, Bekannten, Arbeitskollegen und schließlich durch Medien der Massenkommunikation.

In diesem Kommunikationsprozeß werden die unterschiedlichen Interessen artikuliert, zu Gruppeninteressen zusammengefaßt und vorgetragen. In diesem Prozeß werden aus der Vielfalt von Meinungen Handlungsziele für das politische System gebildet. Dies ist die *Integrationsfunktion* der Wahl. Die Wahl ist die Stimmabgabe jedes einzelnen Bürgers, und das Wahlergebnis eine Willensartikulation der Gesellschaft.

Im Wahlakt wirkt der einzelne an der Willensbildung des Systems mit. Diese Konsensbildung ist ein kontinuierlicher Prozeß, der unaufhörlich weiter abläuft, solange die Demokratie selbst bestehen bleibt. Das einzelne Wahlergebnis ist dabei auch eine der vielen Informationen, die in den Konsensbildungsprozeß eingehen und die Meinungs- und Willensbildung der nächsten Periode, d. h. bis zur nächsten Wahl mitbestimmen. Dem Wahlkampf kommt dabei nur eine bescheidene „Erinnerungsfunktion“ zu, die häufig in keinem Verhältnis zu dem in Wahlkämpfen betriebenen Aufwand steht. Im Wahlkampf werden die in der Vergangenheit in einem vielschichtigen Kommunikationsprozeß entstandenen Informationen, Meinungen und Einstellungen wieder belebt, aktualisiert und in ein Meinungsbild umgesetzt. Der Kölner Soziologe E. K. Scheuch hat dies in einem Vergleich zwischen Religion und Politik formuliert: Religiöse Einstellungen sind immer vorhanden, aber in der Vorweihnachtszeit werden sie besonders sichtbar;

ähnlich ist es in der Politik, in der dem Wahlkampf, um im Bilde zu bleiben, die Funktion der Adventszeit zukommt — in ihr konvertieren wenige, aber viele werden sich ihres Standortes bewußt.

Das Ergebnis dieses Meinungsbildungsprozesses ist die Mehrheitsentscheidung am Tage der Wahl: eine Mehrheit bevorzugt das Regierungsangebot einer Partei (oder Parteienkoalition) gegenüber den anderen Angeboten, und dadurch legitimiert die Mehrheit diese Partei oder Koalition zur Übernahme der Regierungsmacht bis zur nächsten Wahl. Dies ist die mit der Integrationsfunktion eng verbundene *Machtzuweisungsfunktion* der Wahl.

Die Machtzuweisung beruht auf einem Mehrheitsentscheid, nicht etwa auf der Herausbildung einer „allgemeinen Meinung", in der die Mehrheits- und die Minderheitsmeinung aufgehen, wie dies der Rousseau'schen Vorstellung von der Transformation der „volonté de tous" in eine „volonté générale" entspräche. Die Vorstellung eines allumfassenden und damit allein gültigen Gemeinwillens ist dem demokratischen System fremd; die Durchsetzung eines verbindlichen Gemeinwillens ist nur mit diktatorischen Mitteln möglich. In der Demokratie bleibt auch die von der Mehrheit bevorzugte Alternative immer nur eine von mehreren legitimen Möglichkeiten, immer hat sie nur den Charakter des vorläufig Geltenden. Demokratie ist das ständige Streiten um das jeweils Beste. Über diesen Streit entscheidet in regelmäßigen Abständen die Wählerschaft in der Wahl. Dabei kann auch der überzeugendste Wahlsieg einer Partei nie den Anspruch auf dauerhaftes Rechthaben begründen — gleichwohl sind Politiker stets einer solchen Interpretation zugeneigt — und erst recht kann ein solcher Erfolg nie die Unterdrückung der Minderheit durch die einmal entstandene Mehrheit rechtfertigen — was eine der häufigsten Ursachen für die Transformierung demokratischer Systeme in direktorialen Regierungsformen z. B. in den Entwicklungsländern ist.

Die Entstehung von Mehrheiten ist dabei stark von der Struktur des Parteiensystems abhängig. Am offensichtlichsten ist die Machtzuweisung durch Mehrheitsbildung, wo nur zwei Alternativen zur Auswahl stehen, sei es in Gestalt von zwei konkurrieren-

den Parteien oder zwei alternativen Regierungsangeboten, die jeweils auf Koalitionen zwischen mehreren Parteien beruhen.
In vielfältig zersplitterten Parteisystemen, wie z. B. denen der Weimarer Republik, der IV. Republik in Frankreich, Italiens und vieler anderer Länder, kann die Wahl die Funktion der Machtzuweisung durch Integration von einzelnen Willensäußerungen zu einem Konsens nicht erfüllen — unter günstigen Bedingungen einer sozialen Befriedigung kann zeitweise eine Scheinstabilität eintreten, die jedoch Belastungen, also z. B. außenpolitischen Krisen oder wirtschaftlicher Stagnation, nicht standhält. Langfristig führt ein solches Parteiensystem regelmäßig zu einer Gefährdung des gesamten demokratischen Systems.
Gewinnt in der Wahl eine Partei oder Koalition die Mehrheit, so wird sie damit zur Machtausübung auf Widerruf legitimiert. Demokratie kann nach dem berühmten Wort von Theodor Heuss als „Herrschaftsauftrag auf Zeit" definiert werden. Nach der Theorie der repräsentativen Demokratie gibt es dann grundsätzlich keine Themen, zu denen die regierende Mehrheit nicht legitimiert wäre, eine Entscheidung zu treffen; wie dies schon 1885 der englische Verfassungstheoretiker Albert V. Dicey (1835—1922) in der damaligen Diskussion zur Entwicklung des parlamentarischen Systems betonte. Das in einer Wahl gewonnene Mandat unterliegt keiner inhaltlichen, sondern lediglich einer zeitlichen Begrenzung.
Die Art und Weise der Machtausübung wird aber auch ohne das Bestehen von inhaltlich einschränkenden Regeln dadurch wirksam begrenzt, daß die Macht nur auf Zeit verliehen ist. Denn die regierende Mehrheit weiß, daß sie sich nach Ablauf der Legislaturperiode einer erneuten Wahl stellen muß. Da sie auch diese Wahl gewinnen will, wird sie ihr Verhalten an diesem Ziel orientieren. Durch die regelmäßige Wiederholung der Wahl gewinnt diese auch die *Funktion der Machtkontrolle*. Die Macht der Opposition besteht nach einer Formulierung der politischen Philosophin Hannah Ahrendt (1906—1975) darin, daß in ihr der potentielle Herrscher von morgen spricht.
Die Regierung versucht, in ihrem Handeln die Kritik zu berücksichtigen, die von der Opposition und den Medien vorgetra-

gen wird. Sie antizipiert die möglichen Konsequenzen dieses Kommunikationsprozesses für die Wahlentscheidungen in der nächsten Wahl und bemüht sich, ihr Handeln so auszurichten, daß die Chancen ihrer Wiederwahl maximiert werden. Demzufolge ergibt das Votum der Wähler nicht nur eine Handlungsanweisung für die Zukunft, sondern bedeutet zugleich eine Rechenschaft über die Politik der Vergangenheit. Da sich die Regierung während ihrer Amtszeit an diesem Votum zu orientieren bemüht, ergibt sich über das „Gesetz der antizipierten Reaktionen" eine die Regierung begleitende Kontrollfunktion der Wahl.

Diese Kontrolle ist um so wirksamer, je stärker die Regierung sich der latenten Drohung eines Mehrheitsverlustes in der nächsten Wahl ausgesetzt sieht, das heißt: je höher die Chance des Machtwechsels ist. Diese ist abhängig von dem Grad der politischen Mobilität der Wählerschaft sowie der Struktur des Parteiensystems und damit verbunden dem Wahlverfahren. Da die politische Mobilität der Wählerschaft erfahrungsgemäß begrenzt ist, sind für die Wirksamkeit der Kontrollfunktion der Wahl die Struktur des Parteiensystems und das Wahlverfahren von entscheidender Bedeutung, wobei beide Elemente in enger Wechselbeziehung miteinander stehen (vgl. S. 45 ff.).

Die begleitende Kontrolle der Politik hat für die um die Macht konkurrierenden Parteien, für Regierung und Opposition eine verhaltensorientierende Funktion. Die Regierung versucht, die in der Wahl erfolgten Handlungsanweisungen in konkrete politische Maßnahmen umzusetzen, während die Opposition diese Tätigkeit mit ihrer Kritik begleitet. Sie bringt die Fehler und Versäumnisse der Regierung vor die wählende Öffentlichkeit. Dabei ist das Aufzeigen von Versäumnissen von besonderer Wichtigkeit: Das Suchen nach Versäumnissen ist das Suchen nach ungelösten Problemen, nach nichtartikulierten Interessen, nach nichtangesprochenen Bedürfnissen und nach neuen Lösungsvorschlägen. Die Regierung muß um ihr Mandat in der nächsten Wahl fürchten, wenn sie nicht glaubhaft auf dieses Bemühen der Opposition eingehen kann, sei es durch das Aufzeigen eigener, besserer Lösungsvorstellungen, sei es — was die Regel ist —, daß sie die neuen Ziele der Opposition in Frage stellt. Aus diesem Wettstreit ergibt sich die Kraft zur

Erneuerung der Politik, die in keinem anderen System strukturell so verankert ist wie in der Demokratie. Der Wettbewerb der Parteien in der Wahl sichert die Chance der Innovation, der Auffindung und Durchsetzung von neuen Handlungsstrategien. Damit erhält die Wahl eine *Innovationsfunktion*[1].

Die Wirksamkeit der Innovationsfunktion ist wiederum um so höher zu veranschlagen, je stärker der Parteienwettbewerb, d. h. je höher die Chance des Machtwechsels ist. Wer also beklagt, daß die Parteien der Bundesrepublik die Fähigkeit zur Innovation verloren hätten, wer darauf verweist, daß Innovationszwang nur noch durch vor- und außerparlamentarische Opposition, etwa durch Protestbewegungen oder Bürgerinitiativen ausgeübt werde — der beklagt (meist unbewußt), daß der Wettbewerb der Parteien — und die dafür konstitutiven institutionellen Regeln — nicht ausreichend wirksam sind.

Artikulation, Integration und Konsensbildung, Machtzuweisung und -kontrolle sowie Innovation beziehen sich stets auf die Inhalte der Politik wie auf die Personen, die sie betreiben. Dabei werden die Personen häufig zu Symbolen für bestimmte politische Konzeptionen, weil die Einzelheiten politischer Alternativen in einer komplexen Gesellschaft für die Mehrheit der Wählerschaft nicht überschaubar sind. Dies ist kein Grund für einen allgemeinen Demokratiepessimismus — vielmehr liegt hier die Ursache für die Arbeitsteilung zwischen Regierten und Regierenden; erst sie macht Demokratie möglich.

Auch der Beruf des Politikers entspricht der Spezialisierung und Differenzierung einer modernen Gesellschaft. Jeder Bürger hat seinen Beruf und er hat Verantwortung für Familie und häufig in vielfältigen Funktionen im vorpolitischen Raum — und er hat

---

[1] Schon Alexis de Tocqueville hat in seinem berühmten Buch über die Demokratie in Amerika darauf hingewiesen, daß diese Innovationskraft in der Außenpolitik zu Diskontinuitäten führen kann, wenn die internationale Konfliktstruktur nach Kontinuität verlangt, aber aus dem Wettbewerb der Parteien eine Veränderung den Charakter eines Selbstzwecks erhält — ein Argument, das von Skeptikern der Demokratie seit Bismarck immer wieder aufgegriffen worden ist.

auch einen Anspruch auf Freizeit[2]. Wenn man diesen Bürgern darüber hinaus die Beschäftigung mit den Details der Politik aufbürden zu können glaubt, geht man von einem irrealen Menschenbild aus — das gilt möglicherweise ähnlich auch für die „Demokratisierung" genannte Vermehrung von Mitwirkungschancen in zahlreichen Bereichen. Dabei besteht die Gefahr, die Mitwirkungsbereitschaft zu überfordern, und man schafft dann lediglich Privilegien für die Minderheit mit weit überdurchschnittlichem Mitwirkungspotential. Dies ist auch das zentrale Problem aller Formen von direkter Demokratie, die unter dem Anschein demokratischer Strukturen aktive Minderheiten privilegieren.

Demokratie wird erst durch das repräsentative System, d. h. durch die Arbeitsteilung zwischen Politikern und Regierten möglich. Die Lösung des Widerspruchs zwischen dem Recht der Regierten zur Auswahl der Regierung und ihrer mangelnden Kompetenz zur Beurteilung von Detailfragen erfolgt daher durch die Personalisierung der Politik, indem die Politiker eine Deutungsfunktion für den komplexen Bereich der von ihnen vertretenen politischen Inhalte erhalten. Wahlen gewinnen dadurch den Charakter einer Artikulation von Vertrauen in die sachliche Leistungsfähigkeit und die persönliche Integrität der Politiker.

Schon bei der Erörterung der Integrationsfunktion, der Kontrollfunktion und der Innovationsfunktion wurde deutlich, daß die Erfüllung der Funktionen einer Wahl nicht unabhängig von den Rahmenbedingungen ist, unter denen sie stattfindet. Diese Bedin-

---

[2] Dieser Anspruch, der erst die Möglichkeit zu einer über die bloße Existenzsicherung hinausgehenden Beschäftigung mit der sozialen Umwelt schafft, konnte bisher erst in den letzten Generationen in den marktwirtschaftlich organisierten Industriegesellschaften erfüllt werden. Alle anderen Systeme haben Freizeit als allgemeinen Anspruch nicht oder nicht in befriedigendem Umfang verwirklichen können. Dies ist auch ein Faktor, der miterklärt, warum die Versuche demokratischer Regierungsweise in Entwicklungsländern zumeist fehlgeschlagen sind. Für die Industriegesellschaften bedeutet das im übrigen auch, daß von deren Bürgern das Erlernen von Normen zur Freizeitgestaltung verlangt wird; dieses Problem erscheint in diesen Gesellschaften noch in vielerlei Hinsicht als ungelöst — was wiederum nicht überraschend ist, da die gesellschaftlichen Normen über Generationen entwickelt werden.

gungen können zu zwei großen Gruppen zusammengefaßt werden: dem institutionellen Rahmen und der Sozial- und Konfliktstruktur der Gesellschaft, die sich beide wechselseitig beeinflussen.

Zu den institutionellen Faktoren gehört die Gesamtorganisation des Regierungssystems — z. B. die Organisation als System parlamentarischer oder präsidentieller Regierungsweise — ebenso wie zahlreiche Einzelregelungen wie etwa über die Parteifinanzierung, über die Regelung zur Kontrolle von Verbänden oder über die Art des Wahlverfahrens, das für Wahlen und Wahlverhalten zentrale Bedeutung hat. Für alle institutionellen Faktoren gilt, daß sie den Rahmen für das Verhalten abstecken, indem sie bestimmte Verhaltensweisen positiv oder negativ sanktionieren.

Die Aussagen über die Wirkungsweise von Institutionen (verkürzt: die Theorie der Institutionen) beruht weitgehend auf lerntheoretischen Aussagen: die Individuen verändern ihr Verhalten, wenn dieses von den Institutionen positiv oder negativ sanktioniert wird. Solche Aussagen betreffen dann jedoch stets nur das Gruppenverhalten, wodurch die Möglichkeit individuell abweichenden Verhaltens offenbleibt. Die strukturelle Relativierung von Aussagen über das politische Verhalten bedeutet somit die Relativierung auf diese Institutionen.

Diese institutionellen Faktoren bestimmen das Funktionieren des demokratischen Prozesses in einer Gesellschaft. Ihre Wirkungsweise wird jedoch begrenzt oder verstärkt durch die Sozial- und Konfliktstruktur. Diese Struktur der Gesellschaft und deren Veränderungen bilden die Grundlage, auf der die Institutionen wirken. Häufig wird der Versuch unternommen, sozialwissenschaftliche Aussagen auf eine im Einzelfall vorgefundene Konfliktstruktur zu beziehen. Dieser Versuch entspricht der historischen oder räumlichen Relativierung, die keine allgemeinen Aussagen zuläßt. Die Konfliktstruktur ist ein Teil der Singularität historischer Prozesse. Die Institutionen dagegen sind nicht raum- und zeitgebunden. Die Prüfung ihrer Wirkungsweise erfolgt in der Regel durch die komparative Methode, d. h. durch die Frage, unter welchen unterschiedlichen sozialstrukturellen Bedingungen die entsprechenden Institutionen gewirkt haben. Die zentrale

Hypothese lautet dabei, daß die Institutionen auch bei unterschiedlicher Konfliktstruktur eine tendenziell gleiche Wirkung haben. Freilich wird ihre Wirkung durch die Konfliktstruktur verstärkt oder auch verzögert. Daraus folgt: Jedes Wahlergebnis ist Resultat dieses Zusammenwirkens; ohne Berücksichtigung des Zusammenwirkens von Sozial- und Konfliktstruktur sowie institutioneller Faktoren bleibt Wahlforschung eine Beschreibung von Wahlergebnissen.

3. Das Zusammenwirken von Konfliktstruktur, Sozialstruktur und Institutionen

Die politischen Parteien präsentieren die in der Wahl zu beurteilenden alternativen Angebote. Dabei hängt das Angebot von der Zahl der Parteien, ihrer Größe und ihrem Verhältnis zueinander und zum Wähler ab, d. h. von der Struktur des Parteiensystems. Die Struktur des Parteiensystems entscheidet wesentlich mit darüber, ob und wie eine Mehrheitsbildung möglich ist, wie stabil und handlungsfähig Regierungen sind, wie innovationsfähig das System ist und welche Kontrollmöglichkeiten tatsächlich bestehen. Die Struktur des Parteiensystems ist daher einer der zentralen Faktoren für die Gestaltung der Verfassungswirklichkeit eines demokratischen Systems.

Die Gestalt des Parteiensystems ist das Ergebnis sehr langfristiger Prozesse, in deren Verlauf sich Konfliktstrukturen, Sozialstruktur und institutionelle Regelungen wechselseitig beeinflussen. Das Ergebnis ist eine Wählerstruktur, die sich in langfristigen Prozessen in einer Vielzahl von Wahlen herausgebildet hat. Das Parteiensystem ist also nichts anderes als das Ergebnis der langfristigen Entwicklung des Wählerverhaltens in einem bestimmten institutionellen Rahmen. Dieser Entwicklungsprozeß ist vielschichtig, er läßt sich in den vor allem von dem Norweger Stein Rokkan und dem Amerikaner Seymour Martin Lipset herausgearbeiteten Strukturen erfassen. Danach bildet die gesellschaftliche Konfliktstruktur die Grundlage für die Entwicklung von Parteien. Soziale Konflikte strukturieren eine Gesellschaft in

Gruppen mit divergierenden Interessen. Wenn sich die einzelnen mit jeweils übereinstimmenden Interessenlagen organisatorisch zusammenschließen, um ihre Interessen gegen andere politisch durchzusetzen, dann ist der Grundstein für die Entwicklung von politischen Parteien gelegt. Für wie viele Parteien Nachfrage besteht, hängt davon ab, wie viele Konflikte in einer Gesellschaft wirksam sind, wie stark die Interessengegensätze empfunden werden und wieweit eine Koalitionsbildung zwischen den verschiedenen „Interessengruppen" möglich ist. Wie viele Parteien dann tatsächlich entstehen, hängt von den Institutionen und ihrer Rückwirkung auf die Konfliktstruktur ab.

Für die Ausformung aller europäischen Parteiensysteme sind vor allem vier Konflikte wichtig gewesen, die aber in einzelnen Gesellschaften unterschiedliche Bedeutung hatten und zum Teil um weitere, nicht allgemein auftretende Konflikte vermehrt wurden. Im Prozeß der Nationenwerdung traten (1) der Konflikt zwischen bisher autonomen Willensbildungszentren und den neuen zentral-nationalen Willensbildunginstanzen auf, der Zentrum-Peripherie-Konflikt, und (2) der Konflikt um die Trennung von Kirche und Staat, der „Kulturkonflikt", der noch heute in einer „konfessionellen" Strukturierung vieler nationaler Parteiensysteme weiterlebt. Zwei weitere Konflikte waren von ökonomischen Interessen bestimmt, nämlich (3) der Konflikt zwischen den Interessen des primären und denen des sekundären Sektors der Wirtschaft (was dem Stadt-Land-Gegensatz weitgehend entsprach), und (4) der Konflikt zwischen Arbeitgebern und Arbeitnehmern, der vor allem im Prozeß der Industrialisierung als „Industriekonflikt" dauerhaft entwickelt wurde. In Anlehnung an dieses Konzept von Lipset und Rokkan kann man hinzufügen, daß das 19. Jahrhundert durch (5) den Verfassungskonflikt geprägt war, d. h. durch den Kampf um die Durchsetzung demokratischer Regierungsweise. Gerade für die Entwicklung der liberalen Parteien in Deutschland, ihre bis in die Gegenwart reichende Spaltung in den „nationalen" und „linksliberalen" Flügel ist dieser Konflikt von Bedeutung[3].

---

[3] Anders ist die Entstehung des amerikanischen Parteiensystems verlaufen. George Washington, der erste Präsident, hat in seiner Abschiedsbot-

Entlang solcher Konfliktdimensionen sind eine Reihe unterschiedlicher Interessenkonstellationen und eine Vielzahl von Koalitionen zwischen ihnen vorstellbar. Diese Interessenkoalitionen werden durch politische Organisation zur Grundlage von Parteien. Dabei bestimmt die Sozialstruktur der Gesellschaft, wie groß die Anhängerschaft dieser Parteien sein kann; so kann z. B. eine an den Interessen der Industriearbeiterschaft orientierte Partei in einem überwiegend agrarisch strukturierten Staat keine Mehrheit gewinnen. Wandlungen der Sozialstruktur können den Niedergang von Parteien bedeuten oder eine Partei zur Wandlung ihrer politischen Ausrichtung veranlassen, um so einem derartigen Niedergang zuvorzukommen (dies kann als ein Grund für die politische Umorientierung der SPD gegen Ende der 50er Jahre gelten, deren Selbstverständnis es bis dahin entsprach, sich vorwiegend an den Interessen der Industriearbeiterschaft zu orientieren; mit dem Wachstum des tertiären und der relativen Schrumpfung des sekundären Sektors aber hätte das auch die Zementierung einer strukturellen Minderheitsposition bedeutet, wenn die SPD sich nicht durch den Versuch des politischen Wandels neue Wählerschichten erschlossen hätte).

Die bestehenden europäischen Parteiensysteme, die das politische Angebot an den Wähler bilden, sind also Resultat solcher Konflikt- bzw. Sozialstrukturen, deren Wandel und der Reaktionen von politischen Organisationen und Bürgern auf diese Konflikte. Die Art dieser Reaktionen und deren Ergebnis wird von einer Vielzahl weiterer Einflußfaktoren bestimmt, unter denen institutionelle Regelungen eine hervorragende Stellung einnehmen. Diese Zusammenhänge lassen sich anhand von vier von Lipset und Rokkan entwickelten „Schwellen" darstellen.

---

schaft noch vor der Entstehung von Parteien gewarnt und die Einheit des Landes beschworen. Aber der Wettbewerb um seine Nachfolge verlangte nach „Parteien". Die Folge war, daß nur zögernd diese Präsidenten-Rekrutierungs-Organisationen inhaltliche Interessen zu artikulieren begannen. War in Europa die Parteibildung Folge der Konfliktstruktur, so griffen die amerikanischen Parteien, entstanden aus dem Bedarf der Verfassungsordnung, nach und nach Konflikte auf. Dies hat bis zur Gegenwart die Struktur des amerikanischen Parteiensystems nachdrücklich geprägt.

(1) Schwelle der Legitimation

Die Höhe dieser Schwelle bestimmt sich danach, welche Positionen im Gefüge der gesellschaftlichen Konflikte artikuliert werden können, ohne daß negative Sanktionen erfolgen. Diese „Legitimation" für die Artikulation sozialer Interessen hängt sowohl von dem System der Regierungsweise (Diktatur, absolute Monarchie, Aristokratie, Demokratie), also von institutionellen Bedingungen ab, als auch von der in einem System vorherrschenden „politischen Kultur". In modernen Demokratien ist die Schwelle für die legitime Artikulation von Interessen und politischen Ansichten sehr niedrig; dem widersprechen auch bestehende Regeln zum Schutz des demokratischen Systems nicht, wie etwa die Möglichkeit des Verbotes von verfassungswidrigen Organisationen und Parteien nach Artikel 9 (2) und Artikel 21 (2) des Grundgesetzes. Bei niedriger „Schwelle der Legitimation" sind dann ein Mindestmaß an Ausbildungsniveau und ein Minimum an gesellschaftlichen Kommunikationsinstrumenten die weiteren Bedingungen, die es ermöglichen, politische Interessen wirksam zu artikulieren und zu Parteien zu organisieren. Über die Zahl und Größe der sich bildenden Organisationen bestimmen dann im wesentlichen die beiden folgenden, institutionell bestimmten Schwellen.

(2) Schwelle der Einbeziehung in das politische System

Diese Schwelle bestimmt darüber, welche Konfliktgruppen mit welchem Ausmaß an Unterstützung in die Konkurrenz um die politische Macht eintreten können. Die Höhe der Schwelle ist historisch dadurch bestimmt gewesen, welchen sozialen Gruppen das aktive Wahlrecht zugesprochen wurde; so konnte etwa eine Arbeiterpartei solange nicht entstehen oder erfolgreich an Wahlen teilnehmen, als die meisten Arbeiter nicht das Wahlrecht besaßen. Hat eine Gruppe mit einer bestimmten Kombination von Konfliktpositionen das Wahlrecht, so bestimmt die Größe dieser Gruppe, d. h. die Sozialstruktur, das Potential möglicher Unterstützung für eine an den Interessen dieser Gruppe orientierten Partei. Ob diese Partei dies Potential auch ausschöpfen kann, und wie viele Gruppierungen ein für politische Mitbestimmung erforderliches Maß an Unterstützung finden, wird von der nächsten Schwelle bestimmt: der

(3) Schwelle der Repräsentation

Die Schwelle der Repräsentation fragt danach, welches Minimum an Unterstützung in der Wählerschaft eine Partei haben muß, um in den politischen Willensbildungsorganen mitwirken zu können. Dieser Schwellenwert wird durch den institutionellen Faktor des Wahlverfahrens bestimmt. Hat das Wahlverfahren eine geringe Sperrwirkung, so können auch Parteien mit geringem Anhang in der Hoffnung gewählt werden, daß diese Parteien in die Willensbildungsinstanzen vordringen können; es wird zur Bildung von so vielen Parteien kommen, wie es klar gegeneinander abgegrenzte Konfliktpositionen gibt. Bei einem Wahlrecht mit hoher Sperrwirkung hingegen können kleine „Interessengruppen" eine speziell an ihren Problemen ausgerichtete Partei nicht mit Aussicht auf Erfolg wählen und werden statt dessen diejenige Partei unterstützen, die aufgrund ihrer Größe mit einiger Wahrscheinlichkeit politische Repräsentanz erlangen kann und gleichzeitig die Interessen dieser Wähler angemessen berücksichtigen will; dadurch wird die Zahl der Parteien wirksam begrenzt. Die Schwelle der Repräsentation, d. h. das Wahlverfahren, hat also stark prägende Wirkung für das Parteiensystem.

(4) Schwelle der Mehrheitsmacht

Hat eine Partei oder Parteienkoalition einmal die Mehrheit erlangt, so bestimmen vorwiegend institutionelle Faktoren, welche politischen Gestaltungsmöglichkeiten diese Mehrheit besitzt. Für die Chance der Bildung von Mehrheiten aber sind wiederum das Parteiensystem und das Wahlrecht von ausschlaggebender Bedeutung.

Das Zusammenwirken von Konfliktstruktur, Sozialstruktur und institutionellen Regeln bestimmt also über das Parteiensystem und damit über die Chance von Mehrheitsbildung und Handlungsfähigkeit und zudem, ob eine wirksame Kontrolle der Macht möglich und ob das System innovationsfähig ist.

Wendet man diese Systematisierung auf die Entstehung der europäischen Parteiensysteme an, so ergibt sich eine auffallende Parallelität.

Im vergangenen Jahrhundert überlappten sich i. d. R. die zentralen Konflikte. Sowohl der Zentrum-Peripherie-(oder auch Stadt-Land) Konflikt als auch der zwischen primärem und sekundärem Sektor der Wirtschaft — das war letztlich der Streit zwischen Freihandel und Schutzzoll — und schließlich der sich ergebende Verfassungskonflikt um die Demokratisierung führten zu der fast gleichen Dichotomisierung (Zweipoligkeit) zwischen „Konservativen“ und „Liberalen“. Die „Liberalen“ waren die Partei der Parlamentarisierung, des Freihandels und des städtischen Bürgertums, die Konservativen die Partei der Monarchisten, der ländlichen Regionen und des Schutzzolls. Teilweise entsprach diese Konfliktlinie auch dem Kulturkonflikt, d. h. die Liberalen waren die Laizisten, die Konservativen die mehr Klerikalen. In Ländern mit mehreren Konfessionen, insbesondere in Deutschland und den Niederlanden, ergab sich jedoch aus dem Konfessionskonflikt eine weitere Dimension. Die Folge war, daß z. B. in Deutschland schon vor dem Auftreten der SPD, also vor dem Relevantwerden des Industriekonflikts, wegen der Existenz des Zentrums die klare politische Dichotomisierung zwischen Konservativen und Liberalen nicht bestand, die z. B. die englische, aber auch andere europäische Entwicklungen kennzeichnete.

Mit dem Auftreten des Industriekonfliktes wurde diese klare Dichotomisierung einer Zerreißprobe unterworfen: Würde es den liberalen Parteien gelingen, die neu artikulierten Interessen zu integrieren? Es gelang ihnen trotz entsprechender Bemühungen nicht; so kam es z. B. in Großbritannien zu einer Umstrukturierung des Parteiensystems, bei dem der Industriekonflikt dominierte, nachdem die anderen Konflikte an Relevanz verloren hatten.

Voraussetzung für diese Entwicklung waren Wandlungen des institutionellen Rahmens. Dabei war zunächst die Ausdehnung des Wahlrechts wichtig, die aber national recht unterschiedliche Folgen hatte. Während in Großbritannien die Herausforderung des Industriekonfliktes nicht zu einer Abkehr von dem zur Dichotomisierung neigenden Mehrheitswahlrecht führte und so ein alternierendes Parteiensystem erhalten blieb, wurde in Kontinentaleuropa (mit Ausnahme Frankreichs) durchgehend auf den neuen Konflikt mit der Einführung des Verhältniswahlrechts reagiert, was die selbständige Existenz von vielen Parteien entlang der nun nicht mehr zweipoligen Konfliktstruktur ermöglichte.

Bei der Beurteilung der von der Konfliktstruktur ausgehenden Einflüsse muß die Intensität der sozialen Konflikte berücksichtigt werden: Wenn eine Gesellschaft durch einen antagonistischen Konflikt gespalten ist, in dem es für die Beteiligten keine Kompromißmöglichkeit gibt, dann kann die Wahl weder eine Integrations- noch eine Innovationsfunktion ausüben. Bei einer solchen Konfliktstruktur wird Demokratie schlechthin unmöglich. Demokratie lebt von der Akzeptierung der Mehrheitsmeinung durch die Minderheit auf Zeit. In einer durch einen antagonistischen Konflikt gespaltenen Gesellschaft kann die jeweilige Minderheit die Mehrheitsentscheidung nicht akzeptieren, da sie keine reale Chance hat, durch einen Machtwechsel selbst einmal die Mehrheit zu werden und durch die ihr dann gegebenen Gestaltungsmöglichkeiten ihre eigenen Interessen angemessen in den Entscheidungsprozeß einzubringen. Die Minderheit kann durch Opposition im System nichts erreichen — ihr bleibt nur die Opposition zum System.

Dies gilt ganz ähnlich, wenn eine Gesellschaft durch eine große Zahl von Konflikten strukturiert wird, die dann zumeist von den Wählern sehr intensiv empfunden werden. Eine solche soziale Konfliktstruktur hat tendenziell ein Vielparteiensystem zur Folge, in dem Koalitions- und damit Mehrheitsbildungen außerordentlich erschwert, ja manchmal unmöglich gemacht werden. Die Erfahrung zeigt, daß solche Konfliktstrukturen durch disfunktionale institutionelle Regelungen noch verschärft werden können; andererseits aber können auch bestimmte politische Institutionen zu einem Abbau oder zu einer Entschärfung der Konflikte beitragen, insbesondere dadurch, daß sie Entscheidungen zur Lösung von Konflikten herbeiführen. Vorrangige Bedeutung kommt dabei dem Wahlverfahren zu.

2. Kapitel:

Wahl und Wahlsystem

1. Grundtypen von Wahlsystemen

Die Wahlverfahren werden traditionell in Mehrheits- und Verhältniswahlrecht eingeteilt. Sie treten jeweils in verschiedenen Varianten auf und zwischen ihnen sind Mischformen möglich, insgesamt sind über 250 Wahlverfahren gezählt worden. Für das Verständnis der Wirkungsweise der Institution Wahlrecht ist jedoch die Kenntnis der Grundtypen ausreichend.

Die verbreitetste Form des Mehrheitswahlrechts ist die *relative Mehrheitswahl*. Hierbei wird das Gebiet, aus dem die Angehörigen des zu wählenden Repräsentativorgans gewählt werden sollen, in so viele Wahlkreise eingeteilt, wie das Repräsentativorgan Mandate umfaßt; in jedem Wahlkreis wird ein Mandat vergeben. Das Mandat jedes Wahlkreises gewinnt der Kandidat (oder die Partei), der (die) in diesem Wahlkreis die meisten Stimmen auf sich vereinigt. Nach diesem Verfahren wird z. B. in Großbritannien das Unterhaus gewählt.

Eine erste Modifikation dieses Verfahrens stellt die *germanische Mehrheitswahl* dar. Sie hat nicht eine relative, sondern die *absolute Stimmenmehrheit* zur Voraussetzung des Mandatsgewinns. Wird diese absolute Mehrheit im ersten Wahlgang von keinem Bewerber erreicht, so findet ein zweiter Wahlgang statt. Im zweiten Wahlgang werden in jedem Wahlkreis nur noch die beiden Kandidaten zugelassen, die im ersten Wahlgang die meisten Stimmen erhielten. In dieser Stichwahl führt der Entscheid zwischen diesen beiden stärksten Kandidaten des jeweiligen Wahlkreises dann automatisch dazu, daß einer von beiden mehr als 50 Prozent der abgegebenen Stimmen erhält und das Mandat gewinnt. Dieses Verfahren wurde im deutschen Kaiserreich angewendet.

Die zweite Variante der Mehrheitswahl wird als *romanische Mehrheitswahl* bezeichnet. Auch hier wird im ersten Wahlgang verlangt, daß einer der Wahlkreiskandidaten die absolute Mehrheit erreicht. Gelingt dies nicht, so findet ein zweiter Wahlgang statt, in dem dann eine relative Mehrheit zum Mandatsgewinn ausreicht. Dieses Verfahren wird z. B. in Frankreich angewendet.

Die Einführung der Mehrheitswahl war, historisch betrachtet, das Ergebnis verwaltungstechnischer Zweckmäßigkeit. Der einfachste Weg zur Bildung repräsentativer Körperschaften war, daß man bestehenden regionalen Einheiten — etwa Grafschaften — das Recht zugestand, einen oder mehrere Vertreter in das zentrale Parlament zu entsenden. So ist die Mehrheitswahl in Großbritannien im 13. Jahrhundert mit der Durchsetzung von Repräsentationsorganen eingeführt worden.

Die Verhältniswahlsysteme dagegen sind theoretisch entwickelt worden, als unter dem Einfluß der Industrialisierung in Europa die Konfliktstrukturen vielfältiger wurden. Diese Entwicklung führte z. B. in einzelnen Wahlkreisen zu der Situation, daß sich drei Kandidaten von grundsätzlich unterschiedlicher Konzeption gegenüberstanden, z. B. Konservative, Liberale und Sozialdemokraten; die Folge war oft, daß ein Kandidat mit relativer Mehrheit das Mandat gewann, während der weitaus überwiegende Teil der Wählerschaft eines solchen Wahlkreises sich nicht durch einen eigenen Wahlkreiskandidaten repräsentiert fühlte. Im deutschen Kaiserreich ging dies mit einer sich nicht an die Bevölkerungsentwicklung anpassenden Wahlkreiseinteilung einher. Beides führte zu Verzerrungen im Repräsentationssystem, die als nicht tragbar empfunden wurden. Die Forderung nach Einführung des Verhältniswahlrechts war die Reaktion.

Grundlegendes Merkmal aller Verhältniswahlsysteme ist die Zielsetzung, die Repräsentativkörperschaft im Verhältnis der Stärke der Parteien in der Wählerschaft zusammenzusetzen. Der Wähler gibt seine Stimme einer Partei. Alle für eine Partei abgegebenen Stimmen werden im gesamten Wahlgebiet addiert, und jede Partei erhält dann einen ihren abgegebenen Stimmen entsprechenden Anteil an den zu vergebenden Mandaten. Diese Proportionalität kann ohne Einteilung des Wahlgebietes in Wahlkreise erzielt werden, und es gibt verschiedene mathematische

Verfahren, um diese Proportionalität von Stimmen- und Mandatsanteil herzustellen. In zahlreichen Varianten wird das Wahlgebiet in mehrere z. T. größere Wahlkreise eingeteilt, in denen jeweils eine proportionale Mandatsverteilung erfolgt, mit der Möglichkeit, die in einem Wahlkreis nicht ausgeschöpften Stimmen (sogenannte Reststimmen) überregional zusammenzufassen und zu verteilen. Dies galt z. B. für die Weimarer Republik.

Bei all diesen Systemen entsteht das Problem, die Zielsetzung der proportionalen Verteilung mit der „Unteilbarkeit" eines Mandates zu vereinbaren: eine einfache Anwendung der Prozentrechnung würde keine ganzzahlige Zahl von Mandaten für die Parteien ergeben. Hier sind die drei bekanntesten Verfahren: das „automatische Verfahren", die „Wahlzahlverfahren" und die „Höchstzahlverfahren".

Das *automatische Verfahren* wurde z. B. in der Weimarer Republik angewendet. Hierbei wird festgelegt, wie viele Wähler für ein Mandat erforderlich sind, der sogenannte Wahlquotient. Er betrug in Weimar 60 000 Stimmen. Erhielt eine Partei bei der überregionalen Verteilung der Reststimmen mindestens noch einmal die Hälfte dieser Stimmenzahl, also 30 000, so bekam sie ein weiteres Mandat. Die Gesamtzahl der Mandate einer Partei ergab sich, indem man die für eine Partei abgegebenen Stimmen durch den Wahlquotienten dividierte, die Reststimmen pro Wahlkreis zusammenfaßte und dann mit ihnen das gleiche Verfahren wiederholte, bis die letzten 30 000 Stimmen das letzte Mandat gewannen. Auf diese Weise war sichergestellt, daß die Zahl der nicht verwerteten Reststimmen einer Partei im gesamten Reichsgebiet unter 30 000 lag.

Der Begriff automatisches System folgt aus der Tatsache, daß bei steigender oder sinkender Wahlbeteiligung oder entsprechenden Veränderungen der Wählerschaft die Zahl der Reichstagsmandate sich „automatisch" veränderte. Anders als z. B. beim Mehrheitswahlsystem oder auch bei anderen Formen der Verhältniswahl war nicht die Zahl der Mandate festgelegt, sondern die Stimmenzahl, die für ein Mandat erforderlich war.

Die Sperrwirkung des Systems, also die Schwelle für den Erwerb des ersten Mandates, hängt von der Höhe des Wahlquotienten ab;

je höher dieser festgelegt ist, desto höher die systemimmanente Sperrklausel. Der Wahlquotient von 60 000 Stimmen in der Weimarer Republik entsprach etwa einer Sperrklausel von 0,2%.

Eine gewisse Ähnlichkeit zum „automatischen Verfahren“ weisen die sogenannten „Wahlzahlverfahren“ auf, die hier am Beispiel des bekanntesten Wahlzahlverfahrens nach Hagenbach-Bischoff erläutert werden sollen (das Verfahren nach Hagenbach-Bischoff wird z. B. in Österreich, in der Schweiz und in Luxemburg angewendet).

Im ersten Schritt wird die sogenannte „Wahlzahl“ ermittelt:

$$\text{Wahlzahl} = \frac{\text{gültige Stimmen im Wahlkreis}}{\text{Anzahl Wahlkreismandate} + 1}$$

Im zweiten Schritt wird die Mandatszahl jeder Partei errechnet, indem jede Partei so viele Mandate erhält, wie es dem ganzzahligen Anteil des Quotienten aus den gültigen Stimmen und der Wahlzahl entspricht.

$$\text{Mandatszahl} = \frac{\text{gültige Stimmen für Partei}}{\text{Wahlzahl}}$$

Bei diesem Verfahren kann es vorkommen, daß nicht alle Mandate auf die Parteien aufgeteilt werden. Die Restmandate werden dann in einem gesonderten Zuteilungsverfahren zugewiesen, wobei als Verteilungsverfahren angewendet werden

a) Verteilung nach dem größten Reststimmenanteil,

b) Verteilung nach dem kleinsten Reststimmenanteil,

c) Verteilung nach einem von den Reststimmen ausgehenden Höchstzahlverfahren.

Das Funktionieren dieses Verfahrens läßt sich am besten an einem Beispiel verdeutlichen.

In einer Wahl seien insgesamt 10 Mandate zu vergeben, die gültigen Stimmen verteilen sich wie folgt:

Partei A:	3400 Stimmen	gültige Stimmen also: 7700
Partei B:	2500 Stimmen	
Partei C:	1150 Stimmen	
Partei D:	500 Stimmen	
Partei E:	150 Stimmen	

Damit ergibt sich die Wahlzahl mit $\frac{7700}{10+1} = \frac{7700}{11} = 700.$

Hieraus folgt die Verteilung der 10 Mandate (siehe unten)

Tabelle 1

Parteien	A	B	C	D	E
Stimmen	3400	2500	1150	500	150
: Wahlzahl (700)	4,86	3,57	1,64	0,71	0,21
Mandate	4	3	1	0	0
Reststimmen	600	400	450	500	150

Im ersten Durchgang konnten nur 8 der 10 Mandate verteilt werden. Die beiden letzten Mandate müssen nun nach einem der drei genannten Reststimmen-Verfahren zugewiesen werden:

a) Zuteilung nach größtem Reststimmenanteil:
1 Mandat für A
1 Mandat für D

b) Zuteilung nach kleinstem Reststimmenanteil:
1 Mandat für E
1 Mandat für B

c) Zuteilung nach dem Höchstzahlverfahren von D'Hondt (siehe unten)
1 Mandat für A
1 Mandat für D

Tabelle 2 Endgültige Mandatsverteilung

Parteien Verfahren	A	B	C	D	E
größte Reststimmen	5	3	1	1	0
kleinste Reststimmen	4	4	1	0	1
D'Hondt	5	3	1	1	0

Gegenüber anderen Verfahren zur Berechnung der Mandatsverteilung begünstigt das Wahlzahl-Verfahren nach Hagenbach-

Bischoff, insbesondere wenn die Zuteilung der Restmandate nach dem kleinsten Reststimmenanteil erfolgt, kleine Parteien und kommt in seiner Wirkung dem automatischen Verfahren nahe.
Bei den sogenannten *Höchstzahlverfahren* werden die für die Parteien abgegebenen Stimmen nacheinander durch immer höhere Zahlen dividiert; bei dem Verfahren nach *D'Hondt* ist dies die Reihe aller ganzen Zahlen (1, 2, 3, 4, ...), bei dem Verfahren nach *St.-Laguë* beginnt die Division mit 1,4 und setzt sich mit den nachfolgenden ungeraden Zahlen (3, 5, 7, ...) fort. Die Partei mit der jeweils höchsten Zahl erhält einen Sitz, das zweite Mandat fällt an die Partei mit der zweithöchsten Zahl usw., bis alle Mandate verteilt sind. Das folgende Beispiel veranschaulicht dies: drei Parteien bewerben sich um 9 Mandate, die Verteilung erfolgt nach dem System von D'Hondt (Siehe Tabelle 3).

Tabelle 3 Beispiel einer Mandatsverteilung nach D'Hondt

Divisor	Stimmen für die Parteien		
	Partei A	Partei B	Partei C
: 1	6000 (1)	4000 (2)	2000 (4)
: 2	3000 (3)	2000 (5)	1000
: 3	2000 (6)	1333 (8)	668
: 4	1500 (7)	1000	500
: 5	1200 (9)	800	400
Mandate	5	3	1

Anders als beim automatischen Verfahren ist — wie beim Wahlzahl-Verfahren — beim Höchstzahl-Verfahren die Zahl der Mandate festgelegt. Wie viele Stimmen für den Erwerb des letzten Mandats erforderlich sind, hängt von Veränderungen des Wahlkörpers, der Wahlbeteiligung und der Verteilung der Stimmen auf die einzelnen Parteien ab. Anders als das automatische System ist dem Höchstzahl-Verfahren eine gewisse Bevorzugung der stärksten Partei inhärent, eine gewisse Sperrwirkung liegt im Verhältnis des ersten zum nachfolgenden Divisor begründet.

Durch die Kombination des Prinzips des Verhältniswahlsystems mit unterschiedlichen Verfahren zur Umrechnung von Stimmen in Mandate und mit verschiedenartigen Sperrklauseln kann das Verhältniswahlrecht hinsichtlich seiner Wirkungsweise recht stark modifiziert werden. Zudem gibt es zwischen den beiden Wahlrechtsgrundtypen, Mehrheits- und Verhältniswahlrecht, unzählige Modifikationen und Kombinationsmöglichkeiten. Eine solche Kombination ist das System der „personalisierten Verhältniswahl" der Bundesrepublik Deutschland.

2. Exkurs: Das Wahlsystem der Bundesrepublik Deutschland

Die Bundesrepublik Deutschland ist in 248 Wahlkreise eingeteilt, in denen nach dem Verfahren der relativen Mehrheitswahl 248 Abgeordnete direkt gewählt werden. Dazu hat jeder Wahlberechtigte die sogenannte „Erststimme". Daneben hat der Wahlberechtigte die sogenannte „Zweitstimme", die für die Landeslisten der Parteien abgegeben wird (siehe hierzu Schaubild 1 mit dem Beispiel eines Stimmzettels). Die Berechnung der Mandate pro Partei erfolgt in drei Stufen.

Erstens: Für alle an der Wahl teilnehmenden Parteien wird die Zahl der im gesamten Bundesgebiet (ohne Berlin) abgegeben *Zweit*stimmen errechnet. Aus den weiteren Berechnungen werden alle die Parteien ausgeschlossen, die weder einen Stimmenanteil von mindestens 5 Prozent der abgegebenen gültigen Zweitstimmen noch mindestens drei Direktkandidaturen gewonnen haben. Auf die danach verbleibenden Parteien werden dann *alle 496 Bundestagsmandate* nach dem D'Hondt'schen Höchstzahl-Verfahren verteilt; damit steht die Stärke der Bundestagsfraktionen fest (falls es nicht im dritten Schritt noch zur Entstehung von Überhangmandaten kommt).

Zweitens: Jede Partei hat vor der Wahl Landeslisten aufgestellt, und die Wähler haben mit ihren Zweitstimmen für die Landesliste einer Partei gestimmt. Nach dem ersten Schritt steht fest, wie viele Mandate die Parteien bundesweit erhalten. Diese Mandate werden nach dem Verhältnis der für die verschiedenen

Schaubild 1 Stimmzettel

Stimmzettel

für die Bundestagswahl im Wahlkreis 106 Paderborn-Wiedenbrück am 3. Oktober 1976

Sie haben 2 Stimmen

hier 1 Stimme
für die Wahl
eines Wahlkreisabgeordneten
(Erststimme)

1	**Thüsing, Klaus** Wiss. Mitarbeiter Paderborn, Bayernweg 37	**SPD**	Sozialdemokratische Partei Deutschlands
2	**Dr. Barzel, Rainer** Min.-Rat a. D. Paderborn, Ferdinandstr. 4	**CDU**	Christlich-Demokratische Union Deutschlands
3	**Dr. Frank, Helmar G.** Professor und Institutsdirektor Pb., Brockhöfe 2	**F.D.P.**	Freie Demokratische Partei
5	**Salomon, Siegfried** Hauptschullehrer Pb.-Elsen, Am Bühlberg 2a	**AVP**	Aktionsgemeinschaft Vierte Partei
6	**Ernst, Iska** Ausl.-Korresp. Borchen 2, Dorfstr. 116	**DKP**	Deutsche Kommunistische Partei
11	**Dinter, Berthold** Arbeiter Rheda-W'brück, Herzebr. Str. 30	**NPD**	Nationaldemokratische Partei Deutschlands

hier 1 Stimme
für die Wahl
einer Landesliste (Partei)
(Zweitstimme)

SPD	**Sozialdemokratische Partei Deutschlands** Brandt, Arendt, Frau Renger, Schmidt, Frau Dr. Focke	1
CDU	**Christlich-Demokratische Union Deutschlands** Prof. Dr. Biedenkopf, Dr. Barzel, Katzer, Frau Dr. Wex, Windelen	2
F.D.P.	**Freie Demokratische Partei** Genscher, Frau Funcke, Prof. Dr. Maihofer, Ollesch, Dr. Graf Lambsdorff	3
AUD	**Aktionsgemeinschaft Unabhängiger Deutscher** Prof. Dr. Beuys, Frau Degen, Elfers, Frau Horstmann, Fastabend	4
AVP	**Aktionsgemeinschaft Vierte Partei** Meyer, Kasper, Frau Müller, Prof. Dr. Hirsch, Willger	5
DKP	**Deutsche Kommunistische Partei** Mies, Kapluck, Lang, Tümmers, Frau Richter	6
EAP	**Europäische Arbeiterpartei** Frau Zepp, Cramer, Frau Höfinghoff, Kampert, von Scheibner	7
GIM	**Gruppe Internationale Marxisten** Hülsberg, Liebs, Frau Queiser, Meuffels, Latz	8
KPD	**Kommunistische Partei Deutschlands** Hutter, Luczak, Beste, Zöller, Redereit	9
KBW	**Kommunistischer Bund Westdeutschland** Hager, Frau Schmidt, Heinemann, Schulze, Wieland	10
NPD	**Nationaldemokratische Partei Deutschlands** Seetzen, Gerlach, Rümping, Frau Koletzko, Müller	11
UAP	**Unabhänge Arbeiter-Partei (Deutsche Sozialisten)** Kliese, Bühlow, Koesling, Pajonk, Villmow	12
VL	**Vereinigte Linke** Schnieber, Peuker, Hanstein, von Schuckmann, Frau Schauenberg	13

Landeslisten der Parteien abgegebenen Zweitstimmen auf die jeweiligen Landeslisten verteilt; hierbei wird wiederum das D'Hondt'sche Verfahren angewendet.

Drittens: Jetzt wird festgestellt, welche Kandidaten in den Wahlkreisen eines Bundeslandes die relative Mehrheit der abgegebenen Erststimmen gewonnen haben und somit in den Bundestag einziehen. Die Zahl der direkt gewonnenen Mandate wird von den auf die Landesliste der jeweiligen Parteien entfallenen Mandate abgezogen, die verbleibende Mandatszahl wird nach der angegebenen Reihenfolge aus den Landeslisten vergeben. Hat z. B. Partei A im Bundesland 1 insgesamt sechs Mandate zu beanspruchen und waren in vier Wahlkreisen des Bundeslandes 1 die Direktkandidaten von Partei A erfolgreich, so rücken die beiden auf der Landesliste von Partei A zuerst genannten Kandidaten in den Bundestag ein.

Bei diesen Berechnungen kann es geschehen, daß eine Partei in einem Bundesland mehr Mandate direkt gewonnen hat, als ihr insgesamt nach den Berechnungen der Zweitstimmen, also der ersten und zweiten Stufe zustehen: in diesem Fall bleiben ihr alle Direktmandate erhalten, und es kommt zu „Überhangmandaten", um die die Zahl der Mandate im Deutschen Bundestag insgesamt erhöht wird.

Die Darstellung dieses Berechnungsverfahrens verdeutlicht, daß das Wahlsystem der Bundesrepublik Deutschland ein Verhältniswahlrecht ist, weil die Gesamtstärke der Fraktionen im Bundestag von dem bundesweiten Zweitstimmenanteil der Parteien abhängt. Die Wahl von 248 Abgeordneten durch die Abgabe der Erststimmen in den Wahlkreisen bestimmt dagegen nur die Zusammensetzung der Fraktionen: je mehr direkt gewählte Abgeordnete eine Partei bekommt, desto geringer ist die Zahl der Abgeordneten, die über die Landeslisten der Partei in das Parlament einrücken, bis die der Partei entsprechend ihrem Zweitstimmenanteil zustehende Mandatszahl erreicht ist.

3. Die Wirkungsweise von Wahlsystemen

3.1 Generelle Wirkungsweisen der Grundtypen

Die Wirkungsweise der verschiedenen Wahlrechtstypen kann nicht ohne Berücksichtigung der Zahl und Intensität der in einer Gesellschaft jeweils vorherrschenden Konflikte erklärt werden. Dennoch lassen sich drei Grundregeln formulieren, die tendenziell immer gelten und nur in ihrer Intensität von der Konfliktstruktur beeinflußt werden.

1. Mehrheitswahlsysteme erhöhen die Wahrscheinlichkeit eines in zwei Parteien oder in zwei — in sich jeweils relativ geschlossenen — Parteigruppierungen gegliederten Parteiensystems. Dies gilt auch, wenn in der Ausgangssituation zahlreiche Parteien existieren: dann kann ein Kandidat mit relativ geringer Stimmenzahl die Wahl gewinnen, was bei den Unterlegenen einen Lernprozeß auslösen wird — sie werden „lernen", durch Koalitionen oder durch politischen Zusammenschluß ihre Chancen zur Erzielung einer Mehrheit zu vergrößern. Anders formuliert: die Mehrheitswahl „belohnt" die Bereitschaft zu nachhaltiger politischer Zusammenarbeit und löst über entsprechende Lernprozesse bei den Wählern und Parteien Verhaltensänderungen aus, die tendenziell eine Entwicklung zu einem aus zwei konkurrierenden Gruppen bestehenden Parteiensystem bewirken. Dies gilt jedoch nur unter einer Einschränkung: die Kompromisse, die zwischen den koalierenden Gruppen erforderlich sind, bestehen in der partiellen Aufgabe politischer Ziele. Dieser „Preis" der Kompromißfindung darf nicht — etwa wegen übermäßig stark empfundener gesellschaftlicher Konflikte — als höher betrachtet werden als der durch die Koalitionsbildung erzielte „Gewinn", der in einer erhöhten Wahrscheinlichkeit besteht, die zum Mandatsgewinn erforderlichen Mehrheiten zu erzielen.
   Die Notwendigkeit zur Mobilisierung beträchtlicher Unterstützung in der Wählerschaft zur Erzielung der relativen Mehrheit läßt nur Parteien von einer gewissen Mindestgröße Erfolgschancen in Wahlen. Daher ist es bei Mehrheitswahlrecht für neu

auftretende Parteien schwierig, in ein Parlament einzuziehen. Dies gilt nur dann nicht, wenn Parteien über lokale Hochburgen verfügen, in denen sie eine Mehrheit erzielen können. Das ist zur Zeit z. B. bei den schottischen Nationalisten in Großbritannien der Fall.

Auf die Entwicklung in Europa am Ende des vergangenen Jahrhunderts bezogen heißt dies: die mit dem Industriekonflikt verbundenen Gegensätze erforderten Kompromisse, die in den meisten kontinentaleuropäischen Ländern die vorhandenen Parteien nicht einzugehen bereit waren. Um dennoch ihre Existenz angesichts der wachsenden Arbeiterparteien zu sichern, führten sie das Verhältniswahlrecht ein. In Großbritannien versuchten die Liberalen diese Kompromißbildung, was vor dem Ersten Weltkrieg in zahlreichen Wahlkreisen zu Koalitionen zwischen Labour und den Liberalen führte („Lib-Lab-Politik“) und dann angesichts der wachsenden Stärke der Labour Party die Ablösung der Liberalen durch Labour bewirkte.

2. Im Gegensatz dazu wirkt die Verhältniswahl in Richtung auf die Herausbildung eines Vielparteiensystems. Bei Verhältniswahlrecht kann auch eine kleine Partei auf parlamentarische Repräsentanz hoffen, sobald sie über die für die Erringung des ersten Mandates erforderliche Menge an Wählern — über das gesamte Wahlgebiet verteilt — verfügt. Es gibt keinen (oder nur einen sehr schwachen) Anreiz dafür, sich zusammenzuschließen. Jede kleine Partei kann für sich allein in den Wahlkampf gehen und dann in den auf die Wahl folgenden Koalitionsverhandlungen versuchen, soviel wie möglich von ihren politischen Zielsetzungen zu erreichen. Das bedeutet zugleich, daß die Konkurrenten im Wahlkampf die Koalitionspartner nach der Wahl sind. Das verschärft die Gegensätze zwischen den Parteien und trägt ferner dazu bei, daß jede Koalitionsregierung Elemente eines permanenten Wahlkampfes enthält: die Profilsuche insbesondere der kleineren Koalitionspartner.

Dennoch kann es auch bei einem Verhältniswahlrecht zu einem klar strukturierten Parteiensystem kommen, wie z. B. in der Bundesrepublik Deutschland oder in Österreich nach dem Zweiten Weltkrieg. Die Ursache hierfür liegt dann aber nicht im Wahlsystem, sondern in der schwachen Ausprägung gesellschaftlicher Konflikte, die keinen Anlaß für eine Vielzahl separater Organisationen bietet, und in anderen institutionellen Vorkehrungen. Dieser Effekt der Konfliktstruktur kann bei der Verhältniswahl durch die Einführung von Sperrklauseln unterstützt werden, wie etwa durch die 5-Prozent-Klausel des bundesrepublikanischen Wahlrechts. Diese Klauseln stellen eine Schwelle gegen den Neueintritt politischer Parteien in die Politik dar. Je höher diese Schwelle ist, desto weniger ausgeprägt sind die typischen Wirkungen der Verhältniswahl.

3. Während Verhältniswahlsysteme — ihrer Zielsetzung entsprechend — Stimmenveränderungen proportional in Mandatsveränderungen umsetzen, führt das Mehrheitswahlsystem zu einer überproportionalen Umsetzung von Stimmenbewegungen in Mandatsgewinne oder -verluste. Erfahrungsgemäß gilt die von dem französischen Mathematiker Poisson (1781—1840) entdeckte „Kubus-Regel“ (Poisson'sche Regel), nach der das Verhältnis der Mandate etwa dem Verhältnis der in die dritte Potenz erhobenen Stimmenanteile entspricht:

Kubus-Regel oder Poisson'sche Regel

$$\frac{\text{Mandate Partei A}}{\text{Mandate Partei B}} \approx \frac{(\text{Stimmenanteil Partei A})^3}{(\text{Stimmenanteil Partei B})^3}$$

Diese statistische Besonderheit ist von zentraler politischer Bedeutung, da sie die Mehrheitsbildung und die Chance des Machtwechsels — also die zentralen Elemente für das Funktionieren des demokratischen Prozesses — bestimmt. Für eine reale Chance des Machtwechsels ist ein weitgehend symmetrisches Parteiensystem erforderlich, also eine ungefähr gleichgroße Wählerschaft der regierenden und der in Opposition stehenden Parteien: ist der Abstand zwischen diesen Parteien zu groß, dann ist es für die kleinere Gruppe fast unmöglich, zwischen zwei Wahlen genügend neue Wähler zu mobilisieren, um selbst Mehrheit zu werden. Die Erfahrung zeigt, daß eine Netto-Wählerbewegung von 5 Prozentpunkten zwischen zwei Wahlen selten überschritten wird: damit

ist der für das Bestehen einer realen Chance des Machtwechsels notwendige Abstand zwischen den Anhängerschaften der Regierungs- und der Oppositionspartei umrissen — ein solches Parteiensystem wird als „symmetrisch" bezeichnet. Ein symmetrisches Parteiensystem aber führt bei proportionaler Umsetzung der Stimmenbewegung in die Mandatsverteilung — also bei Verhältniswahl — wenn überhaupt, dann nur zu sehr knappen Mehrheitsverhältnissen, die die Regierungsfähigkeit gefährden. Wird das Verhältnis der Stimmen jedoch — wie dies das Mehrheitswahlsystem kennzeichnet — überproportional in Mandate umgesetzt, so ist die Anforderung eines symmetrischen Parteiensystems zur Sicherung der realen Chance des Machtwechsels vereinbar mit der Forderung nach ausreichenden Mehrheiten zur Sicherung der Regierungsfähigkeit: lautet z. B. die Stimmenrelation zwischen zwei Parteien 51 Prozent zu 49 Prozent, so ergibt sich bei Mehrheitswahl eine Mandatsverteilung von ca. 53 Prozent zu 47 Prozent. Im gewählten Beispiel reicht eine Netto-Wählerwanderung von 2 Prozentpunkten aus, um die Mehrheitsverhältnisse umzukehren und wiederum einen 6 Prozentpunkte großen Mandatsvorsprung für die siegreiche Partei zu erzielen.
Es gibt eine Vielzahl von Instrumenten, mit denen man die Wirkungen der Verhältniswahl an die des Mehrheitswahlsystems angleichen kann. Dabei kommt beim Höchstzahlverfahren drei Variablen eine wesentliche Bedeutung zu.
Die wichtigste Variable ist die Zahl der Mandate pro Wahlkreis, also die Zahl der jeweils nach Verhältniswahlrecht vergebenen Mandate (die Bundesrepublik ist in diesem Sinne ein Wahlkreis, in dem 496 Mandate vergeben werden). Die Anwendung der Verhältniswahl in relativ kleinen Wahlkreisen läßt z. B. die Schwelle für den Eintritt in die Politik um so höher werden, je geringer die Zahl der Mandate pro Wahlkreis wird — vorausgesetzt, es erfolgt kein Reststimmenausgleich. Die Verhältniswahl im Einerwahlkreis schließlich wird identisch mit der Mehrheitswahl.
Die Höhe der Sperrwirkung, die das Höchstzahl-Verfahren in kleinen Wahlkreisen hat, hängt wesentlich von der Struktur des Parteiensystems ab. Bei einem Parteiensystem, wie es in der Bundesrepublik Deutschland während der Großen Koalition bestand,

also als neben CDU/CSU, SPD und FDP auch die NPD in die Landtage einzog, ergaben Simulationen für den Viererwahlkreis eine Sperrklausel von ca. 15 Prozent, für den Dreierwahlkreis von ca. 18 Prozent. Bei einem weitgehend zersplitterten Parteiensystem mit etwa gleichgroßen Parteien kann die Sperrwirkung dagegen fast vollständig entfallen.

Eine zweite Variable stellt die mit dem Proportionalsystem verbundene Berechnungsmethode für die Umsetzung von Stimmen in Mandate dar. Das Verfahren nach D'Hondt läßt sich einschneidend verändern, wenn man der Berechnung nicht die tatsächlich von den Parteien errungenen Stimmen zugrunde legt, sondern eine Potenz derselben: hiermit wird ein mit der gewählten Potenz wachsender Verstärkereffekt erzielt. Schon bei der dritten Potenz wird eine Sperrwirkung und eine überproportionale Umsetzung von Stimmen in Mandate erreicht, die der bei Mehrheitswahl ähnlich ist.

Schließlich kann man das Divisionsverfahren nicht mit der Zahl 1, sondern mit einem höheren Divisor beginnen. Wählt man jedoch eine deutlich höhere Zahl als ersten Divisor, z. B. 3 oder 5, so können sich Sperrwirkungen ergeben, die denen der Mehrheitswahl ähnlich sind.

Die durch die Variation des Berechnungsverfahrens eintretenden Effekte werden in den folgenden Tabellen anhand eines fiktiven Beispiels veranschaulicht, bei dem 30 Mandate auf vier Parteien zu verteilen sind; setzt man bei gleichen Stimmenanteilen die Mandatszahl auf 200 herauf, so tritt bei allen Verfahren eine größere Annäherung der Mandatsanteile an die Stimmenanteile der Parteien ein, wobei die Effekte der Berechnungsverfahren zwar abgeschwächt werden, aber dennoch erhalten bleiben (siehe die folgenden Tabellen 4—6).

Solche Modifikationen der Verhältniswahl machen es möglich, die gewünschten Konzentrations- und Wettbewerbseffekte zu erzielen und gleichzeitig einige mögliche Nebenwirkungen der Mehrheitswahl zu vermeiden, die häufig als nicht wünschenswert betrachtet werden.

Bei Mehrheitswahl ist es z. B. möglich, daß die an Stimmen stärkste Partei nicht auch die meisten Mandate bekommt, d. h., es

Tabelle 4 Auswirkung unterschiedlicher Berechnungsverfahren auf die Mandatsverteilung

Wahlergebnis:	Partei A: 120 Stimmen	Partei C: 30 Stimmen
	Partei B: 110 Stimmen	Partei D: 20 Stimmen
Mandatszahl:	30	

1. Mandatsverteilung nach dem System von D'Hondt — ohne weitere Modifikationen

	Parteien							
	A		B		C		D	
Divisor	Stimmen	Nr. des Mandats	Stimmen	Nr. des Mandats	Stimmen	Nr. des Mandats	Stimmen	Nr. des Mandats
1	120	1	110	2	30	8	20	13
2	60	3	55	4	15	18	10	28
3	40	5	36,7	6	10	27	6,7	
4	30	7	27,5	9	7,5		5	
5	24	10	22	11	6		4	
6	20	12	18,3	14	5		3,3	
7	17,1	15	15,7	16	4,3		2,9	
8	15	17	13,8	19	3,8		2,5	
9	13,3	20	12,2	21	3,3		2,2	
10	12	22	11	23	3		2	
11	10,9	24	10	26	2,7		1,8	
12	10	25	9,2	30	2,5		1,7	
13	9,2	29	8,5		2,3		1,5	
Mandate	13		12		3		2	

besteht ein „bias“. Ein Grund für ein derartiges Ergebnis kann darin liegen, daß die größere Partei einen erheblichen Teil ihrer Stimmen in Hochburgen „verschleudert“, während die Anhängerschaft der insgesamt kleineren Partei regional gleichmäßig verteilt ist und dadurch in einer großen Zahl von Wahlkreisen sehr knapp die Mehrheit bildet. Der zweite Grund kann die Wahlkreiseinteilung sein, wenn nämlich die Wahlkreise von ungleicher Größe sind und die an Stimmen größere Partei eine überproportionale Zahl von „übergroßen“ Wahlkreisen gewinnt.

2. Mandatsverteilung nach dem System von St. Laguë (ausgeglichenes System)

Divisor	A Stimmen	A Nr. des Mandats	B Stimmen	B Nr. des Mandats	C Stimmen	C Nr. des Mandats	D Stimmen	D Nr. des Mandats
1,4	85,7	1	78,6	2	21,4	7	14,3	10
3	40	3	36,7	4	10	15	6,7	21
5	24	5	22	6	6	24	4	
7	17,1	8	15,7	9	4,3		2,9	
9	13,3	11	12,2	12	3,3		2,2	
11	10,9	13	10	14	2,7		1,8	
13	9,2	16	8,5	17	2,3		1,5	
15	8	18	7,3	19	2		1,3	
17	7,1	20	6,5	22	1,8		1,2	
19	6,3	23	5,8	25	1,6		1,1	
21	5,7	26	5,2	27	1,4		1,0	
23	5,2	28	4,8	30	1,3		0,9	
25	4,8	29	4,4		1,2		0,8	
Mandate	13		12		3		2	

Beiden Fällen aber ist gemeinsam, daß die daraus resultierende Benachteiligung der größeren Partei auf die Dauer die demokratische Legitimation der Wahl gefährden kann.

Von den verschiedenen Wahlrechtstypen können recht unterschiedliche Wirkungen ausgehen. Die relative Mehrheitswahl englischer Prägung und die Verhältniswahl — wie sie mit dem automatischen System in der Weimarer Republik am konsequentesten verwirklicht war, können als die Endpunkte eines Kontinuums verschiedener Berechnungsverfahren verstanden werden, zwischen denen es eine Vielzahl von abgestuften Positionen gibt. Dabei ist allerdings zu berücksichtigen, daß, wenn auch gewisse Variationen des Verhältniswahlrechts der Wirkungsweise des Mehrheitswahlrechts nahe kommen, ungeachtet der technischen Kontinuität im Berechnungsverfahren die Unterschiede zwischen dem Mehrheits-

3. Mandatsverteilung nach D'Hondt — beginnend mit Divisor „3"

Divisor	Parteien							
	A		B		C		D	
	Stimmen	Nr. des Mandats	Stimmen	Nr. des Mandats	Stimmen	Nr. des Mandats	Stimmen	Nr. des Mandats
3	40	1	36,7	2	10	20	6,7	
4	30	3	27,5	4	7,5	28	5	
5	24	5	22	6	6		4	
6	20	7	18,3	8	5		3,3	
7	17,1	9	15,7	10	4,3		2,9	
8	15	11	13,8	12	3,8		2,5	
9	13,3	13	12,2	14	3,3		2,2	
10	12	15	11	16	3		2	
11	10,9	17	10	19	2,7		1,8	
12	10	18	9,2	22	2,5		1,7	
13	9,2	21	8,5	24	2,3		1,5	
14	8,6	23	7,9	26	2,1		1,4	
15	8	25	7,3	29	2		1,3	
16	7,5	27	6,9		1,9		1,2	
17	7,1	30	6,5		1,8		1,2	
Mandate	15		13		2		0	

wahlrecht und den entsprechend modifizierten Verhältniswahlrechten einerseits und dem nicht wesentlich modifizierten Verhältniswahlrecht andererseits in der Wirkungsweise so wesentlich sind, daß es sich um einen qualitativen, nicht um einen quantitativen Unterschied handelt. Verkürzt man die Diskussion um das anzuwendende Wahlrecht auf die Entscheidung „Mehrheits- oder Verhältniswahlrecht", so ergeben sich ideologische Fronten um die Frage nach dem „gerechten" Wahlrecht, wobei moralisch-ethische Kategorien mit mathematischen Verfahrensmethoden vermischt werden. Wesentlicher ist, daß man sich in großem Umfang der Gestaltungsmöglichkeiten begibt, die angesichts der gesellschaftlichen Konfliktstruktur geradezu erforderlich sein können, um ein funktionsfähiges Parteiensystem zu erhalten. Gerade Verfassungspolitik ist Gestaltungschance.

4. Mandatsverteilung durch Höchstzahlverfahren, Erster Divisor „3“, nachfolgend ungerade Zahlen

Divisor	Parteien A Stimmen	A Nr. des Mandats	B Stimmen	B Nr. des Mandats	C Stimmen	C Nr. des Mandats	D Stimmen	D Nr. des Mandats
3	40	1	36,7	2	10	11	6,7	17
5	24	3	22	4	6	20	4	
7	17,1	5	15,7	6	4,3	29	2,9	
9	13,3	7	12,2	8	3,3		2,2	
11	10,9	9	10	10	2,7		1,8	
13	9,2	12	8,5	13	2,3		1,5	
15	8	14	7,3	15	2		1,3	
17	7,1	16	6,5	18	1,8		1,2	
19	6,3	19	5,8	21	1,6		1,1	
21	5,7	22	5,2	23	1,4		1,0	
23	5,2	24	4,8	25	1,3		0,9	
25	4,8	26	4,4	27	1,2		0,8	
27	4,4	28	4,07		1,1		0,7	
29	4,14	30	3,8		1,0		0,7	
Mandate	14		12		3		1	

3.2 Abhängigkeit der Wirkung der Wahlsysteme von der Konfliktstruktur

Die Wirkungsweise eines Wahlrechts in einer konkreten Situation wird über die allgemeinen Regeln hinaus maßgeblich von der Konfliktstruktur mitbestimmt. So gilt z. B. die allgemeine Regel, daß das Mehrheitswahlrecht einen wirksameren Schutz gegen eine Zersplitterung des Parteiensystems bietet, dann nicht mehr, wenn im gesamten Wahlgebiet kandidierende Parteien zwar in überregionaler Betrachtung den Status von Splittergruppen haben, aber auf einen oder wenige Wahlkreise konzentriert sind: Die Stellung der Franco-Kanadier in der Provinz Quebec oder der Nationalisten in Schottland sind hierfür bekannte Beispiele. Für den Grad der Integration eines Parteiensystems gilt folgende Regel: Je

Tabelle 5 Auswirkung unterschiedlicher Berechnungsverfahren auf die Mandatsverteilung

Annahmen: wie bei den Beispielen 1—4 in der vorherigen Tabelle

5. Mandatsverteilung mit dem Verfahren von D'Hondt — ausgehend von den in die 3. Potenz erhobenen Stimmenzahlen (Kubisches Verfahren)

	Parteien							
	A		B		C		D	
Divisor	Stimmen	Nr. des Mandats	Stimmen	Nr. des Mandats	Stimmen	Nr. des Mandats	Stimmen	Nr. des Mandats
1	1 728 000	1	1 331 000	2	27 000		8 000	
2	864 000	3	665 000	4	13 500		4 000	
3	576 000	5	443 666	6	9 000		2 666	
4	432 000	7	332 750	9	6 750		2 000	
5	345 600	8	266 200	11	5 400		1 600	
6	288 000	10	221 833	13	4 500		1 333	
7	246 857	12	190 142	16	3 857		1 143	
8	216 000	14	166 375	18	3 375		1 000	
9	192 000	15	147 888	20	3 000		889	
10	172 800	17	133 100	22	2 700		800	
11	157 090	19	121 000	25	2 454		727	
12	144 000	21	110 916	27	2 250		667	
13	132 932	23	102 384	29	2 076		615	
14	123 428	24	95 071		1 928		571	
15	115 200	26	88 733		1 800		533	
16	108 000	28	83 188		1 688		500	
17	101 647	30	78 294		1 588		471	
Mandate	17		13		0		0	

größer die zentrifugalen Kräfte in der Konfliktstruktur einer Gesellschaft sind, desto stärkere Sicherheitsvorkehrungen gegen Desintegration müssen durch die Institutionen im allgemeinen und durch das Wahlrecht insbesondere gesetzt werden. In sozial weitgehend befriedeten Systemen, wie etwa den skandinavischen Ländern in den 50er und Anfang der 60er Jahre oder der Bundesrepublik und Österreich seit Mitte der 50er Jahre, können auch bei

Tabelle 6 Auswirkung unterschiedlicher Berechnungsverfahren auf die Mandatszahl bei unterschiedlicher Sitzzahl

Verfahren	Partei	Stimmen in %	Mandatsverteilung bei 30 Sitzen abs.	in %	bei 200 Sitzen abs.	in %
1. Verfahren D'Hondt ohne Modifikationen	A	42,9	13	43,3	86	43,0
	B	39,3	12	40,0	79	39,5
	C	10,7	3	10,0	21	10,5
	D	7,1	2	6,7	14	7,0
2. Verfahren St. Laguë	A	42,9	13	43,3	86	43,0
	B	39,3	12	40,0	79	39,5
	C	10,7	3	10,0	21	10,5
	D	7,1	2	6,7	14	7,0
3. Verfahren D'Hondt, beginnend mit dem Divisor „3"	A	42,9	15	50,0	88	44,0
	B	39,3	13	43,3	80	40,0
	C	10,7	2	6,7	19	9,5
	D	7,1	0	0,0	13	6,5
4. Beginnend mit Divisor „3", nachfolgend alle ungeraden Zahlen	A	42,9	14	46,7	87	43,5
	B	39,3	12	40,0	79	39,5
	C	10,7	3	10,0	21	10,5
	D	7,1	1	3,3	13	6,5
5. Verfahren D'Hondt, bei Stimmenzahlen in der 3. Potenz	A	42,9	17	56,7	112	56,0
	B	39,3	13	43,3	87	43,5
	C	10,7	0	0,0	1	0,5
	D	7,1	0	0,0	0	0,0

Verhältniswahl hochintegrierte Parteiensysteme entstehen. Bei großer Intensität der gesellschaftlichen Konflikte aber kann auch die Integrationskraft der relativen Mehrheitswahl überfordert sein, wie das ansatzweise in Großbritannien seit etwa 15 Jahren erkennbar wird. Dabei ist dann auch zu berücksichtigen, welche Form der Verhältniswahl angewandt wird, proportionale Systeme mit hohen Sperrwirkungen vermögen größeren sozialen Spannungen zu widerstehen als „reine" Verhältniswahlsysteme. Dabei besteht jedoch ein wesentlicher Unterschied zwischen der Integrationswirkung von Sperrklauseln, wie z. B. die 5-Prozent-Klausel im deutschen Wahlrecht, und der Mehrheitswahl. Solche Sperrklauseln haben eine Integrationswirkung, die bei einer bestimmten Stufe der Konfliktstruktur aufhört. Ist diese Schwelle einmal übersprungen, entfällt die Lernwirkung der „weggeworfenen" Stimmen. Bei Mehrheitswahl besteht dagegen eine Tendenz zur Integration, gegebenenfalls zur Reintegration. Das gilt ähnlich auch für jene Modifikation der Verhältniswahl, bei der die tatsächlichen Stimmen vor der Verteilung z. B. nach D'Hondt potenziert werden.

Die Wechselwirkungen zwischen Konfliktstruktur und Wahlrecht für den Integrationsgrad eines Parteiensystems veranschaulicht die folgende Graphik (siehe Schaubild 2).

Diese Wechselwirkungen lassen sich auch vereinfacht mit einer Matrix darstellen (siehe Schaubild 3).

Die traditionell behaupteten Zusammenhänge von Verhältniswahl und Vielparteiensystem sowie von Mehrheitswahlrecht und alternierendem Parteiensystem gelten nur dann mit einiger Sicherheit, wenn die Verhältniswahl in einer Gesellschaft mit intensiven Konflikten und die Mehrheitswahl bei nicht sehr starken sozialen

Schaubild 2

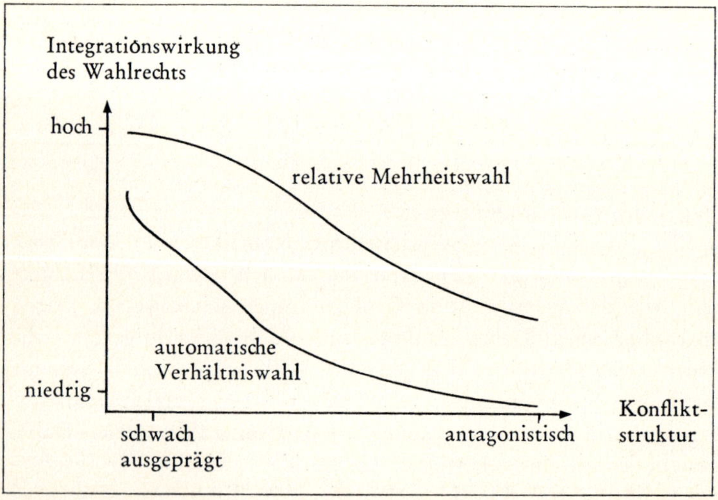

Schaubild 3 Die Bedeutung von Konfliktstruktur und Wahlsystem für den Integrationsgrad eines Parteiensystems

Konfliktstruktur	Mehrheitswahlsysteme	Verhältniswahlsysteme
hohe Ladung	Tendenz zum integrierten Parteiensystem	Desintegriertes Vielparteiensystem
geringe Ladung	Alternierendes Parteiensystem[4]	Tendenz zum integrierten Parteiensystem

Konflikten angewendet werden. Allerdings sind hier die dynamischen Aspekte der politischen Institutionen zu berücksichtigen: die Verhältniswahl kann die vorhandenen Konflikte verstärken, während die Mehrheitswahl Lerneffekte auslöst, die zu Kompromissen und zum Abbau der Konfliktintensität führen können.

Dieser kurze Überblick verdeutlicht, daß jede Beschreibung und Erklärung, erst recht aber die Prognose von Wahlverhalten oder der zukünftigen Entwicklung des Parteiensystems nur unter Berücksichtigung der Wechselwirkung zwischen Institution und Konfliktstruktur möglich ist. Dies gilt insbesondere bei mittelfristiger, grundsätzlich aber auch schon bei kurzfristiger Betrachtung.

Würde man beispielsweise im heutigen Großbritannien ein proportionales Wahlrecht ohne nennenswerte Sperrwirkung einführen, so würde wahrscheinlich innerhalb von zwei Wahlen die Transformation in ein Vielparteiensystem erfolgen, in dem neben Konservativen, Labour und Liberalen auch schottische, walisische und irische Minderheitenparteien sowie möglicherweise Parteien am linken oder rechten Flügel oder auch an ad hoc-Konflikten, wie z. B. Umweltschutz, ausgerichtete Parteien entstehen.

Ist der institutionelle Rahmen jedoch seit langer Zeit stabil, so ist er für die Analyse einer Wahl oder die vergleichende Untersuchung aufeinanderfolgender Wahlen gerade wegen seiner Kon-

---

[4] Unter einem alternierenden Parteiensystem versteht man, daß zwei große Parteigruppierungen mit starkem Wettbewerb miteinander konkurrieren, also eine hohe reale Chance des Machtwechsels besteht und es regelmäßig zu einer Mehrheitsbildung durch die Wahlentscheidung kommt.

stanz von untergeordneter Bedeutung. Doch kann eine Veränderung in der Konfliktstruktur die Bedeutung auch unverändert gebliebener institutioneller Faktoren wieder erhöhen.

So wirkte in der Bundesrepublik jahrzehntelang die 5-Prozent-Klausel als eine Privilegierung der F.D.P.; sie schützte sie gegen die Konkurrenz weiterer Drittparteien und gab ihr damit häufig das Entscheidungsmonopol über die Regierungsbildung. Mit dem Auftreten und der Artikulation der neuen Konfliktdimension „Umweltschutz“ bekam die 5-Prozent-Klausel jedoch eine andere Wirkung: in der Konkurrenz zwischen F.D.P. und Grünen Listen um ein sich teilweise überschneidendes Stimmenpotential wurde die 5-Prozent-Klausel auch für die F.D.P. zur Existenzbarriere — wie das zehn Jahre zuvor schon einmal in Niedersachsen und Bayern in der Konkurrenz mit der NPD der Fall war. Das führt zu der zunächst paradox erscheinenden Aussage, daß die durch das Auftreten der Grünen Listen signalisierte geringe Verschärfung der Konfliktstruktur zunächst eine Konzentration des deutschen Parteiensystems und eine erhöhte Integrationskraft bewirken kann. Durch Rückgang der in den Parlamenten vertretenen Parteien auf nur zwei Gruppen wird es möglich, daß die Entscheidung über die Regierungsbildung unmittelbar *in* der Wahl und nicht erst mittelbar durch Koalitionsverhandlungen *nach* der Wahl erfolgt. Dies liegt an dem in der 5-Prozent-Klausel begründeten stufenartigen Verlauf der von diesen institutionellen Regeln ausgehenden Integrationswirkung der Wahl. In dem Augenblick aber, in dem es den Grünen Listen gelingt, die 5-Prozent-Hürde zu überspringen, ist die alte Situation wiederhergestellt. Gelingt es gleichzeitig der F.D.P. oder anderen Parteien, diese Grenze ebenfalls zu überwinden, dann ergibt sich eine deutliche Desintegration des Parteiensystems.

Ob aufgrund der vorherrschenden Konfliktstruktur viele Parteien, wenige oder nur zwei Parteien existieren können, ist also durch das Wahlverfahren in beachtlichem Maße beeinflußbar. Welches Parteiensystem angestrebt wird, ist zunächst eine normative Frage, die die folgende Entscheidung über das Wahlverfahren festlegt. Jede Wahlrechtsdiskussion ist also in Wirklichkeit eine Diskussion über das Parteiensystem; die Beurteilungskriterien der Wahlrechtsdiskussion entstammen also der Frage nach dem angestrebten Parteiensystem und damit nach der Art der Demokratie selbst.

3.3 Urteilskriterien für die Wahlrechtsdiskussion

Die Wahlrechtsdiskussion ist demgegenüber in der Regel durch eine starke ideologische Prägung gekennzeichnet. So wurde beispielsweise die proportionale Umsetzung von Wählerstimmen in Mandate in der Regel zu einem „Gebot der Gerechtigkeit" erklärt — hier wird in logisch nicht zu rechtfertigender Weise eine ethische mit einer mathematischen Kategorie verknüpft.

Dem steht auch bei der Erörterung der Wahlrechtsfragen die funktionale Betrachtungsweise gegenüber. Hierbei wird zunächst nach den Wirkungen gefragt, die die Institution des Wahlrechts auf das politische Verhalten von Wählern, Parteien, Parlamenten und Regierungen sowie im Hinblick auf die Funktionen der Wahl haben soll. Dann werden die in der Sozial- und Konfliktstruktur liegenden Voraussetzungen ermittelt, auf deren Basis die institutionellen Regeln wirken. Auf diese Weise kann zunächst die tatsächliche Wirkungsweise alternativer Wahlsysteme für die Entwicklung des Parteiensystems ermittelt werden. Die dann anstehende Entscheidung über das jeweilig gewünschte Parteiensystem ist normativ. Will man — aus welchen normativen Zielsetzungen auch immer — ein bestimmtes Parteiensystem erzielen, dann ist es weitgehend möglich, die Institution Wahlrecht so zu gestalten, daß dieses Parteiensystem entsteht — solange nicht die prägende Kraft der Institutionen durch eine antagonistische Konfliktstruktur ausgeschaltet wird.

Bei der Erörterung über die Wünschbarkeit unterschiedlicher Parteiensysteme sind wiederum einige Zusammenhänge über die mittel- und langfristige Wirkungsweise von alternativen Parteiensystemen für die Arbeitsweise der Demokratie wesentlich.

Vielparteiensysteme tragen eine Tendenz zur Instabilität in sich, die bei einer vielpoligen Konfliktstruktur jederzeit Wirklichkeit werden kann. In einem Vielparteiensystem werden die an den Rändern des politischen Spektrums angesiedelten Parteien stets als nicht koalitionsfähig bezeichnet. Die zur Bildung von Mehrheiten erforderliche Konstruktion von Koalitionen findet fast ausschließlich zwischen den Parteien der sogenannten „Mitte“ statt; das bedeutet aber auch, daß die politische Willensbildung sich nur an den Wählern der Mittelparteien orientiert. Die Wähler der peripheren Parteien aber können in einem solchen System kaum mit der Befriedigung ihrer Interessen rechnen — die Folge ist, daß derartige Parteien, und tendenziell auch ihre Anhänger — wie immer ihre Einstellung zum politischen System im Anfang war — in die Opposition zu diesem Repräsentativsystem gedrängt werden. Auch aus einer anfänglichen Opposition im System wird als Folge der dauerhaften Aussichtslosigkeit, an der Regierung beteiligt zu werden, eine Opposition zum System (siehe unten).

Schaubild 4 Die latente Gefahr wachsender Unzufriedenheit in einem desintegrierten Vielparteiensystem

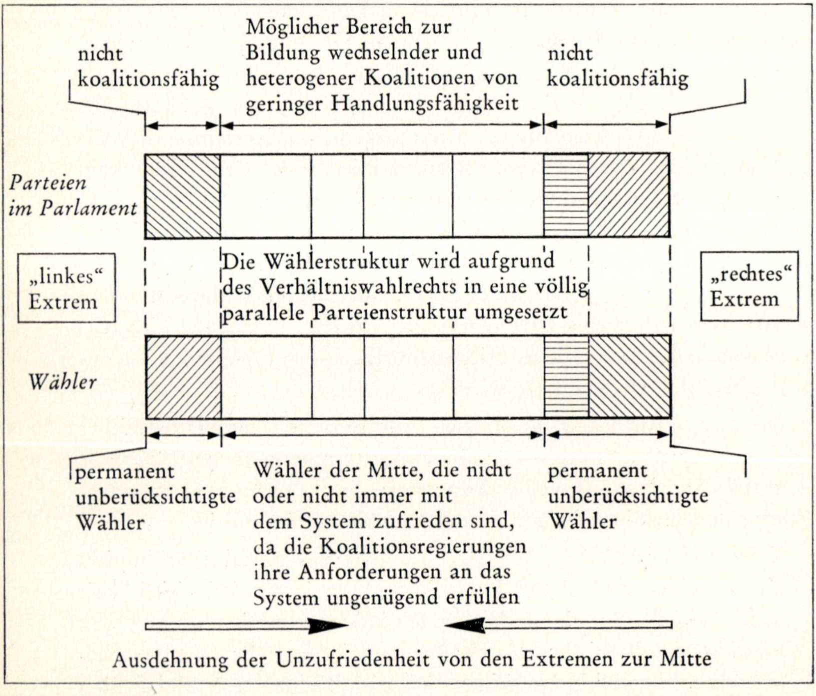

Eine zweite Instabilität kommt hinzu: Die meisten der Parteien der Mitte sind stets an der Regierung beteiligt, aber auch sie können die Erwartungsstruktur ihrer eigenen Wähler kaum zufriedenstellen. Dabei gilt: je mehr Parteien zur Bildung einer Mehrheit erforderlich sind, desto mehr Konflikte sind in die Regierungskoalitionen „eingebaut". Um die Existenz der Koalitionen nicht zu gefährden, müssen viele dieser Konflikte aus der politischen Kontroverse „ausgeklammert" oder durch einen nicht befriedigenden Kompromiß beigelegt werden. Dies bewirkt, wie die allgemeinen Abnutzungserscheinungen jeder Regierung, eine Tendenz zur Entfremdung auch unter den Wählern der Mittelparteien. Dies kann zwei Wirkungen haben. Entweder orientiert sich der enttäuschte Wähler der politischen Mitte den Randparteien zu; die Folge ist, daß von den Rändern des politischen Spektrums sich die Unzufriedenheit mit den Ergebnissen des Willensbildungsprozesses in die politische Mitte fortpflanzen wird, bis dem System die Legitimation zur Bildung eines verbindlichen politischen Willens entzogen wird. Die zweite Möglichkeit ist, daß die Wähler der Mittelparteien auch in den Randparteien keine realen Alternativen sehen, und z. B. durch Stimmenthaltung oder durch Orientierung an neuen Splitterparteien dem System ihre Unterstützung entziehen. Der Legitimationsverlust des Systems ist jedoch in beiden Fällen gleich.

Diese Effekte erklären den Zusammenbruch der Weimarer Republik. Die Ausgangssituation war eine Konfliktstruktur mit starken zentrifugalen Kräften, die durch die Weltwirtschaftskrise noch erheblich verschärft wurde. Als 1928 die „Koalition aller Vernünftigen" geschlossen wurde, ließ man den als unvernünftig definierten Parteien des Rechts- und Linksextremismus das Monopol der Opposition. Die extremen Parteien, insbesondere die NSDAP, konnten von der ökonomischen Unzufriedenheit und der zunehmenden inneren Unruhe profitieren. Ähnliches gilt — wenn auch in abgeschwächter Form — für die Erfolge der Kommunistischen Partei Italiens nach dem Zweiten Weltkrieg oder auch für die Entwicklung der IV. Republik in Frankreich.

In der Bundesrepublik Deutschland waren ähnliche Prozesse erkennbar, die zu den Erfolgen der NPD ab 1966 führten: als

Folge der Strategie der SPD nach 1959, durch partiellen Verzicht auf Opposition das Image der Regierungsfähigkeit zu erhalten, war in der Perzeption der Wählerschaft eine Alternative zur Regierung Erhard nicht mehr erkennbar. Die Folge war, daß die Unzufriedenheit, die durch die Stagnation der Wirtschaft 1966 ausgelöst wurde, zur Unterstützung von Protestparteien führte, nämlich der NPD in den Landtagswahlen seit 1966. Wieder galt die Regel: Fehlt es an einer perzipierten Alternative *im* System, erwächst die Chance für die Opposition *zum* System.

Die Bedeutung für die langfristige Entwicklung des Parteiensystems der Bundesrepublik Deutschland läßt sich an folgendem Szenario verdeutlichen. Die NPD wurde für nicht koalitionsfähig erklärt; die Folge war, daß eine Situation eintreten konnte, in der nur noch eine Koalition aus SPD und CDU/CSU die Mehrheit der Mandate auf sich vereinigen konnte — dies wäre z. B. auch 1969 der Fall gewesen, wenn die NPD nur um 0,5 Prozentpunkte besser abgeschnitten und dadurch die 5-Prozent-Klausel überwunden hätte. Eine Fortsetzung der Regierung aus CDU/CSU und SPD aber hätte mit hoher Wahrscheinlichkeit verstärkte Tendenzen zu Protestwahlverhalten ausgelöst. Die Folge wäre zumindest eine langfristige Stabilisierung der NPD im deutschen Parteiensystem gewesen und möglicherweise auch die Entstehung einer linken Flügelpartei, etwa nach dem Vorbild der USPD, verdeutlicht doch die innerparteiliche Auseinandersetzung der SPD zwischen 1966 und 1969, wie wenig diese Koalition in der SPD konsensfähig war.

Dieses Szenario ist nicht Wirklichkeit geworden, aber die Tatsache, daß die NPD die 5-Prozent-Klausel überspringen konnte — wenn auch nur in Landtagswahlen — zeigt die strukturelle Instabilität des Parteiensystems der Bundesrepublik Deutschland. Was der NPD mißlang, kann anderen Gruppen in Zukunft gelingen.

Eine solche Aufsplitterung des Parteiensystems ist bei Bestehen eines institutionell abgesicherten alternierenden Parteiensystems nicht zu erwarten. Die zentrale Schwäche eines derartigen Parteiensystems wird vielmehr darin gesehen, daß die beiden großen Parteien oder Parteiengruppen in sich derart heterogene Strömungen vereinigen, daß sie, nachdem die innerparteiliche Kompromißfindung erfolgt ist, sich voneinander kaum unterscheiden. Beide Parteien müssen sich, um mehr als 50 Prozent der Stimmen und der Mandate zu erreichen, an den in der politischen Mitte angesiedelten potentiellen Wechselwählern orientieren, d. h. an jenen Wählern, die nicht auf die Wahl einer der Parteien dauerhaft festgelegt sind, sondern ihre Stimmabgabe von Wahl zu Wahl ändern können. Unter diesem Zwang zur Orientierung an der politischen Mitte gleichen sich die programmatischen Aussagen der Parteien einander an. Dies bedeutet zwar einerseits einen Verlust an Innovationskraft des politischen Systems, aber andererseits ist bei einem Regierungswechsel auch zumindest kurzfristig kein grundlegender Richtungswechsel der Politik zu erwarten, so daß auch bei einem Regierungswechsel eine gewisse Kontinuität gewahrt bleibt.

In einem solchen Parteiensystem ist der Konflikt zwischen der politischen Führung einer Partei und der jeweiligen aktiven, weltanschaulich oder ideologisch engagierten Mitgliedschaft der Partei fest eingebaut (siehe Schaubild 5): Die Parteiführung muß sich zum Erwerb oder zum Erhalt der Macht an der Wählerschaft der Mitte orientieren und erzeugt damit das Unbehagen der aktiven Mitglieder, die auf eine möglichst unverfälschte Durchsetzung der weltanschaulichen oder ideologischen Grundpositionen der Partei ausgerichtet sind. Diese Spannungen werden um so größer, je kleiner und ideologisch profilierter die aktive Mitgliedschaft der Partei ist. Dieses programmatische Unbehagen der engagierten Mitglieder einer Partei, denen ihre eigene Partei nicht entschieden genug einen klar von der Politik der anderen Partei abgehobenen Kurs verfolgt, ist unvermeidlicher Bestandteil eines Systems wechselnder Parteiregierungen und damit der Demokratie schlechthin.

Mehrheiten beruhen auf der Bereitschaft, Kompromisse auch auf Kosten der „Reinerhaltung" der eigenen Anschauungen zu schließen, und je größer und vielfältiger eine Industriegesellschaft ist, desto weniger können die zur Mehrheitsbildung geeigneten Kompromisse noch spezielle Anschauungen oder Partikularinteressen berücksichtigen. Je höher aber die — durch das Wahlrecht bestimmte — Schwelle für den Neueintritt in die Politik ist, desto

Schaubild 5 Konflikt zwischen innerparteilicher Willensbildung und notwendiger Orientierung der Partei an der politischen Mitte zur Erzielung von Mehrheiten

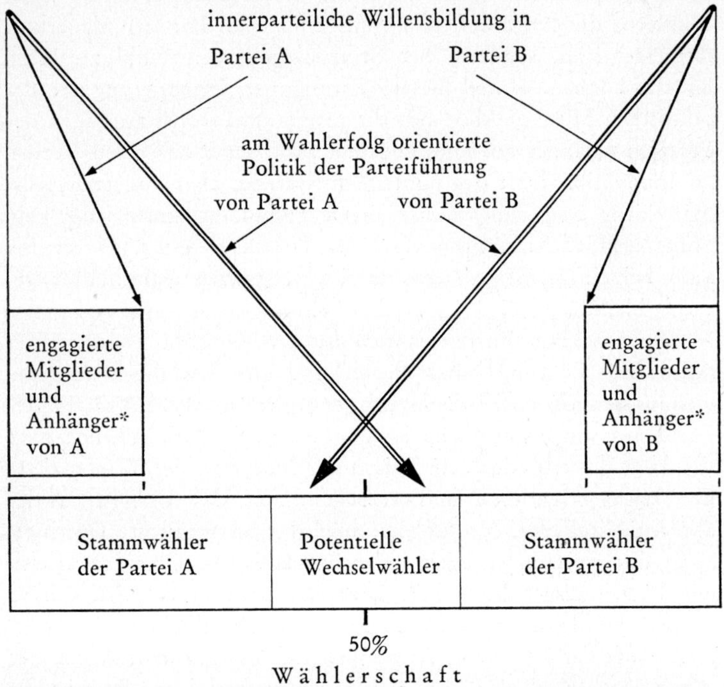

gelassener können Parteiführungen diese Unzufriedenheit ihrer Anhänger ertragen, denn diese können wegen mangelnder Erfolgsaussichten nicht glaubhaft mit der Abspaltung drohen. Darin liegt zugleich die Gefahr eines Legitimationsverlustes des Systems, der jedoch durch Regeln der innerparteilichen Willensbildung aufgefangen werden kann, die dem Begriff „innerparteiliche Demokratie" einen inhaltlichen Sinn geben.

---

* Die engagierten Mitglieder und Anhänger der Parteien sind am Rande des Spektrums abgebildet, weil bei ihnen die Distanz zur jeweils anderen Partei psychologisch am größten ist.

Legt dagegen das Wahlsystem die Schwelle für den Neueintritt in die Politik sehr niedrig fest, dann können auch kleine Gruppen parlamentarische Repräsentanz erlangen, wie einst die Abspaltung der USPD von der SPD verdeutlichte. In solchen Systemen können die weltanschaulich engagierten Mitglieder die Parteiführung zwingen, eine stärker an der eigenen Ideologie orientierte Politik zu betreiben — wodurch die Chance vermindert wird, eine Mehrheit in Wahlen zu gewinnen. Max Weber (1864—1920) sprach treffend von den geborenen Minoritätsparteien.

Auch die nach einer Wahl erforderlichen Koalitionsverhandlungen werden durch ideologischen Purismus erschwert. Dies kann bei niedriger Schwelle der Repräsentation dazu führen, daß Koalitions- und Mehrheitsbildung, und damit effizientes Regieren, unmöglich wird — das politische System wird gelähmt. Eine stark ideologisch orientierte Politik führt dagegen im alternierenden Parteiensystem normalerweise lediglich zum Verlust der Mehrheit (oder zum Verharren in der Opposition), aber erst dann zu einer Lähmung des gesamten Systems, wenn an dieser Position solange festgehalten wird, bis die Regierungsmacht der anderen Partei dadurch so zementiert wird, daß die Chance des Machtwechsels und damit die Innovationsfähigkeit des Systems verloren geht.

Diese Überlegungen können am Beispiel der Entwicklung der SPD nach dem Zweiten Weltkrieg veranschaulicht werden. Die ideologisierte Partei der 50er Jahre war nicht mehrheitsfähig. Erst nachdem die Niederlagen in den ersten drei Bundestagswahlen einen Prozeß der programmatischen Umorientierung ausgelöst hatten, konnte sich die SPD allmählich zu einer potentiellen Mehrheitspartei entwickeln und schließlich 1972 mit fast 46 Prozent der Stimmen eine solche Position erreichen. Die damit verbundene verstärkte innerparteiliche Auseinandersetzung um die „richtige" Nutzung der Macht ließ die SPD jedoch schon 1976 wieder tendenziell zur Minderheitspartei werden, die die Macht nur durch die Koalition mit der F.D.P. knapp behaupten konnte. Es ist unschwer vorauszusagen, daß die SPD nach einem Regierungswechsel in Bonn das Konzept der zur Mitte orientierten Volkspartei wieder stärker betonen wird, um so erneut mehrheitsfähig zu werden — die Frage ist nur, ob dies unmittelbar nach dem Machtverlust oder erst nach Jahren des ideologischen Purismus und damit verbunden der Erfolglosigkeit in Wahlen geschehen wird.

Diese Beispiele zeigen, daß die aufgrund von Konfliktstruktur und Wahlrecht geformte Struktur des Parteiensystems das politische Verhalten von Parteien und Wählern direkt und indirekt stark beeinflußt. Durch die Gestaltung des Wahlrechts können diese Effekte vielfältig variiert werden, wenn man die Wirkungsweise der verschiedenen Wahlsysteme kennt und zu nutzen weiß. Das setzt eine systematische Analyse der Wirkungsweise von Wahlverfahren voraus.

3.4 Methoden zur Analyse der Wirkungsweise von Wahlverfahren

Der erste Ansatz für die Analyse der von unterschiedlichen Wahlverfahren ausgehenden Wirkungen ist die vergleichende Forschung. Dabei hat die vergleichende Untersuchung für die Wahlforschung — und dies gilt für die Sozialwissenschaften allgemein — dieselbe Funktion, die in den Naturwissenschaften das Experiment hat: unter kontrollierten Bedingungen soll die Wirkungsweise von einzelnen Einflußfaktoren isoliert werden, die man für das Verhalten von Wählern und Parteien sowie für die Herausformung des Parteiensystems als wichtig ansieht. Aufgrund derartiger Vergleiche sind auch die in der vergangenen Darstellung genannten Forschungsergebnisse entstanden. Auch an dieser Stelle ist einschränkend zu bemerken, daß die vergleichende Wahlforschung vor sehr viel mehr Schwierigkeiten steht, alle möglicherweise einen Einfluß ausübenden Bedingungen zu kontrollieren, als das für das naturwissenschaftliche Experiment gilt oder zumindest zu gelten scheint.

Insbesondere drei Faktoren wurden als für den Wahlprozeß bedeutsam herausgestellt und stehen demzufolge im Zentrum der vergleichenden Forschung: die Gesamtorganisation des Regierungssystems, die Konfliktstruktur und das Wahlrecht.

(1) Isolierung der von der Gesamtorganisation des Regierungssystems ausgehenden Effekte

Um den Einfluß des Regierungssystems zu erfassen, sind Vergleiche zwischen politischen Systemen mit gleichartiger Konfliktstruktur und gleichem Wahlrecht, aber ansonsten unterschiedlichem institutionellen Rahmen erforderlich. Ein Beispiel ist die Gegenüberstellung zweier Länder mit Mehrheitswahlrecht und vergleichbarer Konfliktstruktur, von denen eines ein System parlamentarischer und das andere ein System präsidialer Regierungsweise besitzt. Der Einfluß des Regierungssystems auf Wähler- und Parteienverhalten sowie Parteiensystem ist jedoch in der Realität durch vergleichende Forschung nur mit Einschränkung zu ermitteln: der institutionelle Rahmen umfaßt so viele das politische Leben gestaltende Einzelfaktoren, daß eine unmittelbare Vergleichbarkeit zweier Systeme kaum erreichbar ist. Hierzu müßten — streng genommen — für jeden einzelnen relevanten institutionellen Einflußfaktor zumindest zwei Systeme gefunden werden, die sich nur hinsichtlich dieses Faktors unterscheiden, aber sich in allen anderen Bedingungen gleichen. Dies ist von der Anzahl der für Untersuchungen verfügbaren demokratischen Systeme her nicht möglich, für das präsidiale System steht im Grunde genommen nur die USA für einen Vergleich mit den westeuropäischen parlamentarischen Systemen zur Verfügung, da die präsidialen Systeme Lateinamerikas schon aufgrund der Besonderheiten ihrer Sozialstruktur für einen solchen Vergleich nicht herangezogen werden können. Allerdings ist wiederum der Vergleich zwischen den USA und derartigen lateinamerikanischen Ländern fruchtbar, um die besondere Bedeutung der Sozialstruktur zu ermitteln. So können allenfalls Plausibilitätserwägungen angestellt werden, die zu begründeten Hypothesen über den Einfluß des Faktors „Art des Regierungssystems“ führen. Diese Hypothesen müssen dann ständig geprüft werden.

(2) Isolierung der von der Konfliktstruktur ausgehenden Wirkungen

Hier müssen Vergleiche zwischen Systemen angestellt werden, die eine ähnliche Gesamtorganisation des Regierungssystems und das gleiche Wahlrecht, aber unterschiedliche Konfliktstrukturen aufweisen. Die Unterschiedlichkeit der Konfliktstruktur kann dabei entweder in der Zahl und Art der vorhandenen Konfliktdimensionen oder in der Intensität der Konflikte oder in beidem begründet sein. Solche Unterschiede lassen sich auf zwei Arten analysieren: erstens, indem man dasselbe politische System zu unterschiedlichen Zeitpunkten betrachtet, zwischen denen eine Änderung der Konfliktstruktur bei Konstanz der Institutionen erfolgt ist; ein Beispiel hierfür bietet das Auftreten der „Umwelt- und Wachstumsproblematik" in der Bundesrepublik Deutschland, deren Konfliktstruktur hier um eine sich in Organisationsbildung niederschlagende Dimension erweitert wurde. Die zweite Möglichkeit ist der Vergleich zwischen verschiedenen Systemen; als Beispiel kann hier eine vergleichende Untersuchung der Bundesrepublik Deutschland mit westeuropäischen Ländern genannt werden, da hier die meisten Länder ein grundsätzlich parlamentarisches Regierungssystem und Verhältniswahlrecht besitzen, aber eine andere Konfliktstruktur.

(3) Isolierung der vom Wahlrecht ausgehenden Effekte

Bei dieser Fragestellung muß ein Vergleich zwischen politischen Systemen mit gleichartiger Regierungsweise und annähernd gleicher Konfliktstruktur, aber unterschiedlichen Wahlverfahren durchgeführt werden. Eine Gelegenheit hierzu bietet sich bei Wahlrechtsänderungen in derselben Gesellschaft, so wie dies — mit Einschränkungen — durch Vergleich der IV. und V. Republik in Frankreich (Übergang vom Verhältniswahlrecht zum romanischen Mehrheitswahlrecht) oder der Weimarer Republik mit der Entstehungsphase der Bundesrepublik (Übergang vom automatischen Verhältniswahlrecht zum personalisierten Verhältniswahlrecht mit einer Sperrklausel) möglich ist. Andererseits können auch verschiedene Länder zum gleichen Zeitpunkt betrachtet werden, z. B. Großbritannien und die Bundesrepublik Deutschland, wodurch ein Vergleich der Wirkungsweise von Verhältniswahl und relativer Mehrheitswahl im System parlamentarischer Regierungsweise bei ähnlicher Konfliktstruktur ermöglicht würde. Je mehr derartige Vergleiche zwischen den vielen denkbaren Ausprägungen

von Wahlverfahren angestellt werden, desto nuancierter werden die Kenntnisse über die Wirkung der Wahlrechte und deren insbesondere bei der Verhältniswahl zahlreichen Varianten.
Solche Erkenntnisse können dann genutzt werden, um eine zweite grundsätzliche Möglichkeit zur Analyse der Wirkungsweise verschiedener Wahlsysteme sinnvoll einsetzen zu können — die Wahlsimulation mit dem Computer.
Die Computer-Simulation bietet sich zunächst an, um auf die Stimmenverteilung einer gegebenen Wahl verschiedene Berechnungsverfahren für die Ermittlung der Mandatsverteilung anzuwenden. Gegeben ist ein bestimmtes Stimmenverhältnis — wie wirken sich bei Verhältniswahl unterschiedliche Sperrklauseln aus, wie wirkt die Wahl des ersten Divisors und der Abstände zwischen den Divisoren bei den sogenannten Höchstzahlverfahren, wie wirken Höchstzahlverfahren bei Potenzierung der Stimmen für die Parteien vor Beginn der Berechnung, wie wirkt bei Anwendung des Verhältniswahlrechts in einzelnen Wahlkreisen die Veränderung der Zahl der Wahlkreise und der Mandate pro Wahlkreis, wie sieht alles dies im Vergleich zur relativen Mehrheitswahl aus? Die verschiedenen Rechenverfahren zur Umsetzung von Stimmen in Mandate sind mathematisch formulierbar, und daher können die eben gestellten Fragen sehr schnell beantwortet werden.
Solche Simulationen haben jedoch eine grundlegende Schwäche: sie beruhen auf der Annahme eines vom Wahlrecht unbeeinflußten Verhalten der Wähler. Die durch eine Wahlrechtsänderung ausgelöste dynamische Wandlung des Wahlprozesses und des Parteiensystems ist also durch Simulationen nicht unmittelbar erfaßbar. Diese Lücke kann jedoch teilweise geschlossen werden: Aus der vergleichenden Wahlforschung kann man Informationen darüber gewinnen, wie sich die Wähler bei bestimmten Konstellationen aus Regierungssystem, Konfliktstruktur und Wahlverfahren verhalten. Weiß man zusätzlich noch — etwa aus durchgeführten Repräsentativbefragungen — wie die Präferenzskalen der Wähler für die verschiedenen Parteien strukturiert sind, dann kann man für eine gegebene Ausgangssituation und die bekannten rechnerischen Effekte einer Wahlrechtsänderung alternative „Modelle“ für die

plausibelsten Anpassungsprozesse in der Wählerschaft aufstellen. Diese „Modelle" werden in Analyseprogramme übersetzt, und selbst eine große Zahl alternativer Modelle kann dann mit Hilfe der Computertechnik in relativ kurzer Zeit „durchgespielt" werden. Auf diese Art können also auch dynamische Anpassungsprozesse am Computer simuliert werden — sie bedürfen allerdings der theoretisch fundierten Interpretation. Für sich genommen, sind sie nichts weiter als mehr oder minder gründlich gewonnene Rechenergebnisse — oder Computerspielereien.

3.5 Schlußfolgerungen für die Forschung

Die Kenntnis der Wahlfunktionen, der Einbindung von Wahlen, Wählern und Parteien in das Gefüge politischer und sozialer Institutionen und Prozesse sowie der Wirkungsweise unterschiedlicher Wahlsysteme sind Aspekte des Teils der Wahlforschung, der sich mit der Willensbildung, der Machtzuweisung und den Legitimationsprozessen befaßt, die ausgehend von der Stimmabgabe der einzelnen Wähler das Funktionieren eines politischen Systems maßgeblich bestimmen. Diese auf das gesamte System bezogenen Fragestellungen werden bei der Analyse einer einzelnen Wahl häufig übersehen. Erfolge und Mißerfolge von Parteien in Wahlen erregen die öffentliche Aufmerksamkeit kurzfristig sehr stark. Sie sind jedoch nur ein Ausschnitt aus dem gesamten demokratischen Prozeß, und das Ergebnis jeder Wahl ist ein Indikator für die Stabilität oder Instabilität des demokratischen Systems. Wenn die Wahlforschung solche Systemaspekte vernachlässigt, so reduziert sie sich zu einer Partialanalyse, deren Aussagefähigkeit nur gering zu bemessen ist.

Eine solche Verengung der analytischen Perspektive auf Teilprobleme wird durch eine Reihe von Verführungen ausgelöst, die dem Wahlforscher begegnen: neben anderen sind hier vor allem die rapide Fortentwicklung des statistischen Instrumentariums, die mit der modernen Computertechnik mögliche schnelle und massenhafte Verarbeitung von Informationen und die öffentliche Aufmerksamkeit zu nennen, deren Interesse an Wahlsieg oder Wahlniederlage der Parteien orientiert ist. Gibt die Wahlforschung dieser

Verführung zur Partialanalyse nach, dann wird deren Erklärungsschwäche sofort offenbar, wenn plötzlich Veränderungen im Parteiensystem auftreten.
Dieses war in der Bundesrepublik Deutschland gegeben, als die NPD zwischen 1966 und 1969 aufsehenerregende Erfolge erreichte. Damals gab es keine Schwierigkeiten, mit großem Aufwand die Bevölkerungssegmente zu beschreiben, die die NPD-Wählerschaft umfaßte, oder Motivationsketten aufzuzeigen. Aber: warum diese Wähler, die seit langem SPD, CDU/CSU oder F.D.P. gewählt hatten, in der Situation der Jahre von 1966 bis 1969 die NPD wählten, konnte so nicht vollständig erklärt werden. Gründe hierfür wurden erst bei der Betrachtung des gesamten Systems erkennbar. Sie lagen in der Tatsache, daß die SPD seit der Verabschiedung des Godesberger Programms durch einen partiellen Verzicht auf Opposition, durch das Streben nach politischer Verantwortung und schließlich durch den Eintritt in die Große Koalition die Rahmenbedingungen des politischen Systems verändert hatte. Es fehlte an wirksamer, erkennbarer Opposition *im* System. Hinzu kamen protestauslösende Faktoren, die in der wirtschaftlichen Stagnation des Jahres 1966/67 begründet waren, und dies führte — wie fast immer in solchen Fällen — zum Erfolg der Protestpartei. Die Kombination beider Faktoren, das Fehlen einer wirksamen Opposition im System zusammen mit protestauslösenden Faktoren führt zur Erhöhung der Chancen einer Opposition *zum* System. Dies gilt für die Erfolge der NSDAP in der Weimarer Republik ebenso wie für die Erfolge der NPD ab 1966. Dies gibt aber auch die Rahmenbedingungen wieder, die die Stimmengewinne der Grünen Listen oder anderer Protestparteien seit 1978 erklären: Wieder hat die Opposition, diesmal die CDU/CSU, es — aus anderen Gründen — nicht vermocht, sich dem mit der Regierung unzufriedenen Wähler als eine klare und attraktive Alternative zur Regierungspolitik darzustellen.
Diese Beispiele zeigen, daß Aussagen über das Wahlverhalten immer in den Bezugsrahmen der allgemeinen Demokratietheorie eingebettet sein müssen. Selbst wenn anerkannt wird, daß auch die Ansätze der Demokratietheorie noch nicht wesentlich über den Status von Hypothesen und Teilerklärungen hinausgekommen

sind, bleibt der Zwang zur Verknüpfung beider Theoriegebiete erhalten.

Damit ist die Wahlforschung ein Teil der empirischen Demokratieforschung. Sie kann Aussagen über das Funktionieren des demokratischen Prozesses nicht ohne eine Analyse des Wahlverhaltens machen, und das Wahlverhalten bleibt ohne Kenntnis oder Berücksichtigung des gesamten demokratischen Prozesses unverständlich. Daher ist die Wahlforschung als Teil der Demokratieforschung der Politischen Wissenschaft zugeordnet, auch wenn es für das Verständnis des Wahlverhaltens nötig ist, im einzelnen soziologische, sozialpsychologische und andere Erklärungsansätze zu verwenden.

Die Wahlforschung als Teil der empirischen Demokratieforschung hat zwei wesentliche Untersuchungsansätze entwickelt, die einerseits durch die jeweilige Fragestellung, andererseits durch die Datenlage bestimmt sind. Das gilt im übrigen für jede empirische Forschung, daß Fragestellung und Datenlage Begrenzung und zugleich Richtung der Forschung bestimmen. Löst sich die Fragestellung von der Datenlage, dann können zwar fruchtbare Hypothesen entwickelt, aber diese nicht getestet werden. Wird die Datenanalyse nicht von einer klaren Fragestellung, und das heißt Hypothesenbildung, geleitet, entstehen Datenfriedhöfe.

Die Erklärungen des Wahlverhaltens können auf unterschiedlichen Informationsgrundlagen aufbauen. Zum einen bilden Informationen über einzelne Wähler den Ausgangspunkt der Erklärung; diese „Individualdaten" sind nur auf der Basis recht komplexer Theorien und nur mit beträchtlichem analytischem, technischem, personellem und finanziellem Aufwand zu gewinnen und zu interpretieren. Im Vergleich dazu sind Informationen über die Sozialstruktur und die Wählerstruktur für den Wahlforscher leichter zu erhalten. Solche Informationen bilden die Basis der zweiten Möglichkeit der Wahlanalyse, der sogenannten „Aggregatdatenanalyse", die historisch das Recht der Erstgeburt für sich beanspruchen kann.

II. Abschnitt:

Untersuchungsansätze zum Wahlverhalten und ihre Techniken

1. Kapitel:

Sozialstruktur und Wahlverhalten: Aggregatdatenanalyse

1. Die Fragestellung der Aggregatdatenanalyse

Von den drei Fragestellungen der Wahlforschung behandelt die Aggregatdatenanalyse vorrangig die zuerst genannte und älteste: „Wer wählte wen?". Aber auch auf die zweite Frage nach dem „warum" dieser Wahlentscheidung versucht die Aggregatdatenanalyse eine Antwort zu ermöglichen — auch wenn schon an dieser Stelle bemerkt werden muß, daß dies aufgrund der Methodik und des Datenmaterials außerordentlich problematisch ist und erst durch Anwendung sehr komplexer Rechenmethoden partiell möglich wird.

Gerade in der Aggregatdatenanalyse gilt, daß das verfügbare Datenmaterial die Möglichkeiten der Forschung begrenzt. Die Datenbasis bilden zumeist die Ergebnisse der amtlichen Wahl-, Sozial- und Wirtschaftsstatistik. Diese Erhebungen gehen von der Registrierung verschiedener Eigenschaften individueller Zähleinheiten aus, fassen dann aber die erhobenen Merkmale für die in einem bestimmten Gebiet lebenden Personen zusammen — die Daten werden „aggregiert". Aggregatdaten im engeren Sinne sind also Informationen über die Verteilung von Merkmalen in einem bestimmten Gebiet (z. B. Prozent Selbständige, Prozentanteil der Frauen, Prozentanteil Arbeitslose usw.) oder Durchschnittswerte von bestimmten Merkmalen in einem Gebiet (z. B. Einkommen pro Kopf, Durchschnittsalter etc.). Solche Verteilungen und Durchschnittswerte verändern sich, wenn man Teilgebiete zu einem größeren Gebiet zusammenfaßt (z. B. Stimmbezirke zu Wahlkreisen). Daher spielt in der Aggregatdatenanalyse die zweckmäßige Festlegung der „Größe der Untersuchungseinheit" eine wichtige Rolle. Neben solchen Aggregatdaten im engeren Sinne gibt es jedoch auch Informationen über eine Gruppe von

Personen (oder ein „Aggregat"), die nicht aus den Eigenschaften der zur Gruppe gehörigen Individuen ableitbar sind, aber in der Aggregatdatenanalyse — im weiteren Sinne — auch verwendet werden können. Hierbei handelt es sich um „strukturelle Merkmale", die Beziehungen zwischen den Gruppenmitgliedern beschreiben und um „Globalmerkmale", die eine Eigenschaft des Aggregates selbst sind.

Demzufolge will die Aggregatdatenanalyse in der Wahlforschung Aufschlüsse zu zwei Fragen geben:

Erstens: Welche Parallelität gibt es zwischen der Struktur der Wahlentscheidung, d. h. der Stimmenverteilung auf die Parteien, und den Verteilungen verschiedener individueller Merkmale in den untersuchten Gebieten?

Zweitens: Gibt es Zusammenhänge zwischen den Merkmalen der Gebiete selbst (strukturelle und globale Eigenschaften) und der in den Gebieten beobachteten Stimmenverteilung?

Da die Aggregatdatenanalyse in diesem Sinne versucht, Beziehungen zwischen dem Verhalten von Menschen und ihrer sozialen und weiteren „Umwelt" darzustellen, wird sie auch als „politische Ökologie" bezeichnet.

Im Rahmen der Wahlforschung versucht die Aggregatdatenanalyse Aussagen über die Stimmabgabe zu machen, indem sie die Wahlergebnisse einer Region mit der Sozialstruktur dieses Gebietes konfrontiert. Ausgangspunkt dieser Bemühungen ist die Beobachtung, daß bestimmte Eigenschaften der Wählerschaft in verschiedenen Regionen des Wahlgebietes unterschiedlich häufig vertreten sind. Dies gilt besonders für Merkmale wie Beruf, Konfession, Einkommen und „Umweltfaktoren" wie Bevölkerungsdichte, Produktionsstruktur, Betriebsgrößen, Verkehrsferne und ähnliches mehr. So erscheint es naheliegend, die Wahlergebnisse von Gebieten — Wahlkreisen oder Stimmbezirken — mit einem besonders hohen Anteil oder einer besonders starken Ausprägung solcher Merkmale mit der Stimmenverteilung in solchen Gebieten zu vergleichen, in denen diese Merkmale sehr gering vertreten sind bzw. einen äußerst niedrigen Wert aufweisen. Zeigt sich dabei, daß mit hohem Anteil eines bestimmten Merkmals (z. B. einer

Konfession) immer ein hoher Stimmenanteil für eine bestimmte Partei einhergeht, während bei niedrigem Anteil dieses Merkmals diese Partei schlecht abschneidet, so legt diese Beobachtung die Schlußfolgerung nahe, daß Wähler dieser Konfession schwerpunktmäßig diese Partei bevorzugen. Je ausgeprägter die regionalen Unterschiede in der Sozialstruktur eines Landes sind, desto mehr Material ist für die erfolgversprechende Anwendung ökologischer Methoden in der Wahlforschung gegeben.

Solche Vergleiche zwischen Sozialstruktur und politischem Verhalten sowie zwischen Daten und Wahlverhalten untereinander können dabei auf zwei verschiedene Arten gemacht werden, nämlich als zeitlicher „Längsschnitt" oder als „Querschnitt". Um einen Längsschnitt zu gewinnen, werden mehrere in einer Region im Zeitablauf aufeinanderfolgende Wahlen miteinander verglichen; dies ist besonders geeignet zur Ermittlung langfristiger Trends in der Entwicklung von Wählerschaft und Parteiensystem, zur Beschreibung von Stammwählerschaften usw. Eine Querschnittsanalyse dagegen untersucht nur eine Wahl, also eine Momentaufnahme des politischen Verhaltens; dabei wird das Wahlergebnis in verschiedenen Gebieten anhand der unterschiedlichen Strukturen zu diesem Zeitpunkt ausgewertet.

Die Hypothese der Wahlforschung auf der Basis von Aggregatdaten lautet also: Das politische Verhalten der Wähler wird geprägt durch das soziale (und weitere) Umfeld, in dem diese Wähler leben; dieses Umfeld kann durch beobachtbare Merkmale der Individuen oder des Umfeldes selbst hinreichend genau beschrieben werden.

Die Aussagefähigkeit derartiger Forschung ist damit zunächst begrenzt auf die Beschreibung des regional unterschiedlichen Wahlverhaltens sowie auf die Angabe der sozial-strukturellen Bedingungen des unterschiedlichen Verhaltens. Warum ein bestimmtes Segment der Wählerschaft sich in der beobachteten Form verhält, und warum sich dieses Verhalten im Zeitablauf verändert, läßt sich aber nicht ohne weiteres klären. Aus dem Vergleich des Wandels der Sozialstruktur mit der Veränderung des Wahlverhaltens im Zeitablauf lassen sich jedoch Hypothesen über den Zusammenhang zwischen Sozial- und Konfliktstruktur einerseits und

Parteiensystem andererseits ableiten — insbesondere auch bei internationalen Vergleichen.
Eine entscheidende Voraussetzung für die Aussagefähigkeit der Aggregatdatenanalyse ist, daß sowohl die Verteilung der Stimmen auf die Parteien als auch die Verteilung der sozialstrukturellen Merkmale zwischen verschiedenen Teilregionen eines Wahlgebietes erhebliche Unterschiede aufweisen. Bekannt geworden ist dieser Ansatz zunächst durch Untersuchungen über die französische Wählerschaft.

2. Die bisherige Entwicklung der Wahlforschung auf Aggregatdatenbasis

2.1 Die „Wahlgeographie" (géographie électorale)

Die französische „Wahlgeographie" wurde von André Siegfried mit zwei 1913 und 1949 erschienenen Untersuchungen begründet und von einer Vielzahl französischer Wahlforscher zum Vorbild für weitere Wahlanalysen erklärt (z. B. F. Goguel oder J. Klatzmann).
Siegfried zeichnete eine politische „Reliefkarte" Frankreichs, in der die Höhen- und Tiefenlinien der einzelnen Parteien eingetragen wurden, und die er mit Karten verglich, in denen Häufungen bestimmter sozialer Merkmale und bestimmte rein geographische Merkmale dargestellt wurden.
Die Methodik der Wahlgeographie wird allgemein als eine Kombination von geographischen, historischen, sozialgeographischen und soziologischen Elementen beschrieben. Die Struktur der Wahlentscheidungen in einem Gebiet wird dementsprechend als von geographischen, historischen, wirtschaftlichen, sozialstrukturellen (insbesondere demographischen) Komponenten bestimmt angesehen.
Für Siegfried ist dabei das geographische, insbesondere das wirtschaftsgeographische Element ausschlaggebend. Immer wieder greift Siegfried in seinen Ausführungen auf geographische, ja auch geologische Ansätze zurück; nahezu skurril wirken heute Aussagen

wie die, daß die Bewohner von Primärgestein „konservativer" seien als die auf Kalkstein siedelnden Wähler, bei denen „linkere" Strömungen zu beobachten seien. Solche Aussagen aber stellen lediglich die Kurzform von Gedankenketten dar, die bei der Erfassung geographischer Gegebenheiten nur ihren Ausgangspunkt haben. Derartiges Vorgehen muß nicht zwangsläufig sinnlos sein: Es kann begründet werden, die Zahl der Sonnentage im Herbst und den Öchslegrad des jungen Weins als eine Erklärungsvariable für das Wahlverhalten deutscher Winzer in eine Aggregatdatenanalyse einzubeziehen — es bedarf dafür z. B. der folgenden Hypothese: die Sonnentage und die Grad Öchsle des Weins bestimmen über den wirtschaftlichen Erfolg der Winzer, und die wirtschaftliche Lage eines Gebietes kann als ein wichtiger Bestimmungsfaktor des Wahlverhaltens gelten. Ohne explizite theoretische Begründung leitet Siegfried in ähnlicher Weise aus geologischen und klimatologischen Faktoren die Formen der Kultivation ab, aus diesen wieder die Prozesse der Raumerschließung und die Siedlungsbildung, aus deren historischer und kultureller Einbindung dann bestimmte „Meinungszonen" erklärt werden. Solche Meinungszonen, Gebiete mit einer Dominanz bestimmter Einstellungen, sind nach den Analysen der Wahlgeographen häufig durch langfristige Stabilität der Wahlentscheidungen gekennzeichnet. Die Stabilität kann oft durch verkehrsferne Lage, homogene Bevölkerung und stabile Sozialstruktur plausibel gemacht werden; Instabilität des politischen Verhaltens wird vielfach in „Grenzzonen" mit sich wandelnder Sozialstruktur festgestellt.

Um der leichteren Analyse willen reduziert Siegfried die Vielzahl der französischen Parteien oft auf „Richtungen": breite Strömungen, denen zu unterschiedlichen Zeiten auch unterschiedliche politische Gruppierungen zugerechnet werden. Dies ist nicht zuletzt darin begründet, daß durch solche Zusammenfassungen die kartographische Darstellung erleichtert wird, deren Siegfried sich fast ausschließlich bedient. Dieses Vorgehen findet allerdings seine Rechtfertigung darin, daß die konkrete Form und der Wechsel des parteipolitischen Angebotes innerhalb einer Richtung gerade in Frankreichs III. Republik häufig durch vergleichsweise zufällige Faktoren, z. B. den Fraktionswechsel des jeweiligen Abgeordneten im

Parlament, in Paris bestimmt wurde. Der Präsentation dieser „Daten“ in Form von Karten entspricht es dann auch, daß die Schlußfolgerungen der Wahlgeographie im wesentlichen „nach Augenschein“ gezogen werden — Parallelen der kartographisch dargestellten Merkmale begründen die Argumentation.

Die besonders durch historische und kulturelle Kenntnisse sowie impressionistische Dateninterpretation charakterisierte Vorgehensweise Siegfrieds erfährt bei seinen Schülern — etwa Goguel oder Klatzmann — eine Reihe von Modifikationen. Geologische, topographische, meteorologische Aspekte treten in den Hintergrund; sie werden zu eher illustrativem Beiwerk. Statt dessen werden sozialstrukturelle Kategorien stärker betont. Auch die Datenauswertung wird einer statistisch fundierten Betrachtungsweise eher gerecht: sie erfolgt durch Tabellen und Streuungsdiagramme, aber auch noch durch Karten.

So läßt sich gegen die späteren Vertreter der Wahlgeographie nicht mehr im selben Maße wie gegen den Begründer dieser Schule einwenden, daß das politische Verhalten in erheblichem Maße auch aus nicht-sozialen Elementen erklärt werden soll. Schon vor Erscheinen der ersten Studie Siegfrieds aber hatte sein Landsmann, der Soziologe Emile Durkheim, gefordert, daß „Soziales aus Sozialem“ zu erklären sei. Die Einbringung nicht-sozialer Elemente trägt dazu bei, statische Faktoren in die Argumentation einzubringen und so die dynamischen Elemente der Sozialstruktur in den Hintergrund zu drängen. Diese Gefahr wird — auch in späteren Arbeiten dieser Schule — ebenfalls dadurch heraufbeschworen, daß die Analysen nahezu immer regional eng begrenzt werden, weil die Vorgehensweise der Wahlgeographen eine intime Vertrautheit mit der Region und ihrer Entwicklung voraussetzt. Eine solche Kenntnis ist vorwiegend in ländlichen Gebieten zu erzielen, deren Sozialstruktur über längere Zeiträume nur geringer Wandlung ausgesetzt ist — und vorwiegend solche Gebiete wurden auch tatsächlich untersucht. Diese Orientierung der Arbeiten läßt die Aspekte der Stabilität in den Vordergrund treten. Auch die Zusammenfassung der Parteienvielfalt zu großen Strömungen führt bei Längsschnittanalysen zur Vernachlässigung von Verschiebungen im politischen Kräftefeld; auch dadurch wird ein Eindruck von Stabilität erzeugt, der der Wirklichkeit nicht immer entspricht.

Diese aus der Darstellungsmethode resultierenden Unzulänglichkeiten der Wahlgeographie werden durch die Interpretationstechnik verschärft. Die Schlußfolgerungen werden häufig ohne theoretische Grundlage, ohne Anwendung komplexerer statistischer Verfahren und durch wissenschaftslogisch unzulässige Induktionsschlüsse gezogen (d. h. durch Verallgemeinerung einzelner Beobachtungen). Daher kann die Wahlgeographie kaum mehr leisten als die Beschreibung von Wahlverhalten, vage Verallgemeinerungen daraus und Ableitung von Hypothesen, die, wenn auch unzulänglich fundiert, dennoch häufig fruchtbare Ansätze für die weitere Überprüfung mit anderen Methoden bieten. Die Wahlgeographie ist nur bei detaillierter Kenntnis der politischen, sozialen und kulturellen Geschichte einer jeden Region eine zu bewältigende Technik — gerade daraus aber kann eine Fruchtbarkeit der Hypothesenbildung folgen, von der andere Methoden profitieren können. Diesem Ansatz verwandt ist die sogenannte „politische Ökologie".

2.2 „Politische Ökologie"

Die politische Ökologie wurde von Rudolf Heberle unter dem Einfluß der Siegfried'schen Arbeiten begründet. Von Beginn an aber setzt sich die politische Ökologie Heberles von der Wahlgeographie ab: rein geographische Elemente bleiben von der Betrachtung ausgeschlossen, die Datenauswertung erfolgt mit statistischen Methoden, wenn auch zunächst noch mit sehr einfachen Verfahren.

Die politische Ökologie versucht die Unterschiede in den Wahlergebnissen bzw. dem politischen Verhalten in unterschiedlichen Gebieten zu erklären; dabei wird insbesondere die soziale Schichtung, unter Berücksichtigung der politisch-historischen Besonderheiten der Regionen, mit den Wahlergebnissen in Zusammenhang gebracht. Die Arbeiten dieser Richtung beruhen dementsprechend häufig auf einer Beschreibung der politischen Entwicklung, die zur Interpretation der statistisch aufbereiteten Daten dient. Die Arbeiten Heberles zur Entstehung des Nationalsozialismus sind von einem kenntnisreichen Verständnis geprägt, das zu überzeugenden Ergebnissen führt, auch wenn man Methodenkritik am Verfahren üben kann.

Studien dieser Art haben außer Heberle auch Pollock/Eldersveld, Gosnell, Key, Harvard, Howard und Silva durchgeführt.

In einer Studie zum Wahlverhalten in Michigan variieren Pollock und Eldersveld den Ansatz in interessanter Weise: sie gliedern das Untersuchungsgebiet in Regionen von unterschiedlicher parteipolitischer Homogenität bzw. Heterogenität und fragen, wie sich die verschiedenen Gebiete nach Wirtschaftsstruktur, Bevölkerungsstruktur und Besiedlungsdichte unterscheiden. Ähnlich geht Gosnell vor, der jedoch die wirtschaftlichen Faktoren stärker betont. Dieses Vorgehen hat den Vorteil, daß nicht das politische Verhalten mehrfach aus miteinander eng verbundenen Variablen „erklärt“ wird, sondern daß Erklärungsansätze für ein bereits strukturiertes Verhalten gesucht werden.

Key kommt in seiner Studie der Südstaaten der USA — wie auch Harvard, Howard und Heberle in ihren Analysen des Bundesstaates Louisiana — zu einer systematischeren Betrachtungsweise des politischen Verhaltens, als sie die Wahlgeographen leisteten: das politische Verhalten wird begriffen als eine Resultante aus Wirtschaftsprozessen, Religionsstruktur, Machtinteressen und Interessenkonflikten, deren Wirkung auf das politische Verhalten entscheidend durch die Organisation des politischen Systems geprägt wird. Hierzu werden die tabellarisch oder in Streuungsdiagrammen, teilweise auch kartographisch aufbereiteten Daten interpretiert und mit dem Gefüge der politischen Institutionen in Beziehung gesetzt. Bei der Formulierung von Aussagen werden politische Traditionen und die historische Entwicklung einbezogen.

Dieses Vorgehen hat den Vorteil, daß systemische und politisch-historische Zusammenhänge aufgedeckt werden, die allein durch Betrachtung der Wahl- und Sozialstatistik nicht erfaßt werden können. Insofern enthalten diese Studien Theorieansätze, die es weiter zu verfolgen gilt. Die Schwäche der politischen Ökologie besteht häufig darin, daß die Zusammenhänge eher illustrativ „erzählt“ werden, ohne daß systematisch Hypothesen geprüft werden. Zudem ist die Präzision der Datenauswertung unzureichend.

2.3 Neuere Studien

In einigen neueren Studien, die bis zu Beginn der sechziger Jahre auch in der Bundesrepublik Deutschland erschienen, werden im wesentlichen die schon bekannten Fragestellungen übernommen, wobei allerdings ein strikte Beschränkung auf sozialstrukturelle Komponenten erfolgt. Solche Studien wurden z. B. vorgelegt von Sternberger, Erbe, Molt, Faul, Schütz, Stoltenberg und anderen. Die Aggregatdatenanalyse dient dabei dem Versuch, die Wählerschaft in stabile und weniger stabile Gruppen aufzuteilen, den Parteien „Stammwähler" zuzuordnen und die Gruppe der „Wechselwähler" präziser zu umreißen.

Bei diesen Studien tritt im Vergleich zu denen der Wahlgeographie oder der politischen Ökologie insbesondere das Bemühen um größere Präzision der Datenaufbereitung hervor. Zwar werden auch noch kartenmäßige Darstellungen und Streuungsdiagramme verwendet, aber es überwiegt die Darstellung von Daten in vielfältig miteinander verwobenen, viele Einflußfaktoren erfassenden Tabellen. Jedoch werden diese Einflußfaktoren auf das Wahlverhalten weitgehend voneinander isoliert, jeweils einzeln und ohne systematische Berücksichtigung der zwischen ihnen möglicherweise bestehenden Beziehung betrachtet. Dementsprechend kommt es auch noch nicht zur Anwendung „multivariater" Techniken, d. h. statistischer Verfahren, die gleichzeitig die Wirkung mehrerer unabhängiger Variablen auf die abhängige Variable — die Stimmenverteilung — erfassen. Um die Stärke der Beziehungen zwischen den jeweiligen Einflußfaktoren und der Struktur der Wahlentscheidung beschreiben zu können, wird in diesen Studien erstmals in nennenswertem Umfang von der Berechnung von Korrelationskoeffizienten Gebrauch gemacht. Allerdings wird der — noch zu erörternden — Problematik von Korrelationen zwischen Aggregatdaten (sogenannten „ökologischen Korrelationen") noch nicht systematisch Rechnung getragen, weder durch Anwendung von verfügbaren statistischen Prüfmethoden noch durch entsprechend klare Interpretation. In diesen Studien wird in großem Umfang die Analyse von Trends, zeitlichen Längsschnitten, versucht.

3. Probleme der Aggregatdatenanalyse

Die in der Vergangenheit — d. h. bis etwa zur Mitte der sechziger Jahre — durchgeführten Analysen des Wählerverhaltens auf der Basis von Aggregatdaten haben in großem Umfang dazu beigetragen, Aussagen über Parallelitäten zwischen Wählerstruktur und Sozialstruktur zu liefern. Diese Ergebnisse sind im wesentlichen deskriptiv und haben wenig zur Ausbildung von Theorieansätzen zum Wahlverhalten beitragen können. Die Erkenntnisse gehen — zumindest für die Bundesrepublik Deutschland — oft nicht weit über das hinaus, was in den im Anschluß an Wahlen veröffentlichten amtlichen Repräsentativstatistiken enthalten ist.
Häufig konnte diese Art der Wahlforschung nicht der Gefahr entkommen, die abgelaufene Wahl nachzuerzählen oder — im Falle von Längsschnittstudien — Geschichtsschreibung ohne erklärende Komponenten zu betreiben. Gerade diese Form der nachträglichen Aufbereitung von Wahldaten und Sozialstrukturdaten hat der Wahlforschung den Vorwurf des theorielosen „Fliegenbeinzählens" eingetragen. Auch wenn solche Vorwürfe über das Ziel hinausschießen mögen, so bleibt, daß Aggregatdatenanalysen stärker an theoretischen Fragestellungen und Hypothesen auszurichten sind und daß bei der Aufbereitung und Auswertung des statistischen Materials mit komplexeren Methoden zu arbeiten ist, wenn neuere Einsichten in Zusammenhänge gefunden werden sollen.
Auf diese Weise kann insbesondere die bisher typische eindimensionale Betrachtung des Materials überwunden werden. Diese Tendenz ist häufig in einem unzureichenden statistischen Problembewußtsein begründet. So werden Korrelationskoeffizienten nach dem Augenschein interpretiert, ohne die Probleme zu berücksichtigen, die daraus entstehen, daß Maßzahlen für den Zusammenhang zwischen Merkmalen auch davon abhängig sind, wie groß die

Untersuchungseinheiten gewählt wurden („Aggregationsgrad"). Faßt man nämlich kleinere Einheiten zu größeren zusammen, so werden die größeren Einheiten oft eine größere innere Heterogenität (größere Intragruppenvarianz) aufweisen als die ursprünglichen kleinen Einheiten, die größeren Einheiten weisen dagegen bei Vernachlässigung ihrer inneren Struktur größere Ähnlichkeit miteinander auf als die kleineren — der höhere Aggregationsgrad verschleiert also wichtige Unterschiede zwischen den Einheiten. Ein anderes Problem ist das der „Multikollinearität" der Erklärungsfaktoren, d. h.: es besteht ein enger logischer und statistischer Zusammenhang zwischen vielen Variablen. Zieht man z. B. die Berufsstruktur und die Verteilung der Einkommen jeweils getrennt als Erklärungsfaktoren für das Wahlverhalten heran, so erklärt man die Stimmenverteilung zum Teil mit dem gleichen Sachverhalt: Berufsstruktur und Einkommensverteilung sind nicht unabhängig voneinander. Die zusätzliche Einführung eines der beiden Faktoren in den Erklärungsprozeß scheint statistisch eine *zusätzliche* Begründung für das Wahlverhalten anzugeben, während inhaltlich zumindest teilweise nur *dieselbe* Erklärung neu formuliert wird. Die Anwendung geeigneter statistischer Verfahren kann solche Fehler vermeiden helfen.

Zu den grundsätzlichen Problemen der Aggregatdatenanalyse gehört auch der sogenannte „ökologische Fehlschluß". Wenn sich in Wahlkreisen mit einem überproportionalen Arbeiteranteil immer wieder besonders hohe Stimmenanteile für z.B. die SPD einstellen, dann ist die Aussage „die Arbeiter haben SPD gewählt" ebenso naheliegend wie methodisch nicht haltbar. Die Aggregatdatenanalyse erlaubt das Herstellen von Beziehungen zwischen zwei Merkmalen der Aggregate, aber keine Aussagen über individuelles Verhalten. Der ökologische Fehlschluß besteht darin, daß anhand einer Einstufung nach Gruppenmerkmalen Aussagen über das individuelle Verhalten gezogen werden. Zwar mag es plausibel und möglicherweise auch wahrscheinlich sein, daß in einem solchen Fall ein großer Teil der Arbeiter SPD gewählt habe, aber mehr als eine plausible Tendenz kann damit nicht behauptet werden.

Mit der Einführung komplexerer statistischer Verfahren ist die Aggregatdatenanalyse zunehmend verfeinert worden. Ihr Denkansatz blieb gleich: es geht darum, Parallelitäten zwischen der Verteilung sozialer Merkmale und der Stimmenverteilung in Wahlen aufzuzeigen und auf dieser Basis Hinweise auf mögliche Erklärungsansätze für das Wahlverhalten zu geben.

3.1 Erforderliche Daten

Die Grundlagen der Aggregatdatenanalyse bilden Datensammlung und Datenaufbereitung. Die Sammlung und Aufbereitung der Aggregatdaten beginnt mit einer theoretischen Fundierung für das Spektrum der in die Analyse einzubeziehenden Daten und die zu verwendenden Auswertungsmethoden (Untersuchungsplan). Die Grundlage dafür bieten vorhandene Erklärungsansätze zum Wahlverhalten, die anhand von Aggregatdatenanalysen zum Teil geprüft aber auch weiter entwickelt werden können. Die Aggregatdatenanalyse konzentriert sich mit Erfolg auf solche Einflußfaktoren, die der Individualdatenanalyse nicht zugänglich sind: Eigenschaften der untersuchten Aggregate selbst, also Struktur- und Globalmerkmale.

Als Erklärungsfaktoren sind Eigenschaften der untersuchten Regionen geeignet, die eine möglichst unterschiedliche Häufigkeit aufweisen, also Daten mit möglichst breiter Streuung. Unterschiede im Wahlverhalten zwischen verschiedenen Gebieten können nur begründet werden, wenn sich diese Gebiete in den betrachteten Erklärungsfaktoren weitgehend unterscheiden. Wo es keine Streuung der Erklärungsfaktoren gibt, kann die Stimmverteilung auf die Parteien nicht auf diese Weise erklärt werden.

Nur relativ wenige der möglichen Erklärungsfaktoren weisen eine derartige regionale Streuung auf, daß sie im Rahmen einer Aggregatdatenanalyse sinnvoll eingesetzt werden können. Eine Aufteilung verschiedener Gebiete nach Altersgruppen oder nach Geschlecht der Wähler zeigt normalerweise so geringe Unterschiede („Streuungen“ oder „Varianzen“), daß damit nichts — oder alles — erklärt werden kann. Für die Bundesrepublik Deutschland haben sich vor allem die Variablen Konfessionsstruktur, Berufsstruktur, Ortsgröße und — was allerdings häufig stark mit der Berufsstruktur korreliert — die Struktur der Erwerbsquellen als aussagefähig erwiesen. In den Anfängen der Bundesrepublik Deutschland, als die Vertriebenen in einigen Gebieten stark konzentriert waren, war diese Variable erklärungsfähig. Durch die geographische Mobilität der Vertriebenen, durch ihre Integration in die Gesellschaft und durch den Generationswechsel aber hat diese Variable ihre Erklärungskraft verloren. Gerade dieses Beispiel zeigt, daß der Bestand an für Aggregatdatenanalysen brauchbaren Erklärungsdaten sich im Zeitablauf verändert.

Ein zweites Beispiel hierfür findet sich in der Variable „Anteil der Arbeitslosen an der Erwerbsbevölkerung" einer Region. Bis zur Mitte der fünfziger Jahre konnte diese Variable sinnvoll verwendet werden, verlor dann aber Ende der fünfziger Jahre durch die allgemeine Vollbeschäftigung ihre Erklärungskraft. Mit der seit der Mitte der siebziger Jahre wieder gestiegenen Erwerbslosigkeit hat diese Variable jedoch an Erklärungskraft wieder gewonnen.

Während der Weltwirtschaftskrise war der Arbeitslosenanteil eines Gebietes ein Merkmal, das sich für Wahlanalysen auf Aggregatdatenbasis hervorragend eignete — es gab hohe Korrelationen zwischen dem Ausmaß der Erwerbslosigkeit und dem Stimmenanteil der NSDAP in einem Gebiet — allerdings nur in städtischen Gebieten. In dieser Zeit erwiesen sich in ländlichen Gebieten dagegen z. B. der Verschuldungsgrad als geeigneter Faktor, um Unterschiede in den Stimmenanteilen der einzelnen Parteien beschreiben zu können. In Ländern, die unterschiedliche Volksgruppen in sich vereinigen — z. B. Belgien, USA, Kanada, Spanien — erweist sich häufig auch die ethnische Struktur eines Gebietes als geeignete Variable. Wesentlich ist, daß der Einfallsreichtum zur Operationalisierung eines Tatbestandes in Form von Aggregatdaten wesentlich über den Wert der Untersuchung entscheidet.

Die Streuung der Daten ist ein erster Hinweis, ob sie für Aggregatdatenanalysen geeignet sind. Es bleibt die Frage der geeigneten Gebietseinheiten.

Grundsätzlich soll die kleinstmögliche Einheit zur Analysegrundlage gewählt werden, weil bei gegebenem Gesamtgebiet der Untersuchung die Zahl der Untersuchungseinheiten zunimmt, je kleiner die einzelne Untersuchungseinheit gewählt wird (10 Bundesländer, aber 248 Wahlkreise oder sogar 10406 Gemeinden). Je mehr Untersuchungseinheiten es gibt, desto mehr Vergleichsmaterial steht für die Analyse zur Verfügung. Dies ist insbesondere bei der Auswertung der Daten mit komplexen statistischen Verfahren bedeutsam.

Wichtiger jedoch ist: je größer die gewählte Gebietseinheit wird, desto stärker heben sich die Unterschiede zwischen den Häufigkeitsverteilungen der einzelnen Merkmale zwischen den Teilgebieten auf. Liegen z. B. zwei einwohnergleiche Gebiete nebeneinander, wobei Gebiet A einen Arbeiteranteil von 80 Prozent und einen Stimmenanteil für Partei X von 60 Prozent, Gebiet B einen Arbeiteranteil von 20 Prozent und einen Stimmenanteil der Partei X von 40 Prozent hat, so ergibt sich bei Zusammenfassung dieser Gebiete ein durchschnittlicher Arbeiteranteil von 50 Prozent und ein durchschnittlicher Stimmenanteil der Partei X von ebenfalls 50 Prozent: wichtige regionale Unterschiede werden durch die Wahl einer zu großen Untersuchungseinheit verschleiert. Insbesondere bei Längsschnittanalysen kann die Wahl zu großer Untersuchungseinheiten eine Saldierung von gegenläufigen Änderungen bewirken, wodurch der Eindruck einer faktisch nicht vorhandenen Stabilität erweckt wird.

3.2 Datenquellen

Der Forderung nach Festlegung möglichst kleiner Untersuchungseinheiten werden in der Praxis jedoch häufig durch die Verfügbarkeit der Daten und durch den höheren Auswertungsaufwand Grenzen gesetzt. Von amtlichen Stellen werden in der Bundesrepublik (und in den meisten Ländern der Welt) sowohl die Wahlstatistik als auch die Sozialstatistik durchgeführt und veröffentlicht.

Die amtliche Wahlstatistik erfaßt die Stimmenverteilung jeder Wahl in jedem Wahlkreis und jedem Stimmbezirk. Veröffentlicht werden die Wahlergebnisse im allgemeinen nur für die Wahlkreise, für die Länder und für das Bundesgebiet. Für Forschungszwecke ist es jedoch möglich, auch die unveröffentlichten Ergebnisse der Auszählungen in jedem Stimmbezirk über den Bundeswahlleiter bzw. das Statistische Bundesamt in Wiesbaden oder die entsprechenden Institutionen der Länder und der Kommunen zu erhalten. Zusätzlich zu diesen Ergebnissen der Stimmenauszählung wird in der Bundesrepublik eine „Repräsentativstatistik" von amtlicher Seite durchgeführt. Hierzu wird eine repräsentative Stichprobe aus der Gesamtheit der Stimmbezirke ausgewählt. In den Wahllokalen dieser Stimmbezirke werden getrennte Wahlurnen für unterschiedliche Wählergruppen nach Alter und Geschlecht (z. B. Frauen von 18 bis 23 Jahren, Männer über 65 Jahre) aufgestellt. Durch Einzelauszählung dieser Wahlurnen — wobei auch noch nach Gemeindegrößen differenziert werden kann — läßt sich dann ein repräsentatives Bild von der Stimmabgabe der nach Alter, Geschlecht und Ortsgröße beschriebenen Wähler gewinnen. Dieses Verfahren verletzt nicht das Wahlgeheimnis, da in jeder Urne immer noch so viele Wahlzettel enthalten sind, daß die Wahlentscheidung einer bestimmten Person nicht erkennbar wird.

Die sozialstrukturellen Daten, die bei der Aggregatdatenanalyse benötigt werden, entstammen überwiegend dem Bereich der amtlichen Sozial- und Wirtschaftsstatistik. Zu nennen sind hier die alle zehn Jahre durchzuführenden Volkszählungen, in denen für jeden Haushalt die Haushaltsgröße sowie Geschlecht, Alter, Erwerbsquellen, Beruf, Schulbildung, Beschäftigungsstatus usw. der in ihm lebenden Personen erhoben werden. Die Zeit zwischen diesen Erhebungen wird durch repräsentative Teilerhebungen überbrückt, deren Ergebnisse dazu dienen, die Ergebnisse der Volkszählungen fortzuschreiben, d. h. den Entwicklungen in der Bevölkerung anzupassen. Zusätzlich werden Bevölkerungsstatistiken durchgeführt, die für die verschiedenen Gebiete die durch Zu- und Abwanderung, Geburten und Todesfälle eintretenden Änderungen der Wohnbevölkerung erfassen.

Die regelmäßigen Unternehmens- und Arbeitsstättenzählungen liefern ebenfalls Daten über die Sozialstruktur, die für die Wahlforschung anhand von Aggregatdaten nützlich sein können. Erwähnenswert sind auch Steuerstatistiken und die Ermittlungen des in den verschiedenen Gebieten produzierten Sozialproduktes nach dessen Höhe und Struktur. Solche Daten sind zum erheblichen Teil den Veröffentlichungen des Statistischen Bundesamtes, der Statistischen Landesämter und der kommunalen Statistischen Ämter zu entnehmen. Diese Institutionen geben Wissenschaftlern häufig auch Zugang zu den Daten, die solchen Veröffentlichungen zugrunde liegen, damit diese für die Zwecke einer jeweiligen Untersuchung neu aufbereitet werden können, z. B.: Neueinteilung nach kleineren Untersuchungseinheiten. Daneben sind diese Daten für die Bundesrepublik Deutschland auch von wissenschaftlichen Institutionen zu beziehen, die solche Daten in „Datenbänken“ sammeln. Zu nennen ist hier vor allem das „Zentralarchiv für empirische Sozialforschung“ an der Universität Köln.

Für Untersuchungen außerhalb der Bundesrepublik Deutschland werden Informationen über amtliche Statistiken am leichtesten den Veröffentlichungen der UNO entnommen; von diesen ausgehend findet man weitere mögliche Datenquellen in den einzelnen Nationen. Aber auch hier gibt es wissenschaftliche Organisationen, von denen relevante Daten in aufbereiteter Form bezogen werden können: die derzeit wichtigsten sind das „Inter-University Consortium for Political and Social Research“ an der University of Michigan und das „European Consortium for Political Research“ an der Universität Essex.

Die Datenbänke der in- und ausländischen wissenschaftlichen Organisationen enthalten auch Daten aus nichtamtlichen Quellen, die für die Aggregatdatenanalyse wichtig sein können. Solche Daten sind z. B. die Dichte der gewerkschaftlichen Organisation, die Häufigkeit des Kirchgangs, die Mitgliederzahlen von Parteien usw. in den zu untersuchenden Gebieten. Solche Informationen müssen im allgemeinen in den Archiven der betreffenden Organisation gesondert aufbereitet werden. Dies ist ein zeitraubendes Verfahren, das einer von der Fragestellung sinnvollen großen räumlichen Ausdehnung einer Analyse häufig entgegensteht, selbst wenn der Zugang zu den Daten offen ist.

Die Menge der Informationen, die nach dieser Darstellung aus amtlichen und zum Teil aus nichtamtlichen Quellen erhältlich ist, scheint auf den ersten Blick eine nahezu ideale Grundlage für die Durchführung von Wahlanalysen auf Aggregatdatenbasis zu ergeben. Dieser Eindruck täuscht jedoch, denn diese Daten weisen erhebliche Probleme auf.

3.3 Probleme der Datenbasis

Drei Probleme kennzeichnen die Datenbasis: Vollständigkeit der Daten, Genauigkeit der Daten und Vergleichbarkeit der Daten.
Bei amtlichen Statistiken hochentwickelter Länder kann davon ausgegangen werden, daß bei den Erhebungen eine gewisse Vollständigkeit erzielt wird, daß also z. B. in der Volkszählung nahezu alle Haushalte erfaßt worden sind. Mehr Anlaß zu Skepsis bieten Informationen aus nichtamtlichen Quellen oder Statistiken z. B. aus Entwicklungsländern.
Ähnliches gilt hinsichtlich der Genauigkeit der Daten. Sie hängt ab von der Klarheit und Eindeutigkeit der bei der Erhebung gestellten Fragen und von der Bereitschaft, diese Fragen wahrheitsgemäß zu beantworten. Diese Probleme aber sind für den Benutzer von Sozialdaten in der Regel nicht mehr kontrollierbar.
Den größten Teil der Probleme bei der Anwendung von Aggregatdaten schafft die Vergleichbarkeit, wobei zwischen dem Problem der „zeitlichen Vergleichbarkeit" und dem der „regionalen Vergleichbarkeit" zu unterscheiden ist. Die zeitliche Vergleichbarkeit ist schon bei der Betrachtung nur einer Datenreihe in Frage gestellt, erst recht aber bei dem Vergleich zwischen verschiedenen Datenzeitreihen. Die Ursachen sind vielfältig. Liegen beispielsweise für ein in die Analyse einbezogenes Merkmal nicht die absoluten Häufigkeiten vor, sondern nur Prozentzahlen, so ist der unmittelbare Vergleich von Prozentanteilen für unterschiedliche Zeitpunkte nur dann zulässig, wenn sich die Größe der Gesamtgruppe nicht verändert hat, auf die sich die prozentualen Anteile beziehen. Die Wählerschaft jedoch ist stetiger Veränderung unterworfen, und zwar nicht nur in bezug auf die Zahl der in einem Gebiet Wahlberechtigten, sondern auch hinsichtlich ihrer Zusammensetzung — Zuzug oder Abwanderung in einem Gebiet, Tod von Wählern und Neuzugang von Jungwählern verändern die Bezugsgruppe ständig. Bei hinreichender Dokumentation solcher Veränderungen können diese Probleme aber statistisch berücksichtigt werden.

Ein anderes Problem ist, daß Daten miteinander in Beziehung gesetzt werden müssen, die zu unterschiedlichen Zeitpunkten erhoben worden sind. Die statistische Totalerfassung der Bevölkerung der Bundesrepublik Deutschland z. B. erfolgt in Abständen von etwa zehn Jahren (ähnliches gilt für andere Länder). In modernen Industriegesellschaften aber ist die Fluktuation so groß, daß diese Daten zum Teil schon dann veraltet sind, wenn sie nach ihrer Aufbereitung veröffentlicht werden. So wird die Aggregatdatenanalyse der Bundestagswahl 1980 zunächst mit den Daten der Volkszählung von 1970 arbeiten müssen. Immerhin wird man diese Analyse etwa drei bis vier Jahre später — wenn die Daten der Volkszählung von 1980 vorliegen — wiederholen können, um dann die (seltene) günstige Gelegenheit zu nutzen, daß die Bundestagswahl 1980 im selben Jahr wie die Volkszählung stattgefunden hat. Für die Bundestagswahl von 1976 kann man sich dann — also 1983 oder 1984 — fragen, ob für ihre Analyse die Daten von 1970 oder von 1980 besser geeignet sind und eventuell die Analyse noch einmal durchführen — eine Analyse, die dann schon von nahezu „historischem" Charakter sein wird und allenfalls noch den Politikwissenschaftler, aber nicht mehr die Öffentlichkeit oder die Politiker interessieren wird.

Ähnliche Probleme ergeben sich — auch hinsichtlich der „regionalen" Vergleichbarkeit —, wenn Daten über längere Zeiträume miteinander verglichen werden sollen, aber in diesem Zeitraum möglicherweise bei einer oder mehreren Variablen die Einteilung des Erhebungsgebietes geändert wurde. Das aber erfolgt recht häufig: die Einteilung der Wahlkreise wird geändert, um der sich verändernden Bevölkerungsverteilung gerecht zu werden; durch Gebietsreformen entstehen neue Verwaltungseinheiten, die auch statistische Erhebungseinheiten werden, aber mit der vorangegangenen Gebietseinteilung oft gar nicht mehr vergleichbar gemacht werden können — und wenn, dann nur unter erheblichem Aufwand.

Aber selbst zu einem gegebenen Zeitpunkt bleibt das Problem der regionalen Vergleichbarkeit der Erhebungsgebiete bestehen. Die Erhebungsgebiete der Volkszählung stimmen häufig mit der Einteilung von Stimmbezirken nicht überein, so daß für den

Vergleich der politischen Daten mit denen über die Sozialstruktur recht große Einheiten, z. B. Wahlkreise statt Stimmbezirke, gewählt werden müssen, um ein Mindestmaß an Vergleichbarkeit herzustellen — wodurch die Aggregatdatenanalyse zwangsläufig grober und weniger aussagekräftig wird. Aber auch schon im Bereich der Erhebungen zum Wahlverhalten entstehen Probleme, weil die Auszählung der Stimmen in Bundestags-, Landtags- und Kommunalwahlen nicht immer der gleichen regionalen Einteilung folgt. Ähnliche Probleme gibt es auch für amtlich erhobene Sozialstrukturdaten: das Statistische Bundesamt verwendet eine andere regionale Einteilung als die Bundesanstalt für Arbeit oder die Bundesfinanzverwaltung usw.

Noch weiter verschärft wird dieses Problem, wenn man Aggregatdaten aus nichtamtlichen Quellen heranziehen will. Hier sind zahlreiche für die Wahlforschung geeignete Merkmale zum einen nur sehr unzulänglich erfaßt, zum anderen aber liegen dann wiederum andere Gebietseinteilungen zugrunde. Kirchliche, gewerkschaftliche, parteiliche Organisationsstrukturen folgen häufig unterschiedlichen Gebietsabgrenzungen. Die Zahl derartiger Beispiele ließe sich nahezu beliebig vermehren.

Die Ursache dieser Probleme hinsichtlich der Vergleichbarkeit der Daten ist offensichtlich. Die verschiedenen Informationen über die Sozialstruktur, die für die Wahlforschung von Interesse sind, werden von unterschiedlichen Organisationen unter ganz anderen Fragestellungen erhoben als denen der Wahlforschung. Daraus folgt, daß stets alle interessierenden Informationen darauf zu prüfen sind, (1) ob sie miteinander vergleichbar sind oder (2) ob eine Vergleichbarkeit der Daten durch Neuaufbereitung auf einem vertretbaren Aggregationsniveau herstellbar ist. Solche Daten, bei denen die Vergleichbarkeit weder gegeben noch herstellbar ist, müssen ausgesondert werden.

Die Neuaufbereitung von Daten ist oft nur möglich, wenn Zugang zum ursprünglichen, nicht aggregierten Material besteht. Aber selbst wenn diese Voraussetzung erfüllt ist, ist der damit verbundene Aufwand nicht zu unterschätzen. Die vielfältigen Gebietsreformen der sechziger und siebziger Jahre haben die Vergleichbarkeit der Wahlen nach diesen Reformen mit den Wahlen vor den

Reformen zunächst unmöglich gemacht. Es hat Jahre gedauert, bis durch mühsames Neuverschlüsseln der Daten eine gewisse Vergleichbarkeit zumindest teilweise wieder hergestellt worden ist. Das Statistische Bundesamt liefert z. B. bis heute noch keine über diese Reformgrenzen hinausgehenden vergleichbaren Zahlenreihen.

Diese Problematik der Datenbasis beschränkt die möglichen Fragestellungen der Wahlforschung bei der Verwendung von Aggregatdaten in der Regel stärker als die inhärenten Schwierigkeiten der Methode[1]. Auch bei der Interpretation der Daten sind die in den Daten begründeten Probleme angemessen zu berücksichtigen.

3.4 Interpretationsmöglichkeiten einer Wahlanalyse auf Aggregatdatenbasis

Trotz dieser Schwierigkeiten kann unter der Voraussetzung, daß zweckmäßige Daten auf geeigneter Aggregationsstufe erhoben und ausgewertet wurden, die Aggregatdatenanalyse wichtige Informationen über Zusammenhänge zwischen Sozialstruktur und Wahlverhalten liefern. Dabei können Faktoren einbezogen werden, die bei einer Individualdatenanalyse kaum berücksichtigt werden können: dies sind die an Individuen nicht beobachtbaren strukturellen oder globalen Eigenschaften der verschiedenen Regionen. Ein solches Merkmal können bestimmte regionale Konflikte sein — auf diese Art können Konfliktstrukturen in Aggregatdatenanalysen zum Wahlverhalten einbezogen werden. Hierbei handelt es sich aber immer um „objektivierte", durch neutrale Meßinstrumente festgestellte und beschriebene Konflikte. Das ist deswegen problematisch, weil das Wahlverhalten sich nicht an der „objektiven Realität", sondern immer an dem aus vielen Gründen verzerrten Bild orientiert, das sich der einzelne Wähler von der Realität macht — was damit die politisch relevante Realität ist.

---

[1] Die statistischen Verfahren zur Datenaufbereitung und -auswertung werden am Ende des 3. Kapitels dieses Abschnitts behandelt, da erhebliche Parallelen zu den Techniken bei der Analyse von Individualdaten bestehen. Dabei werden die bei Aggregatdaten auftretenden besonderen Probleme verdeutlicht. Siehe hierzu S. 190 ff.

Für die politikwissenschaftliche Interpretation von Wahlen hat die Aggregatdatenanalyse eine besondere Bedeutung, wenn man versuchen will, verschiedene Einflußgruppen voneinander zu trennen, die ein gegebenes Wahlergebnis erklären können. Grundlage für einen solchen Versuch ist die einfache Hypothese, daß jedes Wahlergebnis aus drei Komponenten besteht, nämlich aus (1) einer aus der Sozialstruktur der verschiedenen Gebiete resultierenden Verteilung von Stammwählern — sie bilden die Grundlage der „politischen Reliefkarte" eines Landes —, (2) einem überregionalen, durch die aktuelle Politik bestimmten Trend und (3) regionalen Einflußfaktoren, die z. B. im örtlichen Kandidaten, der örtlichen Parteiorganisation oder der lokalen Wahlkampfführung liegen können. Bei einem gegebenen überregionalen politischen Trend — der sich in amtlichen Wahlergebnissen ausdrückt — läßt sich aus dem komplexen Netz der sozialstrukturellen Faktoren — mit Hilfe von „multiplen Regressionen"[2] — das ohne Berücksichtigung der lokalen Einflüsse statistisch zu erwartende Wahlergebnis einer jeden Region (oder eines jeden Wahlkreises) innerhalb gewisser, berechenbarer Fehlergrenzen bestimmen. Weicht das tatsächliche Wahlergebnis in einem Wahlkreis oder Stimmbezirk deutlich — über die Fehlergrenzen hinaus — von dem so statistisch ermittelten „Soll"-Ergebnis ab, so muß das durch regionale Faktoren erklärt werden.

Diese Methode ist in der politischen Diskussion von großer Bedeutung. Nach jeder Wahl herrscht in den Hochburgen der Parteien Siegerstimmung, in den „Tiefburgen" Betrübtheit. Dabei wird fälschlicherweise davon ausgegangen, daß die Höhe des Stimmenanteils eine zutreffende Aussage über den Erfolg einer Partei oder eines Kandidaten macht. Diese vereinfachte, aber für die politische Realität typische Annahme übersieht, daß die Parteien und ihre Kandidaten jeden Wahlkampf auf der Grundlage der Sozialstruktur beginnen, so wie sie schon André Siegfried in seinen poli-

---

[2] Mit Hilfe von multiplen Regressionen ist es möglich, den Zusammenhang zwischen Wahlergebnis und einer Vielzahl von Erklärungsfaktoren statistisch als eine mathematische Funktion [z. B. $y = f(a, b, c, d, e)$] zu formulieren, deren Genauigkeit durch Fehlergrenzen beschreibbar ist; vgl. S. 192 ff.

tischen Reliefkarten darstellte. So bedeutet ein Stimmenanteil der CDU oder CSU von 60 Prozent in einem verkehrsfernen Wahlkreis mit einem hohen Anteil katholisch-ländlicher Bevölkerung möglicherweise, daß das Wählerpotential nicht völlig ausgeschöpft wurde — also ein schlechtes Ergebnis, gemessen am möglichen. Demgegenüber kann ein Anteil von z. B. 35 Prozent für die CDU in einem städtischen Industriegebiet mit hohem Grad an gewerkschaftlicher Organisation ein — im Vergleich zum erreichbaren Wählerpotential — gutes Ergebnis darstellen. Die Regressionsrechnung macht es also möglich, die aus der ungleichen Verteilung von Stammwählerschaften resultierenden unterschiedlichen regionalen Startchancen einer Partei zu ermitteln und die tatsächlichen Erfolge oder Mißerfolge einer Partei darzulegen, indem man das tatsächliche Abschneiden dieser Partei mit dem verfügbaren Wählerpotential vergleicht.

Mit Hilfe der Aggregatdatenanalyse können also durchaus wichtige Aussagen gewonnen werden, wenn man die in der Datenbasis (und in deren statistischer Auswertung) begründeten Zwänge zu zurückhaltender Interpretation im Auge behält. Dies gilt auch für eine weitere Einschränkung — die schon erwähnte Möglichkeit des „ökologischen Fehlschlusses". Grundsätzlich ist es auch angesichts der Gefahr des Fehlschlusses möglich, mit Hilfe komplexer Methoden — wie sie etwa von dem amerikanischen Statistiker L. A. Goodman entwickelt wurden — Beziehungen zwischen Aggregatdaten und individuellen Eigenschaften herzustellen. Dazu sind immer bestimmte Modellannahmen erforderlich, die aus Theorien oder aus den Ergebnissen früherer Analysen mit vergleichbaren Fragestellungen hergeleitet werden können. Die Aggregatdatenanalyse dient dann dazu, aus Informationen über Gruppen Aussagen über die einzelnen Mitglieder der Gruppe abzuleiten oder dazu, behauptete Beziehungen zwischen Individualmerkmalen sowie zwischen Individual- und Gruppenmerkmalen zu überprüfen. Die Existenz solcher Beziehungen muß zu Aussagen führen, die mit Hilfe von Aggregatdaten geprüft werden können. Ein einfaches Beispiel hierfür wäre: wenn die Hypothese richtig ist, daß Individuen in sozial homogenen Regionen weit stärker als andere Menschen eine langfristig stabile Parteibindung entwickeln, dann kann die Aussage mit Hilfe der Wahlergebnisse und der Sozialstrukturdaten solcher Regionen — also mit Aggregatdaten — überprüft werden.

Gerade die Auseinandersetzung mit den Grenzen der Aggregatdatenanalyse verdeutlicht einen Widerspruch, der die Wahlforschung generell kennzeichnet: den zwischen berechtigten methodischen Einwänden und den praktischen Möglichkeiten. Faßt man die verschiedenen methodischen Bedenken zusammen, die sich aus dem Instrument der Aggregatdatenanalyse einerseits, und der Art und Verfügbarkeit der Daten andererseits ergeben, so mag es naheliegend erscheinen, auf die Anwendung dieses Instrumentariums zu verzichten. Aber: Methodische Probleme und Beschränkungen lassen sich bei jedem Instrumentarium aufzeigen. Ein methodischer Purismus kann jede empirische Forschung lahmlegen, also auch dazu führen, auf das Instrument der Aggregatdatenanalyse zu verzichten. Trotz aller Bedenken können mit ihm häufig sehr „vernünftige" Ergebnisse erzielt, d. h., eine sinnvolle Verknüpfung zwischen Fragestellung und Daten hergestellt werden. Wichtig ist, sich der Fehlermöglichkeiten des Instrumentariums bewußt zu sein, um dann sinnvoll mit ihm zu arbeiten.

Dies gilt z. B. für den schon erwähnten Versuch, mit Hilfe der Aggregatdatenanalyse regionalspezifische Faktoren der Stimmabgabe in einer gegebenen Wahl zu isolieren. Das gilt aber auch, wenn man mit der Aggregatdatenanalyse nicht politische Daten mit sozialstrukturellen, sondern politische Daten untereinander vergleicht, also z. B. die Wahlergebnisse verschiedener Parteien in einer Wahl. Auch hier gilt es stets, erhebliche Unsicherheitsfaktoren zu berücksichtigen. Bei dem Vergleich verschiedener Wahlergebnisse miteinander stellt sich das Problem der unterschiedlichen Wahlbeteiligung — aber selbst eine gleichhohe Wahlbeteiligung bedeutet nicht, daß die gleichen Wähler erfaßt werden; es gibt das Problem der Veränderung im Wahlkörper durch den natürlichen Abgang und Zugang im Zeitablauf sowie die Frage, ob man Wahlen auf unterschiedlichen Stufen eines politischen Systems, also z. B. Bundestags- und Landtagswahlen, überhaupt miteinander vergleichen kann, weil jeweils unterschiedliche Fragestellungen den Wähler konfrontieren. Hier hängt die zutreffende Entscheidung immer davon ab, wie die konkrete Fragestellung lautet.

Gilt es z. B. herauszufinden, ob bestimmte Parteien in einer bestimmten Region über eine stabile Wählerschaft verfügen, dann ist die Größe der Varianz der Wahlergebnisse auf unterschiedlichen Stufen trotz oder unter Berücksichtigung wechselnder Wahlbeteiligungen dafür ein hervorragend geeigneter Indikator. Wenn eine solche relativ langfristige Stabilität dann auch noch einhergeht mit einer vergleichbaren Konstanz der Häufung eines sozialen Merkmales, also z. B. Katholiken- oder Arbeiteranteil, bzw. wenn Veränderungen im Zeitablauf bei den Stimmergebnissen einhergehen mit Veränderungen bei dem Anteil eines Merkmals der Sozialstatistik, dann ist allen methodischen Einwänden zum Trotz die Annahme fundiert, daß ein enger Zusammenhang zwischen dem Auftreten dieses Merkmals und dem Stimmenanteil der Partei besteht. Methodisch korrekt kann auch in solchem Fall stets nur von einer Beziehung gesprochen werden, aber die Hypothese, daß das Auftreten dieses Merkmals zu einem bestimmten politischen Verhalten führt, wird durch eine solche Korrelation zumindest stark gestützt. So kann die Aggregatdatenanalyse zwar selbst keine Kausalitäten aufzeigen, sie kann aber genutzt werden, um Hypothesen über Kausalbeziehungen zu formulieren und sie kann ihrerseits diese Hypothesen zumindest stützen, wenn auch nicht verifizieren.

Gerade dies aber zeigt, in welchem Bereich die Aggregatdatenanalyse aussagefähig ist. Mit ihrer Hilfe ist es möglich, lang- oder mittelfristig politisch stabile Strukturen zu ermitteln und ihre Übereinstimmung mit bestimmten sozialen Merkmalen herauszuarbeiten, was dann zu Hypothesen über den Zusammenhang dieser sozialen Merkmale mit dem politischen Verhalten führen kann. Fluktuationsberechnungen können den Anteil der Wechselwähler regional-spezifisch bestimmen. Dies aber ist regelmäßig nicht das aktuelle Erkenntnisinteresse bei der Analyse einer einzigen Wahl. Dort interessieren die Veränderungen im Vergleich zur vorausgegangenen Wahl. Da mag dann mit Hilfe der Aggregatdatenanalyse aufgezeigt werden können, daß diese Veränderungen unter der Bedingung bestimmter politischer Strukturen besonders ausgeprägt sind. Aber diese Aussage hätte in der Regel schon vor der Wahl gemacht werden können, denn Gebiete mit solchen Strukturen sind generell auch langfristig durch instabile politische Bindungen gekennzeichnet gewesen.

Die Ursachen „überregionaler politischer Trends", die die gesamte Wählerschaft in eine politische Richtung bewegen, können mit Hilfe einer Aggregatdatenanalyse nicht ermittelt werden — es sei denn, es bestehen Ausnahmesituationen, in denen sich die Wählerschaft zwischen zwei Wahlen grundlegend ändert, wie das etwa von 1969 bis 1972 in der Bundesrepublik Deutschland durch die Senkung des Wahlalters von 21 auf 18 Jahre teilweise der Fall war oder wie sie bei plötzlichen Wanderungsbewegungen auftreten können. Anders formuliert, die Aggregatdatenanalyse ist geeignet, eine politische Reliefkarte zu zeichnen. Sie kann helfen, Hypothesen zu formulieren, wie es zu den „Bergen und Tälern" der einzelnen Parteien kommt.

Über die Wahrscheinlichkeit der Änderung solcher politischen Strukturen bei stabiler Sozialstruktur, also über die Bereitschaft zum Parteiwechsel kann die Aggregatdatenanalyse allein nichts aussagen. Zwar können hier Zusammenhänge zwischen Sozialstruktur und Einstellungswandel bestehen, aber solche Aussagen beruhen auf Hypothesen, die nicht mit Hilfe der Aggregatdatenanalyse formuliert werden können: etwa der Art, daß eine relativ homogene soziale Umwelt zu politischen Bestätigungseffekten, zu einseitiger Nutzung der verfügbaren politischen Informationsquellen mit entsprechenden Formen der politischen Meinungsbildung führt. Um derartige Hypothesen zu testen, ist die Aggregatdatenanalyse aber wiederum geeignet, wenn mit ihrer Hilfe politisch homogene und politisch heterogene Regionen, die den gleichen politischen Impulsen ausgesetzt waren, verglichen werden.

In diesen Aussagen liegt die Aufforderung zur „Mehrebenenanalyse", bei der Vergleiche sowohl zwischen den Teilgebieten einer Region als auch zwischen den Individuen in den einzelnen Teilgebieten als auch zwischen den Individuen im gesamten Gebiet gezogen werden, um so ein möglichst breites Spektrum aller denkbaren Einflußfaktoren aufdecken zu können, Hypothesen über deren Wirkung zu formulieren und zu prüfen.

Aggregatdatenanalysen sind oftmals das einzige Instrument, mit dem Wahlanalysen durchgeführt werden können. Aus verschiedenen Gründen sind Individualdaten häufig nicht verfügbar. Fast überall sind weiter zurückliegende Wahlen — etwa die der Weimarer Republik — heute nur auf der Basis der amtlichen Wahl- und Sozialstatistik zu untersuchen. Schließlich ist an den Bereich der komparativen Wahlforschung zu denken, in dem es vielfach nur auf Aggregatdatenbasis möglich ist, zwischen verschiedenen Staaten Vergleiche anzustellen. In allen diesen Bereichen muß dieses Instrumentarium eingesetzt werden, will man nicht auf die Gewinnung von Erkenntnissen überhaupt verzichten. Aber auch dort, wo andere Untersuchungsverfahren eingesetzt werden, kann die Wahlforschung durchaus sinnvolle ergänzende Verwendungen für die Aggregatdatenanalyse finden.

Die mit den Aggregatdaten verbundenen Probleme haben aber in der Praxis der Wahlforschung dazu geführt, daß seit langer Zeit der Analyse von Individualdaten, die meistens durch Repräsentativbefragungen gewonnen werden, der Vorzug gegeben wird. Dieser Methodik sind auch die wichtigsten Erklärungsansätze zu verdanken, die heute das Vorgehen der Wahlforschung bestimmen.

2. Kapitel:

Individuelle Einstellungen und Wahlverhalten

1. Möglichkeiten und Probleme der Wahlforschung aufgrund von Individualdaten

Die Individualdatenanalyse eröffnet die Möglichkeit, Antworten auf Fragestellungen zu finden, die der Aggregatdatenanalyse nicht zugänglich sind. Es werden Aussagen über das Verhalten einzelner Wähler möglich, das Verhalten des einzelnen kann in Bezug zu Einstellungen und Motiven gebracht werden, unter denen die Ursachen für das Verhalten gefunden werden können. Da natürlich auch die Möglichkeit der Beschreibung des Wahlverhaltens von Individuen und von Gruppen besteht, können sich derartige Untersuchungen den Fragestellungen der Wahlforschung „wer wählt wen" und „wer wählt wen warum" zuwenden. Zudem ist es mit diesen Methoden auch möglich, Informationen über die legitimierende Wirkung einer Wahl zu erlangen, d. h. über die Beurteilung der Machtzuweisung im Hinblick auf die output-Erwartungen an das System. Es besteht also grundsätzlich auch die Möglichkeit, der Frage nach der Wirkung einer Wahl und damit allen drei Grundfragen der Wahlforschung nachzugehen.
Bei der Aggregatdatenanalyse ergab sich die notwendige Begrenzung von Interpretationen aus der Problematik der Datenbasis, d. h. aus der Tatsache, daß zunächst nur eine Beschreibung von Segmenten der Wählerschaft erfolgt und aus der Gefahr des ökologischen Fehlschlusses. Diese Probleme bestehen grundsätzlich für Individualdatenanalysen nicht: Jeder einzelne kann befragt werden; jeder kann Auskunft geben über sein Verhalten, jeder kann — in direkter oder indirekter Form — zu den Motiven für sein Verhalten Erläuterungen geben, und jeder kann auch die Erwartungen beschreiben, die er mit seiner Stimmabgabe verbindet.

So hoffnungsvoll diese Aussage zunächst klingt, sie bedarf nachdrücklicher Einschränkung. Offen ist die Frage, ob die in der Befragung geäußerte Wahlabsicht mit der Stimmabgabe am Wahltag identisch ist. Offen ist die Frage, ob die erfragten Motivationen und Einstellungen tatsächlich die Stimmabgabe prägen oder ob sie nur für das Verhalten unwichtige Meinungen sind. Dies impliziert einmal das Problem, ob die richtigen Fragen gestellt und zweitens, ob sie subjektiv vom Befragten zutreffend beantwortet worden sind. Da schon aus Gründen der Praktikabilität, erst recht aber aufgrund der mit einer Totalbefragung der Wählerschaft verbundenen Kosten stets nur ein kleiner Teil der Wahlberechtigten befragt werden kann, bleibt auch die Frage der Repräsentativität der Daten offen, d. h.: sind die richtigen Personen für die Befragung ausgewählt worden, so daß die Befragten stellvertretend für die gesamte Wählerschaft betrachtet werden können? Schließlich bleiben als letzter Unsicherheitskomplex die zahlreichen Fehler, die bei der Durchführung einer Befragung auftreten können.

Wie bei der Aggregatdatenanalyse besteht ein enger Zusammenhang zwischen der Fragestellung und der Datenlage. Die Formulierung der in einem Interview gestellten Fragen ist die forschungstechnische Umsetzung, die „Operationalisierung" bestimmter Hypothesen über das Wahlverhalten, die durch die Ergebnisse der Befragung überprüft werden sollen. Die Fragestellung kann sehr viel komplexer und differenzierter sein als bei der Aggregatdatenanalyse, die nur auf einen begrenzten Vorrat an statistisch erfaßten oder erfaßbaren Merkmalen zurückgreifen kann.

Demgegenüber ist die Zahl der Fragen, die gestellt werden können, grundsätzlich theoretisch unbegrenzt. Mag es für die einzelne Befragung noch technische Beschränkungen geben — die in der Praxis zum Teil erheblich sind —, so macht eine Vielzahl von Untersuchungen es möglich, daß eine nahezu unendliche Zahl verschiedener Fragen gestellt werden kann. Häufig ist allerdings zu beobachten, daß wichtiger Spielraum für Analysen verschwendet wird, indem Fragen nicht wegen ihres Bezuges zu einer theoretischen Fragestellung, sondern deswegen gestellt werden, weil sie „politisch interessant" erscheinen. Das Ergebnis ist dann ein Da-

tenfriedhof, der dem von Aggregatdatenanalysen durchaus ebenbürtig sein kann. Es ist nicht überspitzt, wenn für den größten Teil der kommerziellen politischen Auftragsforschung gesagt wird, daß dort Daten erhoben werden, die für die Prüfung und Weiterentwicklung von Theorien zum Wahlverhalten ohne Bedeutung sind. Ganz besonders trifft dies für die vielfältigen Fragen zu den Tagesereignissen der Politik zu.
Hiervon heben sich die verschiedenen Ansätze deutlich ab, die die wissenschaftliche Wahlforschung in den letzten 40 Jahren mit der Hilfe von Repräsentativbefragungen entwickelt hat. Dabei ist gerade in der letzten Zeit eine intensive Verfeinerung und Nuancierung der gewonnenen Hypothesen in viele Richtungen zu beobachten gewesen, die insbesondere darin begründet ist, daß durch interdisziplinäre Ansätze und die Erkenntnisse anderer Wissenschaftsgebiete immer neue Akzente gesetzt worden sind. Die Vielzahl der Facetten ist selbst für den Experten kaum noch zu überschauen. Gerade wegen dieser Differenzierung und Nuancierung ist für jeden, der sich mit der Wahlforschung auseinandersetzen will, zunächst eine Groborientierung erforderlich. Diese Orientierung kann erzielt werden, indem man die Ansätze der Wahlforschung drei heute noch dominierenden „Hauptrichtungen" zuordnet:

1. der Wähler im „Schnittpunkt sozialer Kreise";
2. der Wähler im Spannungsfeld zwischen Parteibindung und aktueller Politik;
3. der rationale Wähler.

Alle drei Ansätze und die an ihnen geübte Kritik werden in der modernen Wahlforschung miteinander verknüpft. Eine Analyse einer einzelnen Wahl oder eine Untersuchung über die Entwicklung eines Parteiensystems wird immer auf Elemente zurückgreifen, die aus allen drei Ansätzen entnommen worden sind. Nur die Verschmelzung des gesamten Fundus ermöglicht heute die Entwicklung von Theorieansätzen zur Erklärung des Wahlverhaltens.

2. Ansätze zu einer Theorie des Wahlverhaltens

2.1 Das Individuum im Schnittpunkt sozialer Kreise

Dieser erste Ansatz ist der Fragestellung der Aggregatdatenanalyse noch eng verwandt. Er steht unter dem Einfluß von soziologischen Erwägungen, die lange vor der Entwicklung des Instrumentes der Repräsentativbefragung entstanden. Als wesentlicher Verständnishintergrund kann die formale Soziologie Georg Simmels gelten. Simmel beschreibt die Bedeutung der Zugehörigkeit zu sozialen Gruppen, den „sozialen Kreisen“, für das soziale und politische Verhalten. Jedes Individuum befindet sich in mehreren sozialen Kreisen, die durch Merkmale wie Lebensalter, Geschlecht, Konfession, Beruf, Wohngegend usw. beschrieben werden können — also jene Variablen, die auch in der Aggregatdatenanalyse die zentrale Rolle spielen.

Nach Simmel hat die Einordnung des einzelnen in das Gefüge der sozialen Kreise eine bestimmende Bedeutung auch für das politische Verhalten. Dabei sind zwei Typen von Wählern zu unterscheiden: Erstens solche, die sich in einem „System konzentrischer Kreise“ befinden, für die also der Einfluß der verschiedenen sozialen Kreise politisch in die gleiche Richtung wirkt. Zweitens gibt es Wähler, die einem System von sich „kreuzenden sozialen Kreisen“ ausgesetzt sind, für die von der Zugehörigkeit zu Gruppen mit verschiedenen Merkmalen unterschiedliche politische Orientierungen ausgehen. Diejenigen, die sich in einem System konzentrischer sozialer Kreise befinden, entwickeln eine langfristig stabile Parteiorientierung, während Wähler im Einflußbereich von sich kreuzenden sozialen Kreisen verstärkt dazu neigen, ihre politischen Orientierungen zu ändern.

Dies soll mit einem Beispiel aus der Bundesrepublik verdeutlicht werden. Die Stammwählerschaft von CDU und CSU kann beschrieben werden durch die Merkmale Frau, höheres Lebensalter, Bindung an die Kirche — insbesondere die katholische —, ländliche oder mittelstädtische Umgebung; vereinfacht: die fünfzigjährige katholische Bauersfrau aus Niederbayern. Dementsprechend können die die SPD begünstigenden sozialen Kreise wie folgt beschrieben werden: Mann, jüngere Altersgruppe, Distanz zur

Kirche, Bindung an Gewerkschaften, unselbständige Tätigkeit in einem Ballungszentrum, also: der fünfunddreißigjährige, aus der Kirche ausgetretene Gewerkschaftsfunktionär aus dem Ruhrgebiet. Diese Typen repräsentieren stark gegensätzliche soziale Umfelder mit den — nach Simmel — daraus folgenden unterschiedlichen politischen Orientierungen. Beiden gemeinsam ist, daß sie sich innerhalb eines Systems konzentrischer Kreise befinden, d. h. die jeweiligen Einflußfaktoren wirken jeweils in die gleiche Richtung und verstärken sich wechselseitig, so daß in einem Fall eine Orientierung zur CDU/CSU, im anderen zur SPD entsteht.

Im Gegensatz dazu steht der Typ der sich kreuzenden sozialen Kreise, beispielsweise: die strenggläubig katholische Frau eines Gewerkschaftsfunktionärs. Ihr politisches Verhalten ist durch Zugehörigkeit zu den verschiedenen sozialen Kreisen nicht grundsätzlich festgelegt, sondern es ist für andere Einflüsse offen.

Nach dieser Theorie sind dementsprechend Individuen in einem System konzentrischer Kreise vorwiegend Stammwähler, die sich grundsätzlich an „ihrer Partei" orientieren, unabhängig von politischen Ereignissen und den zur Wahl stehenden Kandidaten und Programmen. Sie sind in die politische Welt einer Partei „hineingeboren". Demgegenüber verkörpert der im System sich kreuzender sozialer Kreise stehende Wähler den Prototyp des potentiellen Wechselwählers, dessen Wahlentscheidung nicht durch Herkunft und soziale Umwelt, sondern durch andere Faktoren beeinflußt wird, wie den politischen Themen, den Programmpunkten, den Kandidaten der Parteien und vieles andere mehr.

Diese schon von Simmel ableitbaren Grundgedanken wurden später mit dem Instrumentarium der Befragung verfeinert. Die empirischen Überprüfungen ergaben in den verschiedenen Ländern keine einfache Bestätigung und führten zu der Notwendigkeit weiterer Differenzierung. Derartige Untersuchungen wurden in der Bundesrepublik Deutschland und anderen westeuropäischen Ländern seit dem Ende des Zweiten Weltkrieges durchgeführt. Ihr Vorbild waren Analysen des Wählerverhaltens in den Vereinigten Staaten, die schon während der vierziger Jahre stattfanden. Diese amerikanischen Arbeiten wurden vor allem von Berelson und dem aus Wien stammenden, mit Simmel vertrauten Lazarsfeld mit ihren Mitarbeitern Gaudet und McPhee durchgeführt. Anläßlich der Wahlen von 1940 wurden in Erie County siebenmal dieselben Personen und bei den Wahlen von 1943 in Elmira viermal die gleiche Wählergruppe (in sogenannten „Panel-Befragungen") zu ihrem politischen Verhalten befragt.

Das entscheidend Neue dieser Untersuchungen lag darin, daß es durch die wiederholte Befragung desselben Personenkreises möglich wurde, die vor den Wahlen ablaufenden Meinungsbildungs- und Entscheidungsprozesse nachzuvollziehen. Dabei zeigte sich, daß die Wähler in zwei Gruppen eingeteilt werden konnten: diejenigen, deren politische Orientierung im Zeitablauf unverändert blieb, sowie eine bedeutend kleinere Gruppe, deren Anschauungen und/oder Wahlabsicht sich im Verlauf der Untersuchung veränderte. Diejenigen mit stabilen politischen Orientierungen konnten aufgrund ihrer sozialen Herkunft und ihrer sozialen Umgebung häufig den konkurrierenden Parteien zugeordnet werden — sie standen jeweils in einem System konzentrischer Kreise. Für die anderen Wähler ergab sich, daß sie einander widersprechenden Einflüssen ausgesetzt waren, sie befanden sich unter „cross pressure".

Diese Gruppe mit stärker instabilem Verhalten konnte in drei Typen unterteilt werden: die „Kristallisierer", die von unentschiedener Position oder nur schwach ausgeprägter Neigung zu einer Partei zu einer deutlichen Bevorzugung einer Partei kamen; die „Schwankenden", die zwischen Neigung zu einer Partei und unentschiedener Position hin und her pendelten; die „Partei-Wechsler", die ihre Parteipräferenz änderten und die die bei weitem kleinste Gruppe bildeten. Gerade in diesen instabilen Gruppen zeigte sich die Bedeutung der „cross pressures", also des teilweisen Konfliktes oder der Unvereinbarkeit zwischen den für die Wahlentscheidung ausschlaggebenden Faktoren.

Diese Faktoren wurden in drei Gruppen unterteilt. Zunächst wurde auch hier die Bedeutung der sozialen Umgebung erkennbar, wobei sich der Einfluß der Sozialstruktur auf das Wahlverhalten vor allem anhand von fünf Merkmalen feststellen ließ: dem sozio-ökonomischen Status, der Konfession bzw. Religionszugehörigkeit, der Ortsgröße, dem Beruf und dem Lebensalter. Eine zweite Gruppe von Faktoren war mit dem Kommunikationsverhalten der Wähler verbunden; dabei zeigte sich auch, daß es eine Gruppe gab, die sich politisch stärker informierte, sich intensiver mit anderen Wählern über die bevorstehende Wahl auseinandersetzte und stärker aktiv am politischen Geschehen teilnahm — diese „Meinungsführer“ („opinion leaders“) konnten auf die Wahlentscheidung anderer Einfluß ausüben. Sie waren die politisch interessierteste Gruppe. Den dritten Bereich von Einflußfaktoren stellten schließlich die politischen Einstellungen der Befragten dar.

Es zeigte sich, daß die unter „cross pressure“ stehenden Wähler dem Wahlausgang nicht so viel Bedeutung beimaßen wie andere, daß sie — wohl um weiteren widersprüchlichen Einflüssen auszuweichen — weniger Interesse am politischen Geschehen hatten, daß sie öfter als andere ihre geplante Wahlentscheidung änderten und daß sie schließlich über ihre Stimmabgabe deutlich später als andere entschieden.

Diese Ergebnisse sind anhand der 1940 und 1948 durchgeführten Untersuchungen als Hypothesen formuliert worden. Bei diesen Untersuchungen war die Gruppe der Wähler mit instabilem Verhalten zu klein, um statistisch gesicherte Schlußfolgerungen für die gesamte Wählerschaft zu formulieren. Allerdings sind inzwischen viele Untersuchungen zu grundsätzlich ähnlichen Ergebnissen gelangt, wenn sich auch stets die Notwendigkeit ergab, weitere Variablen in die Untersuchungen einzubeziehen.

Insgesamt haben diese Untersuchungen Simmels Hypothesen in erheblichem Umfang bestätigt und stark verfeinert. Sie ermöglichten die erste systematische Unterteilung der Wählerschaft nach einem Kriterium, das sich grundsätzlich von denen der Sozialstatistik unterscheidet, die die Aggregatdatenanalyse verwendet. Dieses neue Kriterium ist die Trennung von Stammwählern und potentiellen Wechselwählern anhand der in Befragungen ermittelten politischen Grundeinstellungen. Die Merkmale, die die Stammwähler beschreiben, sind in jedem Land andere und ändern sich im Zeitablauf. Sie sind den bei der Aggregatdatenanalyse benutzten Merkmalen durchaus ähnlich; der entscheidende Unterschied ist, daß durch Betrachtung der einzelnen Wähler diese Eigenschaften zu komplexen Gruppen zusammengefaßt werden können, so daß eine bestimmte politische Orientierung nicht einem Merkmal, sondern einer spezifischen Kombination von Merkmalen zugeordnet wird, die dem jeweiligen Gefüge der sozialen Kreise entspricht.

Mit diesen Merkmalen können entsprechende Hypothesen über das politische Verhalten verbunden werden. So steht zum Beispiel der Beruf oder die Schichtzugehörigkeit für die ökonomische Interessenlage des Befragten; hinter Variablen wie Konfession oder Wohngegend verbirgt sich der Sozialisationsprozeß, d. h. das Hineinwachsen des Befragten in die politische Welt unter den prägenden Einflüssen von Elternhaus, Familie und Umwelt. Ähnliches gilt für Merkmale wie Rassenzugehörigkeit, Schulbildung und vieles andere mehr. Das Wahlverhalten wird jetzt in Abhängigkeit von einem ganzen Bündel von individuell zuzuordnenden Variablen gesehen. Zielen diese Einflüsse in die gleiche Richtung, so ergibt sich die Wahrscheinlichkeit einer stabilen Parteibindung. Ist das nicht der Fall, dann entstehen „cross pressures" von unterschiedlicher Struktur und Intensität, und das Wahlverhalten wird von anderen als den soziostrukturellen und soziokulturellen Variablen bestimmt.

Diese Aussagen führen zu den Stärken und Schwächen dieses Ansatzes. Die Unterteilung zwischen Stammwählern und potentiellen Wechselwählern hat sich für die weitere Entwicklung der Wahlforschung als äußerst fruchtbar erwiesen und kann heute als fester Bestandteil der Forschung betrachtet werden — wobei unter bestimmten Bedingungen im Zeitablauf auch ein Übergang von Stammwähler zu Wechselwähler und umgekehrt durch den fortschreitenden Sozialisationsprozeß erfolgen kann, z. B. durch Heirat, Wohnortwechsel usw., aber auch durch einzelne prägende politische Ereignisse.

Ebenso hat sich der Gedanke bewährt, daß eine Kombination von Variablen zur Ausformung der politischen Orientierung führt, und daß in dieser Kombination eine große Zahl von häufig verschiedenartigen Variablen enthalten ist. Heute wird verstärkt auf solche Eigenschaften der Wähler zurückgegriffen, die die Aggregatdatenanalyse nicht erfassen kann, zum Beispiel Kindheitserfahrungen oder andere Aspekte des Sozialisationsprozesses. Besondere Bedeutung hat die — auch von Berelson und Lazarsfeld angeregte — Einbeziehung von Ansätzen der Massenkommunikationsforschung erlangt.

Gerade in modernen Industriegesellschaften leben nur relativ wenige Menschen in einer homogenen Umwelt, wie sie dem Konzept von Simmel entspricht. Das gilt verstärkt für Systeme mit starken sozialen Veränderungen, die ein erheblicher Teil der Wählerschaft in der Bundesrepublik durch den Krieg, die Vertreibung usw. erlebt hat, und weniger stark für Länder ohne durchgreifende soziale Katastrophen in jüngster Zeit, wie z. B. Großbritannien. Um die tatsächliche Heterogenität der Umwelt zu kompensieren, erfolgt die Selektion der Informationskanäle nach ihrer Übereinstimmung mit der vorhandenen Meinung. Da es für die meisten Menschen zu schwer erträglichen Spannungen kommt, wenn die eigene Meinung nicht mit der der Umwelt übereinstimmt, ist es für sie wichtig, die tatsächliche Heterogenität ihrer sozialen Umwelt so zu strukturieren, daß die Vielzahl widersprüchlicher Informationen nicht zur Ursache unlösbarer Orientierungsprobleme wird. So erfolgt meist eine Auswahl der Informationsquellen danach, inwieweit sie mit vorhandenen Meinungen und Neigungen vereinbar sind. Dies gilt besonders für den Aufbau des Freundes- und Bekanntenkreises. Das Spektrum der tatsächlich benutzten Informationen wird so eingegrenzt, daß der einzelne sich nicht durch Widersprüche übermäßig verunsichert fühlt.

Diese Selektion wird jedoch durch die Entwicklung der modernen Massenmedien erschwert, die die soziale Umwelt leichter durchdringen können. Mit dem Radio und insbesondere dem Fernsehen erreichen politische Informationen den Wähler, bevor die soziale Umwelt als Filter wirken kann. In den Nachrichtensendungen — vor allem im Fernsehen — kommen auch die Politiker der sonst abgelehnten Partei in das eigene Wohnzimmer. Der Wähler reagiert auch darauf durch die Selektion der Informationskanäle, d. h. er sieht und hört mit höherer Präferenz Sendungen, bei denen er eine Bestätigung der eigenen Meinung erwartet, und er liest, soweit wie möglich, die Zeitung seiner eigenen politischen Couleur.

Die entscheidende Schwäche des Ansatzes von Berelson, Lazarsfeld und anderen ist, daß die Gruppe der potentiellen Wechselwähler nur definiert, aber über die Determinanten des Wahlverhaltens dieser Gruppe nicht viel ausgesagt wird. Die zweite Schwäche liegt darin, daß die Zahl und Art der die Stammwählerschaften definierenden Variablen nicht ohne weiteres bestimmbar ist. Zwar zeigt die Erfahrung, daß die dabei von Berelson/Lazarsfeld benutzten Variablen häufig eine erhebliche Bedeutung haben, aber grundsätzlich sind diese Aussagen zumindest auf eine konkrete Wählerschaft zu relativieren, sie gelten nicht generell. Während zum Beispiel die Schichtungszugehörigkeit in Großbritannien und Frankreich starken Einfluß auf die politische Orientierung hat, zeigt sich diese Wirkung in der Bundesrepublik Deutschland nur begrenzt.

Problematisch ist auch der Versuch, die Parteipräferenz durch vergleichsweise „objektive" Merkmale — die genannten sozialen Kreise — zu beschreiben. Hier werden Kriterien verwendet, bei denen es zumindest zweifelhaft erscheint, ob sie tatsächlich die Bestimmungsgründe des politischen Verhaltens darstellen oder ob sie lediglich als Anzeichen für etwas anderes gelten können, zum Beispiel einen komplexen Meinungsbildungsprozeß.

Dies wird deutlich an Variablen wie Geschlecht oder Alter. Gibt es eine den Geschlechtern zugewiesene, „natürliche" politische Orientierung oder gibt es so etwas für bestimmte Altersgruppen? Was verbirgt sich dahinter, daß erfahrungsgemäß Frauen zu einem größeren Prozentsatz konservative Parteien wählen als Männer und daß es in den oberen Altersgruppen ein größeres Potential für konservative Parteien gibt? Wahrscheinlich weisen Geschlecht und Alter hier nur auf das Bestehen eines sehr viel komplexeren Prozesses hin, indem sich verschiedene durch Erfahrungen im Kommunikationsprozeß geprägte Grundeinstellungen niederschlagen. Zu beantworten sind also zwei Fragen: Gibt es zum Beispiel bestimmte Einstellungsstrukturen, die für bestimmte Phasen des Lebenszyklus' typisch sind? Wenn ja, warum? Nur die erste dieser beiden Fragen kann der Ansatz von Berelson/Lazarsfeld beantworten.

Anders formuliert: So fruchtbar die Unterteilung in Stamm- und

Wechselwähler ist, so wesentlich deren empirische Überprüfung bzw. Erweiterung in zahlreichen Untersuchungen ist — die die Stammwählerschaften beschreibenden Merkmale scheinen nur bedingt diejenigen zu sein, die tatsächlich das politische Verhalten bestimmen; für das Verhalten der Wechselwähler werden nachhaltige Erklärungen nicht angeboten, sie werden gewissermaßen nur negativ definiert. Zwar ist die Grenze zwischen Beschreibung und Erklärung bei diesem Ansatz weiter zur Erklärung hin verschoben worden als das bei der Aggregatdatenanalyse der Fall war, aber über die Unterscheidung zwischen den verschiedenen Wählertypen hinaus bringt auch dieser Ansatz noch keine Antworten auf die Frage, warum Stammwählerschaften für die Parteien entstehen, und insbesondere darauf, wie die Bestimmungsgründe des wechselnden Wahlverhaltens beschaffen sind. Aufgrund der Struktur dieses Ansatzes bedeutet ein an ihm ausgerichtetes Vorgehen eine Betonung stabiler Elemente der Wählerstruktur und eine unbefriedigende Behandlung der dynamischen Aspekte des Wahlverhaltens.

2.2 Der Wähler im Spannungsfeld zwischen Parteibindung und aktueller Politik

Aus diesen Überlegungen heraus ist ein zweiter Ansatz entwickelt worden, nämlich der des Wählers im Spannungsverhältnis zwischen Parteibindung und aktueller Politik. Diesen Fragestellungen wurde nach dem Zweiten Weltkrieg besonders in dem Ansatz nachgegangen, den Campbell, Converse, Miller, Stokes und andere am Survey Research Center der University of Michigan entwickelten. Ihre Arbeiten fanden im „Konzept der Normalwahl“ ihren Niederschlag (sogenannte „Ann-Arbor-Schule“, „Michigan-Schule“).

Dieser zweite wichtige Ansatz moderner Wahlforschung ist stärker sozialpsychologisch als sozialstrukturell orientiert. Er sieht den Wähler in einem psychologischen Spannungsverhältnis zwischen seiner Parteibindung und seiner Beurteilung der aktuellen Politik sowie der Rolle, die die Parteien und ihre für den jeweiligen Wähler wichtigen Kandidaten in ihr spielen.

Ausgangspunkt der Überlegungen ist, daß das die sozialen Kreise ergebende Merkmalsbündel nur sehr unzulänglich beschrieben werden kann, daß es aber als Ergebnis hat, daß der Wähler sich an eine der Parteien bindet oder nicht. Daraus ergibt sich die Schlußfolgerung, daß diese Parteibindung (oder „Parteiidentifikation") selbst die für die Stimmabgabe entscheidende Variable ist. Sie mag im Einzelfall sehr unterschiedlich zustandegekommen sein, aber für die Erklärung des Wahlverhaltens kann zunächst die Parteibindung an sich als Ausgangspunkt genommen werden.

Die Parteibindung ist dabei definiert als die in einer Befragung geäußerte psychologische Identifikation eines Wählers mit einer Partei, wobei diese Anhängerschaft an die Partei schon durch die Fragestellung als langfristig stabil definiert wird. Wer sich nach dieser Definition zu einer der Parteien bekennt, kann sich zusätzlich als „stark" oder „schwach gebunden" einstufen.

Durch wiederholte Befragung desselben Personenkreises glaubten die Urheber des Konzeptes der Parteiidentifikation zumindest für die Wähler der USA in den frühen fünfziger Jahren zeigen zu können, daß diese Parteiidentifikation des einzelnen Wählers tatsächlich eine beträchtliche zeitliche Stabilität aufwies. Entspricht das tatsächliche Wahlverhalten bzw. die erfragte Wahlabsicht dieser langfristigen Parteibindung, dann spricht man von der „Normal-Wahl" („Normal Vote"). Der Fall der Normal-Wahl tritt dann ein, wenn die die Wahlentscheidungen bestimmenden Einflußfaktoren die zur Wahl stehenden Parteien bzw. Kandidaten etwa gleich stark begünstigen und wenn der Wahlkampf eine etwa durchschnittliche und für die Anhänger aller Parteien etwa gleich starke Mobilisierung der Wählerschaft bewirkt hat.

Aus der geschilderten Definition der Parteibindung folgt, daß man stets eine große Gruppe von Befragten findet, die keine derartige Parteibindung angeben, sondern sich als „unabhängig" verstehen; dabei kann die Gruppe der „Ungebundenen" noch danach unterteilt werden, ob sie einer der Parteien nähersteht oder nicht.

Die ersten Untersuchungen nach dem Konzept der „Normalwahl" zeigten, daß diese sich als „unabhängig" einschätzenden Befragten durchaus mit denen vergleichbar sind, die bei Lazarsfeld und anderen unter „cross pressures“ standen, also in einem Feld sich kreuzender sozialer Kreise leben. Für die Gruppe der Unabhängigen gilt, daß ihre Wahlabsicht nicht aus einer bestehenden Parteibindung erklärt werden kann. Zudem wurde auch immer wieder festgestellt, daß es auch unter den Parteigebundenen in jeder Wahl eine Gruppe gibt, deren konkrete Wahlabsicht nicht mit der langfristigen Parteiidentifikation übereinstimmt. Das bedeutet, daß es zwischen Stammwählern und potentiellen Wechselwählern keine scharfe Trennlinie, sondern eine Übergangszone gibt, in der unter bestimmten politischen Bedingungen auch Stammwähler „anders“ wählen. Daraus folgt erneut die Frage nach den Bestimmungsfaktoren der „Unabhängigen“, oder, um in der Terminologie zu bleiben, der „potentiellen Wechselwähler“. Zugleich war die Frage aufgeworfen, ob möglicherweise die Faktoren, die zu einer Abweichung des tatsächlichen vom „normalen“ — an der Parteiidentifikation orientierten — Wahlverhalten führen, gleichzeitig auch das politische Verhalten der Wechselwähler bestimmen.

Drei komplexe Gruppen von politischen Einstellungen wurden analytisch entwickelt, die grundsätzlich geeignet erscheinen, diese Frage zu beantworten:

1. die Orientierung an den zur Zeit kontroversen politischen Themen (den sogenannten „Issues“),
2. die Orientierung an aktuellen Besonderheiten der Parteien und
3. die Orientierung an den jeweiligen Kandidaten.

Dieses Konzept ist zur Untersuchung von zahlreichen Wahlen insbesondere in den USA, aber auch in Westeuropa verwendet worden. Dabei stellte sich heraus, daß die Einschätzung der Kandidaten, die Stellungnahme zu den aktuellen politischen Themen und zu Einzelproblemen der Parteien (wie z. B. innerparteiliche Auseinandersetzungen) recht genaue Aufschlüsse darüber ergeben, warum die Wahlabsicht mit der selbst erklärten langfristigen Parteibindung übereinstimmt oder von ihr abweicht; zudem erwiesen sich diese Faktoren auch als geeignet, das Verhalten der Unabhängigen, also der potentiellen Wechselwähler, zu erklären.

Dabei ist zunächst eine Einschränkung wichtig, die bei der Übertragung dieses Konzeptes auf andere Systeme außerhalb der USA zu berücksichtigen ist. Wie alle Modelle, die auf der Unterteilung in Stamm- und Wechselwähler beruhen, gilt es in dieser klaren Form nur in Parteiensystemen, die durch einen deutlichen Gegensatz zwischen Regierung und Opposition gekennzeichnet sind, zur Zeit also vor allem in den angelsächsischen Ländern, der Bundesrepublik Deutschland und Österreich. Je vielfältiger ein Parteiensystem strukturiert ist, desto stärker ist es erfahrungsgemäß durch stabile Anhängerschaften der zahlreichen Minoritätsparteien gekennzeichnet: Die Parteien entwickeln ein den Glaubensgemeinschaften ähnelndes Verhältnis zu ihren Anhängern („Weltanschauungsparteien" nach Max Weber). Die Folge sind dann häufig sehr geringe Wählerwanderungen zwischen den Wahlen.
Die so entstehende Starrheit des Parteiensystems kann die Fragestellung der Wahlforschung unter solchen Bedingungen weitgehend darauf reduzieren, die Stammwählerschaften zu analysieren, wozu das Konzept der Parteiidentifikation von Nutzen sein kann. Es kann jedoch auch eine Situation eintreten, in der — wie in der Weimarer Republik — zwar dichotome Strukturen angelegt sind, aber von der Parteienvielfalt verdeckt werden. Zwischen den Weltanschauungsparteien Zentrum und SPD organisierten zahlreiche „bürgerliche" Parteien eine Wählerschaft, die strukturelle Ähnlichkeit mit der Wechselwählerschaft aufweist und die mit Hilfe des vorgestellten Konzeptes von Campbell, Converse und anderen analysierbar gewesen wäre. Diese Aussage wird durch die große Instabilität der Wählerschaften dieser Parteien erhärtet. Diese instabile Wählerschaft bildete dann das Potential für die Erfolge der NSDAP, einer typischen Protestpartei, wie man sie später auch bei den Erfolgen von Poujade in Frankreich 1954, der NPD in Deutschland von 1966 bis 1969 oder von Glistrup in Dänemark seit 1973 wieder beobachten konnte — der Radikalismus der Mitte, wie ihn Lipset treffend nannte, ist eben nicht aus einer programmpolitisch definierten Mitte entsprungen, sondern aus der Wählerschaft, die in der Mitte zwischen festgefügten Stammwählerschaften steht, wie immer man die Programmatik ihrer Parteien in den Rechts-Links-Kategorien einordnen mag.

Außer der Bereitschaft der Wähler zur Änderung ihrer Parteibindung oder zu einem von ihrer Parteibindung abweichenden Wahlverhalten, wie das durch das Konzept der Normalwahl erfaßbar wird, war in allen diesen Beispielen die strukturelle politische Konstellation von ausschlaggebender Bedeutung: es gab keine perzipierte Alternative zwischen Opposition und Regierung und es gab protestauslösende Faktoren.

In der Weimarer Republik war es die Kombination aus der „Koalition aller Vernünftigen", die schon ex definitione der Opposition zum System ein Monopol an Opposition ließ, mit der Weltwirtschaftskrise. Im Frankreich der Vierten Republik bedeutete die Existenz eines kommunistischen Blocks die Unmöglichkeit alternativer Regierungsbildung; zusammen mit der Existenzbedrohung der Mittelschichten als Folge der wirtschaftlichen Entwicklung führte dies zu Poujades Erfolg. In der Bundesrepublik Deutschland bildeten die Große Koalition und die Stagnation von 1966 bis 1968 die Voraussetzung für die Erfolge der NPD; in Dänemark war es die allgemein akzeptierte Ideologie des Wohlfahrtsstaates, die trotz der Möglichkeit eines Wechsels zwischen Sozialdemokraten und Bürgerlichen in einem formal dichotomisierten Parteiensystem die Alternativen im System überlagerte.

Als Ergebnis derartiger Situationen bildeten die potentiellen Wechselwähler das Reservoir für die Protestparteien, den „Radikalismus der Mitte". In allen Fällen aber kann die erfolgte Verhaltensänderung mit dem Grundmuster politischer Einstellungen erklärt werden, das im Konzept der Normalwahl verwendet wird: das Vorhandensein oder Fehlen langfristiger Parteiidentifikation sowie die Beurteilung der aktuellen politischen Themen, der Parteien und der Kandidaten durch die Wähler.

Gerade diese prinzipielle Übertragbarkeit des Konzeptes der Parteiidentifikation zur Analyse von unterschiedlichen Parteiensystemen verdeutlicht seine Fruchtbarkeit. Trotzdem stellte sich bald als zentrale Schwäche dieses Konzeptes heraus, daß bei Panel-Analysen zunächst außerhalb und später auch in den USA festgestellt wurde, daß sich schon im Zeitraum nur einer Legislaturperiode die Parteiidentifikation bei bis zu einem Drittel der Befragten änderte. Dieses Ergebnis ist mit der Hypothese einer langfristig stabilen Parteibindung unvereinbar. Deswegen kam es zu einer umfangreichen — und noch anhaltenden — Diskussion der Frage, ob es diese Parteiidentifikation überhaupt gibt. Dazu kann heute festgestellt werden, daß es außerhalb der USA eine Parteiidentifikation im Sinne einer langfristig konstanten, im Sozialisationsprozeß entstandenen politischen Bindung bei weitem nicht im ursprünglich vermuteten Ausmaß gibt, und es fehlen noch Kriterien, wann und unter welchen Bedingungen derart stabile Parteibindungen entstehen.

Andererseits ist aber nicht zu übersehen, daß in einem gegebenen Zeitpunkt die artikulierte Parteibindung ein zentraler Ausdruck für das politische Meinungsbild ist. Die Parteiidentifikation ist in der Regel konsistent mit der Beurteilung von politischen Themen, Parteien und Kandidaten. Das führt zu der Schlußfolgerung, daß die Parteiidentifikation ein Oberbegriff für ein Bündel von Einstellungen ist, die in die Parteibindung einmünden. So wie „Stammwählerschaft" als das Ergebnis eines Systems konzentrischer sozialer Kreise verstanden werden konnte, so kann „Parteiidentifikation" als das Ergebnis eines in sich konsistenten Einstellungsbündels verstanden werden. Das aber bedeutet zugleich, daß mit der Veränderung nur eines Teiles des Einstellungsbündels auch eine Änderung der Parteibindung eintreten kann — sei es, daß sie stabiler wird; sei es, daß sie instabiler wird; sei es, daß ein Übergang von der Bindung an eine Partei zum Status eines potentiellen Wechselwählers oder zur Bindung an eine andere Partei erfolgt.

Für die Analyse derartiger Änderungsprozesse erweist sich beim gegenwärtigen Stand der Diskussion die Verknüpfung des „Konzeptes der Normalwahl" mit Aspekten der Kommunikationsforschung als fruchtbar. Das bedeutet, daß man die Frage nach Entstehung und Veränderung von Parteiidentifikation und Wahlabsicht als Teil eines langfristigen und dauerhaften Kommunikationsprozesses versteht. Die Parteiidentifikation wird dann zu einem immer nur vorläufigen Ergebnis dieses Kommunikationsprozesses in einem gegebenen Zeitpunkt. Da aber der Kommunikationsprozeß nicht abbricht, ist eine Veränderung der Parteiidentifikation genauso möglich wie eine längerfristige Stabilisierung.

Dies hängt von der Art und den Inhalten der Kommunikationsprozesse ab, denen ein Wähler ausgesetzt ist.

Daraus folgt die Frage, unter welchen Bedingungen Einstellungen sich ändern und als Folge von Einstellungsänderungen möglicherweise auch Veränderungen im politischen Verhalten beobachtet werden können. Hier bietet sich das von Festinger entwickelte Konzept der „kognitiven Dissonanz" an. Festinger geht davon aus, daß das Individuum eine Harmonie zwischen dem eigenen Meinungsbild und den aufgenommenen Informationen anstrebt. Stehen die aufgenommenen Informationen dagegen im Widerspruch zum eigenen Meinungsbild, kommt es zu kognitiven Dissonanzen, die als belastend empfunden werden. Das Individuum versucht diesen Streß zu vermeiden. Dies geschieht einerseits durch eine Selektion der benutzten Informationskanäle, durch die eine gewisse Homogenität der Umwelt künstlich erzielt wird, die in der modernen Industriegesellschaft nur noch bedingt vorhanden ist. Aber auch diese Selektion der Informationskanäle kann das Individuum nicht vollständig von Informationen abschirmen, die der eigenen Meinung widersprechen. Es entwickelt deshalb bestimmte Strategien, um diese kognitiven Dissonanzen zu vermeiden. Dazu gehört das Anzweifeln der Quelle der Information, das Suchen nach die Bedeutung der Information relativierenden Faktoren — sei es durch die Betonung anderer Informationen, die das eigene Meinungsbild verstärken; sei es durch Vergleiche der verschiedensten Art, die die Information selbst nicht so gewichtig erscheinen lassen. Erst wenn diese Strategien nicht ausreichen, um die als Belastung empfundene kognitive Dissonanz zu vermeiden, ist das Individuum bereit, seine Einstellung zu ändern, um dadurch sein Meinungsbild wieder in Übereinstimmung mit den eingehenden Informationen zu bringen. Das bedeutet im politischen Bereich eine Veränderung der Parteiidentifikation oder der Wahlabsicht.

Aus dieser Hypothese Festingers folgt zunächst, daß der Meinungswechsel, wie er sich etwa in der artikulierten Wahlabsicht oder der Parteiidentifikation niederschlägt, nicht das Ergebnis einmaliger Ereignisse oder einmaliger Informationen ist, sondern Folge eines längerfristigen gleichförmigen Stromes von Informationen. Zwar lassen sich zu jeder Wahl Wähler finden, die angeben, sie hätten ihre Wahlentscheidung aufgrund eines bestimmten Ereignisses kurz oder auch länger vor der Wahl getroffen, aber dieses angeblich ausschlaggebende Ereignis konnte diese Wirkung nur auf Grundlage eines vorausgegangenen langfristigen Informationsflusses haben. Das bedeutet, daß es grundsätzlich sinnlos ist zu fragen, welches Ereignis oder welche Information einen Wählerwechsel ausgelöst hat. Es ist wie bei einem Glas Wasser: welcher Tropfen bringt es zum Überlaufen? Natürlich der letzte, aber dieser konnte den Effekt nur haben, weil zuvor Millionen anderer Tropfen das Glas gefüllt hatten.

Aus diesen Überlegungen folgt auch, daß die Situation des potentiellen Wechselwählers auch als ein Durchgangsstadium begriffen werden kann, das auf die Auflösung einer Parteibindung folgt, und durch einen anhaltenden Zustand gekennzeichnet ist, in dem der Wähler sich widersprüchlichen Einflüssen ausgesetzt fühlt — was nichts anderes darstellt, als eine in den psychologischen bzw. kognitiven Bereich verlagerte Situation der „cross pressures". Die Wahrscheinlichkeit, daß es zu Informationsaufnahmen kommt, die im Widerspruch zur eigenen Meinung stehen, ist um so größer, je heterogener die Umwelt des Individuums ist, je zahlreicher die sich kreuzenden sozialen Kreise sind, in denen es sich befindet, und je intensiver die „cross pressures" sind, denen es ausgesetzt ist. So ermöglicht die Einbeziehung der kommunikationstheoretischen Aspekte die inhaltliche Verzahnung des Konzeptes der Parteibindung mit dem der sozialen Kreise. Nach dem der Sozialpsychologie entlehnten Konzept der als Folge einer bestimmten Einstellungsstruktur entstehenden Parteibindung wird eine stabile Parteiidentifikation auch dadurch erklärbar, daß das Individuum in einer relativ homogenen Umwelt lebt.

Die Einteilung der Wählerschaft in Stammwähler einerseits und potentielle Wechselwähler andererseits ist eine instrumentelle Einteilung, die erheblichen analytischen Wert hat, die aber keine inhaltliche Unterteilung für längere Zeiträume ist. Sie gilt für eine gegebene Wahl und unterliegt einem dauernden Wandlungsprozeß. Dabei erhärten dann auch Aggregatdatenanalysen die Hypothese, daß es unter bestimmten sozio-strukturellen Bedingungen offensichtlich stabile Bindungen an die verschiedenen Parteien gibt. Das spricht dafür, daß die Art des Kommunikationsprozesses vom jeweiligen Kontext abhängig ist, und daß bei Vorliegen einer relativen Homogenität der Umwelt auch die Parteiidentifikation über längere Zeit konstant bleiben kann oder daß nur Schwankungen in der Intensität der Parteibindungen erfolgen.

Die am Survey Research Center in Ann Arbor entwickelten Variablen Parteiidentifikation, Issue-Orientierung, Kandidatenorientierung und aktuelle Parteiorientierung erweisen sich schließlich als Schlüsselbegriffe, unter die die meisten politischen Informationen und Einstellungen eingeordnet werden können. Informationen, die in Übereinstimmung oder in Konflikt zur eigenen politischen Meinung, insbesondere zur Wahlabsicht stehen, können sich im Regelfall nur auf die Kandidaten, die aktuellen politischen Themen oder die konkurrierenden Parteien beziehen. Diese Variablen sind also gewissermaßen Kategorien zur analytischen Systematisierung des Informationsflusses.

Die Forschung ist dann daran orientiert, diese Variablen so zu operationalisieren und mit sinnvollen Hypothesen zu verbinden, daß daraus Modelle zur Erklärung gerade auch wechselnden Wahlverhaltens abgeleitet werden können. Dies ist der eigentliche Schwerpunkt der jüngeren Wahlforschung.

2.3 Der „rationale Wähler“

Eine Weiterentwicklung ergab sich zunächst aus der Kritik an den Ergebnissen, die die Anwendung des Konzeptes der Normalwahl zur Erklärung des Wahlverhaltens in den amerikanischen Wahlen der fünfziger und der frühen sechziger Jahre erbracht hatte. In diesen Analysen hatte sich herausgestellt, daß die ungebundenen Wähler, die zu einer „sinnvollen“ Entscheidung über ihre Stimmabgabe am dringendsten der gründlichen Information über die Themen der Politik sowie die Stellung der Parteien und Kandidaten zu diesen Problemen bedurft hätten, sich als am wenigsten interessiert und informiert erwiesen; zudem konnte gezeigt werden, daß die Stimmabgabe dieser Wähler oft auf einem „widersprüchlichen“ Gefüge von Einstellungen und Meinungen beruhte.

Auch bei den Wählern, die sich mit einer der Parteien identifizierten, war zu beobachten, daß der Stimmabgabe häufig keine mit der politischen Realität konsistenten Meinungsbilder zugrunde lagen. Es entstand der Eindruck, daß das Verhalten vieler Wähler kaum als „rational" zu beschreiben war. Diese Ergebnisse wurden — obwohl von den Mitarbeitern des Survey Research Center so nicht verstanden — von ihren Kritikern als generell gültige Aussagen überinterpretiert und entsprechend hart angegriffen.

Zunächst wies V. O. Key darauf hin, daß „Rationalität des Wählerverhaltens" nicht bedeuten könne, daß der Wähler seine politischen Zielvorstellungen über eine unverfälschte, „objektive" Beurteilung der gesellschaftlichen Realität, der gerade anstehenden Probleme, der Parteien und ihrer Kandidaten in die Stimmabgabe umsetzt. Vielmehr käme es darauf an, daß der Wähler bei den wenigen ihm wichtig erscheinenden Aspekten der Politik aufgrund seiner selbstverständlich subjektiv verzerrten Wahrnehmungen von Realität, Parteien und Kandidaten zu einer in sich konsistenten Beurteilung über die für ihn beste Stimmabgabe gelange. Danach ist es auch „rational", sich nur über die Themen zu informieren, die dem einzelnen jeweils wichtig sind. Das aber sei in vielen Wahlanalysen vernachlässigt worden. Rationalität wird hier also nicht als ein objektiv definierbares und intersubjektiv nachvollziehbares Zweck-Mittel-Denken, sondern als subjektive Verbindung von Zielen mit der Stimmabgabe verstanden. Key zeigt, daß eine so definierte Rationalität den Wählern nicht generell abgesprochen werden kann.

Diese Argumentation wurde untermauert, als Analysen der amerikanischen Wahlen seit 1964 — und auch Analysen von Wahlen in anderen Ländern — zeigten, daß die Bedeutung der Variablen „Parteiidentifikation" unter dem Einfluß einer sich verändernden Konfliktstruktur abnahm und daß statt dessen die Orientierung der Wähler an den aktuellen politischen Problemen und die darauf bezogene Beurteilung der Problemlösungskompetenzen von Parteien und Kandidaten eine zunehmende Bedeutung für die Wahlentscheidung gewannen.

In einer Reihe von Untersuchungen zeigten Pomper, Nie und andere, daß zwischen diesen Urteilen und Einstellungen der Wähler und ihrer Stimmabgabe ein hohes Maß an Konsistenz bestand — das Bild vom Wähler, der seine Stimme gewohnheitsmäßig oder nach willkürlich anmutenden Vorstellungen abgibt, war so erheblich erschüttert worden. Den Wählern kann eine subjektive Rationalität nicht abgesprochen werden — zumindest nicht generell, in allen Wahlen in allen Ländern und zu allen Zeiten. Damit war der Weg für die Entwicklung einer Reihe von Entscheidungsmodellen offen, die die Annahme der Rationalität benötigen, um den Zusammenhang zwischen Einstellungen und Wahlverhalten herstellen zu können. In der jüngeren Wahlforschung ist mit derartigen analytischen Modellen in vielen Varianten experimentiert worden, ohne daß bisher ein generelles Urteil über derartige Versuche oder eine zusammenfassende Darstellung der verschiedenartigen Ansätze möglich wäre.

Anders als die weitgehend der Soziologie, der Sozialpsychologie und der Kommunikationstheorie entnommenen Ansätze ist das Konzept vom rationalen Wähler mehr durch Deduktion und in Anlehnung an ökonomische Modelle entwickelt worden. Dieses Konzept ist eingebettet in die vor allem von Schumpeter beeinflußte Richtung der Demokratietheorie, die Demokratie versteht als den Wettbewerb der Parteien um die Wählerstimmen, die in ihrer Gesamtheit die Zuweisung der politischen Macht bedeuten. Nach diesen Vorstellungen ist die Entscheidung des Wählers das Ergebnis einer Abwägung der mit den verschiedenen möglichen Wahlentscheidungen verbundenen Vorteile und Nachteile hinsichtlich der Erreichung der dem Wähler wichtigen Zielvorstellungen. Diese Form der Interessenabwägung erinnert an die aus den Wirtschaftswissenschaften bekannten Entscheidungsmodelle der Kosten-Nutzen-Analyse. Der „homo oeconomicus" findet hier seine Parallele im „homo politicus".

Dabei entstehen Gesamtmodelle des Wahlprozesses — Modelle, die über die Annahme eines rational strukturierten Wettbewerbs der Parteien und eines rationalen Verhaltens der Nachfrager von politischen Entscheidungen (Wähler, Verbände usw.) und unter Einbeziehung der zwischen den „Marktparteien" verlaufenden Kommunikationsprozesse versuchen, Handlungsstrategien und Entscheidungsprozesse sowie deren wahrscheinliche Ergebnisse unter verschiedenen Bedingungen aufzuzeigen. Dabei werden neben dem Wahlverhalten auch Handlungsstrategien von Parteien und Eliten, Koalitionsbildungsprozesse, Medienverhalten und eine große Anzahl weiterer Aspekte des politischen Prozesses miteinander verwoben. Die entstehenden Modelle sind dabei auf so hohem Abstraktionsgrad angesiedelt, sind von derartig hoher Komplexität und im Detail mit derartig vielen Nuancen gegeneinander abgegrenzt, daß eine eingehende Darstellung dieser Ansätze den Rahmen einer an Wahlen orientierten Darstellung sprengen würde. Daher wird auch hier der Weg einer vereinfachenden, an dem bekanntesten Typ solcher Modelle orientierten Darstellung gewählt: dies sind Modelle, die den politischen Wettbewerb als in einer „ökonomischen Theorie“ der Demokratie darstellbar begreifen und eng an die Wirtschaftstheorie angelehnt sind.

In einigen Modellen, so insbesondere bei A. Downs, wird diese Parallelität zwischen wirtschaftlichem und politischem Wettbewerb so weit entwickelt, daß bei der Interessenabwägung des homo politicus die nach ökonomischen Kriterien zu beurteilenden Vor- und Nachteile der möglichen Entscheidungen eines Wählers im Vordergrund stehen. Die konkurrierenden Parteien bieten dem Wähler unterschiedlich große Nutzenvorteile an, und er entscheidet sich für diejenige Partei, die seiner Interessenlage durch ihre ökonomisch bewertbaren Versprechungen am ehesten entspricht. (Mit diesem Modell wird dann auch erklärt, daß in den modernen Staaten, insbesondere den Wohlfahrtsstaaten, die Wahlkämpfe stets dadurch gekennzeichnet sind, daß die Parteien ein wachsendes Angebot staatlicher Leistungen versprechen; der Versuch, diese Versprechungen zu erfüllen, überfordere oft die Leistungsfähigkeit der Volkswirtschaft und führe dann zur permanenten Inflation.)

So wie in den Wirtschaftswissenschaften der Schritt vom Modell der vollständigen Konkurrenz zu dem der realistischen Konkurrenz erfolgte, so wird in dieses Modell auch die Möglichkeit von Informationsverlusten und von Kosten der Informationsgewinnung und -verarbeitung usw. bei der Ableitung der Wahlentscheidung eingearbeitet.

Trotz solcher Bemühungen bleiben dieses und die ihm verwandten Modelle eine modell-theoretische Konstruktion, die bisher nicht befriedigend empirisch angewendet und geprüft werden konnten. Mit einiger Sicherheit kann gesagt werden, daß das Modell in seiner Orientierung nur am Konzept des „rationalen Abwägens" an der Wirklichkeit vorbeigeht. Im Bereich wirtschaftlicher Entscheidungen hat die sozialökonomische Verhaltensforschung festgestellt, daß beispielsweise Kaufentscheidungen nicht nur von den Variablen Nutzen, Preis, Menge und eventuell noch Qualität bestimmt werden, sondern daß sie von Faktoren wie Geschmack, Vergleich des eigenen Besitzes mit dem anderer, demonstrativem Konsum und vielen anderen Komponenten mitgestaltet werden; ganz ähnlich ist auch die Entscheidung für eine politische Partei das Ergebnis eines komplexen Gefüges von Gewohnheiten, Meinungen, Einstellungen, Vorurteilen, Interessenabwägungen und sozialen Einflüssen.

So reizvoll es einerseits sein mag, durch vereinfachte Hypothesen die Möglichkeit zur Anwendung politometrischer Modelle zu schaffen, so unübersehbar ist andererseits die Tatsache, daß diese noch weiter an der Wirklichkeit vorbeigehen als die ökonometrischen Modelle. Dies gilt zumindest bei dem gegenwärtigen Forschungsstand, der aber ständiger Veränderung unterworfen ist.

2.4 Entwicklungsrichtungen in der Wahlforschung

In der heutigen Wahlforschung wird eine derartige Vielfalt von Ansätzen und hypothetischen Modellen angewendet, daß es nur mit Schwierigkeiten möglich ist, klare Entwicklungslinien aufzuzeigen. Das ist nur möglich, wenn Vereinfachung und Vergröberung als Himmelsleiter zur Überschaubarkeit gewählt werden. Vier Hauptthemen lassen sich herauskristallisieren:

(1) Verfeinerung der Aggregatdatenanalyse;

(2) Weiterentwicklung des Konzeptes rationalen Wahlverhaltens;

(3) Integration verschiedener Ansätze;

(4) Verbesserung des Instrumentariums der Individualdatenanalyse.

(1) Verfeinerung der Aggregatdatenanalyse

Bei diesen Bemühungen steht einerseits der Versuch zur Verbesserung der Datenlage und der Auswertungstechnik im Vordergrund. Andererseits steht eine stärkere Orientierung der Analysen an theoretischen Konzepten im Mittelpunkt; dies gilt auch für Sekundäranalysen bereits vorhandener Daten. Dabei geht es nicht zuletzt um die Erarbeitung langfristiger Datenreihen, um die Geschichtsschreibung um eine neue Dimension zu erweitern. Die Wahlforschung wird dabei zu einem Teil des Bemühens um zahlreiche soziale Indikatoren. Gerade die Geschichtsschreibung der letzten 200 Jahre hat dabei z. T. bemerkenswerte Ergänzungen erfahren.

(2) Weiterentwicklung des Konzeptes rationalen Wahlverhaltens

Das Konzept rationalen Wahlverhaltens bedarf der Weiterentwicklung insbesondere durch den Versuch, zu einer empirischen Prüfbarkeit zu kommen, indem man in der Aggregatdatenanalyse entwickelte Modellvorstellungen auf die Individualdatenanalyse überträgt. So hat man zum Beispiel Daten über die Beurteilung der allgemeinen wirtschaftlichen Situation, über Ansichten zu Inflation, Beschäftigungsgrad, Wachstum und ähnlichen speziellen ökonomischen Aspekten mit Daten zur Einschätzung der Parteien und Spitzenkandidaten oder mit allgemeinen Popularitätsmessungen in Regressionsrechnungen als unabhängige Variable miteinander verknüpft, um so die abhängige Variable, das zu erwartende Wahlergebnis statistisch „schätzen“ zu können. Dabei wurden — gerade auch in Trendanalysen über größere Zeiträume hinweg — auf den ersten Blick erstaunliche Ergebnisse erzielt.
Ob diese Resultate, nämlich die hohen Übereinstimmungen zwischen errechneten und tatsächlich eingetretenen Wahlergebnissen, etwas über den theoretischen Aussagewert dieser Modelle sagen, muß jedoch angezweifelt werden. Bisher fehlt diesem Vorgehen die theoretische Untermauerung, und vieles spricht dafür, daß die guten Voraussageergebnisse zum Teil darauf zurückzuführen sind, daß in den Berechnungen einander entgegengesetzte Effekte verdeckt werden und sich zum Teil aufheben. In diesem Bereich

wird es in nächster Zeit darauf ankommen, die hier entwickelten Techniken mit theoretisch fundierten Hypothesen zu verknüpfen, um dann zu einer systematischen Überprüfung von Hypothesen zu gelangen.
Die Ergiebigkeit eines solchen theorieorientierten, mit statistischer Raffinesse gepaarten Vorgehens wird z. B. erkennbar in den Analysen, die der amerikanische Politologe Douglas A. Hibbs zu Arbeitskonflikten in Industriegesellschaften und zur Erklärung wirtschaftspolitischer Entscheidungen von politischen Parteien vorgelegt hat. Derartige Arbeiten sind aber noch selten: bisher scheint in diesem Bereich der Forschung die Suche nach Korrelationen und Regressionskoeffizienten weitgehend an die Stelle der Entwicklung und Überprüfung plausibler Hypothesen getreten zu sein. Wie überall gebührt aber in einer sinnvollen Wahlforschung der Überprüfung theoretisch begründeter Fragestellungen der Vorrang.

(3) Die Integration verschiedener Ansätze

Diese Orientierung an der Verbesserung des theoretischen Hintergrundes der Wahlforschung steht im Mittelpunkt der Entwicklungstendenz, die sich bemüht, die Grundgedanken der verschiedenen Ansätze miteinander zu verknüpfen und so die Hypothesenbildung zu verfeinern. Dabei spielt neben der mehrfach erwähnten Einbeziehung der Kommunikationsforschung eine bereits auf recht hohem Generalisierungsniveau angesiedelte sozialpsychologische Theorie eine wichtige Rolle; es handelt sich hierbei um die Theorien über die Zusammenhänge zwischen den Teilen der kognitiven Struktur von Individuen. Insbesondere Festingers „Theorie der kognitiven Dissonanz“ hat in diesem Bereich größte Bedeutung erlangt.
Vielversprechend sind auch die Bemühungen um eine Verknüpfung von Aspekten der Aggregat- und der Individualdatenanalyse durch Mehrebenen- oder Kontextanalysen. Hierbei werden als Merkmale eines Wählers sowohl Individualdatenmerkmale als auch Merkmale der sozialen Umwelt des Wählers benutzt, d. h.: in den Analysen werden die Individuen nicht nur nach ihren persönlichen Merkmalen, sondern auch nach denen ihrer sozialen Umge-

bung klassifiziert. Diese gleichzeitige Untersuchung von Global- und Strukturdaten mit individuellen Eigenschaften kann zu einer Verbesserung der „Mikrotheorien" zum individuellen Verhalten beitragen, weil diese Kontextanalyse die Möglichkeit eröffnet, Erklärungen für individuelles Verhalten in eine „innerpersönliche" und in eine „zwischenpersönliche" Komponente zu zerlegen. Damit weist die Kontextanalyse — wie Pappi in seiner Analyse zum Wahlverhalten in der Bundesrepublik Deutschland vor dem Hintergrund des gesamten relevanten theoretischen und empirischen Materials eindrucksvoll demonstriert — der Wahlforschung einen Weg zur Überwindung der theoretisch unbefriedigenden Vernachlässigung der Verursachungsprozesse, die zwischen der Zugehörigkeit zu sozialen Gruppen und dem individuellen Verhalten bestehen.

Die Kontext-Analyse macht also Prozesse und Strukturen außerhalb der untersuchten Individuen gemeinsam mit deren individuellen Merkmalen zum Gegenstand der Untersuchung, um so Beziehungen zwischen der mikro- und der makrosozialen Ebene herstellen zu können — also z. B. zwischen dem Wahlverhalten des einzelnen, seiner Zugehörigkeit zu sozialen Gruppen oder politischen Organisationen und schließlich der institutionellen Struktur des politischen Systems. Dies dient dem Versuch, mit den Instrumenten der empirischen Sozialforschung zu kontrollierten und prüfbaren Aussagen über Zusammenhänge zwischen Individuen, Gruppen, politischen und sozialen Organisationen und ihren Interaktionen zu gelangen. Indem die Kontextanalyse den Zusammenhang zwischen den objektiven und den subjektiven Bedingungen sozialer Existenz aufgreift, kann sie als Gegenpol zu einer der am häufigsten betonten Schwächen der Individualdatenanalyse wirken, die in einer möglichen Verkürzung der Analyse auf psychologische Vorgänge gesehen wird.

Im Anschluß an die Arbeiten von Pappi und Putnam können im Bereich der Wahlforschung verschiedene Formen der Kontextanalyse unterschieden werden. Die „Kontextanalyse im weiteren Sinne" fragt, ob das Wahlverhalten von Gruppen in Abhängigkeit vom sozialen Kontext variiert — z. B. ob die Zugehörigkeit zu einer bestimmten sozialen Schicht in ländlichen Gebieten einen anderen Effekt auf das Wahlverhalten hat als in städtischen Regionen. Die Kontextanalyse im engeren Sinne versucht darüber hinaus eine Erklärung dieser Kontexteffekte durch Analyse der Beziehungen zwischen Individuum, dessen „Gruppe" und deren sozialer Umwelt. Hier lassen sich drei Hauptansätze unterscheiden.

(a) Die Parteiaktivitätstheorie betont das unterschiedliche lokale Ausmaß an politischer Aktivität der Parteien und die damit im unterschiedlichen Maße gegebene Möglichkeit zur Aufnahme politischer Informationen als Faktor zur Erklärung unterschiedlichen Verhaltens gleichartiger Gruppen in verschiedenen Kontexten.

(b) Der bezugsgruppen-theoretische Ansatz erklärt das kontextabhängige Verhalten von Gruppen durch Identifikationsprozesse, die zur psychologischen Bindung an eine bestimmte soziale Umgebung und die in ihr vorherrschenden Normen führen.

(c) Der interaktionstheoretische Ansatz erklärt kontextabhängiges Verhalten zweistufig: die soziale Struktur bestimmt darüber, welche Interaktionspartner für ein Individuum verfügbar sind („Gelegenheitsstruktur"), und das Gefüge der tatsächlichen Interaktionsprozesse führt zu einem verhaltensorientierenden sozialen Druck auf das Individuum.

Diese Ansätze schließen sich nicht wechselseitig aus, sondern können in Erklärungsmodellen gleichzeitig verwendet werden. Aufgrund seiner umfassenden Sichtung bisheriger Analysen gelangt Pappi zu dem Ergebnis, daß im Bereich der Wahlforschung der interaktionstheoretische Ansatz empirisch am besten gestützt werden kann.

Trotz dieser ermutigenden Ansätze können auch Kontextanalysen zu Fehlaussagen führen, wenn man die Möglichkeiten von Fehlschlüssen übersieht, die „ökologischer" oder „individualistischer" Natur sein können. Dies ist besonders angelegt in der Tatsache, daß die Kontextanalyse stets zwischen den Beziehungsebenen argumentiert.

Die Kontextanalyse verknüpft verschiedene, bisher meist getrennt betrachtete Untersuchungsperspektiven miteinander und kann so dazu beitragen, daß durch Nutzung unterschiedlicher Quellen die

Bildung von Hypothesen zum Wahlverhalten stark verfeinert und geordnet werden kann. Diese Hypothesen sind zum Zweck der empirischen Überprüfung in geeigneter Form zu operationalisieren. Hier ist dann die vierte wesentliche Entwicklungsrichtung der Wahlforschung einzuordnen.

(4) Verbesserung des Instrumentariums der Wahlanalyse

Um die vorgeschlagenen Hypothesen angemessen überprüfen zu können, müssen die Techniken des Verfahrens verbessert werden. Dies gilt sowohl im Bereich der Datenerhebungs- wie auch der Auswertungstechnik. Vielfach sind die bei der Erhebung eingetretenen Fehler so groß, daß in diesem Bereich die Hauptprobleme der Wahlforschung liegen — trotz aller Einwände und Einschränkungen, die zum vorhandenen Gerüst von Hypothesen vorgebracht werden können.
Vor dem Hintergrund dieser theoretischen Ansätze sowie der Möglichkeiten und Grenzen, die sich aus der Aggregatdatenanalyse und der Individualdatenanlyse ergeben, sind die Vorgehensweisen entwickelt worden, mit denen heute Wahlen und Parteiensysteme analysiert werden. Dabei folgt die jeweilige Fragestellung bei der Datenerhebung immer den theoretischen Kenntnissen und Hypothesen.

3. Das Grundgerüst der Wahlentscheidung und ihrer Analyse

3.1 Sozialisation und politische Einstellungen

Den Ausgangspunkt bildet zunächst der Versuch zur Ermittlung von Stammwählerschaften, die sich als Ergebnis des Sozialisationsprozesses herausgebildet haben. Politische Einstellungen werden im Sozialisationsprozeß erworben. Besondere Bedeutung hat dabei die familiäre Umgebung: Schon im Kindesalter werden zentrale Werte und Vorstellungen vermittelt, die die Grundlage dafür bilden, welche politischen Ziele als erstrebenswert gelten und welche Politiker und Parteien den eigenen Wertvorstellungen am besten entsprechen. Auf diese Art wird eine Parteipräferenz oft schon vorentwickelt, bevor ein Individuum das erste Mal bewußt über politische Themen nachdenkt oder gar in der Entscheidungssituation einer Wahl steht.

Später gewinnt die soziale Umgebung Bedeutung für die Ausformung der politischen Präferenzen — stimmen diese Einflüsse mit denen aus der Familie überein, so wirken sie bestätigend und stabilisierend; ergeben sich Widersprüche, so kann dies eine Abschwächung der erworbenen politischen Einstellung, unter Umständen sogar eine Neuorientierung bewirken. In diesem komplexen, permanenten Kommunikationsprozeß wird die Identifikation mit einer Partei oder die parteipolitische Ungebundenheit des Individuums angelegt, bevor die erste Teilnahme an einer Wahl erfolgt. Diese Sozialisationsprozesse sind nicht auf Kindheit und Jugend eines Menschen begrenzt: Der Prozeß der Eingliederung in die Gesellschaft ist ein lebenslänglicher, wobei die Bereitschaft zur Veränderung aber erfahrungsgemäß mit zunehmendem Lebensalter — d. h. in der Regel mit einer stärkeren Ausprägung der vorhandenen Einstellungen — abnimmt.

Daß der Sozialisationsprozeß sich über das gesamte Leben hinzieht, läßt sich zum Beispiel daran erkennen, daß Veränderungen in der sozialen Umwelt, also Veränderungen der Einflüsse auf das Individuum, oft auch zu einem Wandel der politischen Anschauungen führen: Der Student entwickelt sich während des Studiums von den politischen Anschauungen des Elternhauses weg, und wenn nach beendetem Studium der Eintritt in das Berufsleben erfolgt, kann erneut eine Wandlung der politischen Einstellungen erfolgen; ähnliche Effekte kann der Umzug in eine neue Wohngegend und damit in ein anderes Netz sozialer Beziehungen haben.

Diese Effekte der lebenslangen Sozialisation muß die Wahlforschung berücksichtigen. Sie bilden den Hintergrund für den Versuch zur Ermittlung der Stammwählerschaften, die sich als Ergebnis des Sozialisationsprozesses herausgebildet haben. Dies geschieht, indem dem Wähler Fragen etwa des folgenden Inhalts gestellt werden: Art und Intensität der Parteiidentifikation; Parteiidentifikation der Eltern in der Jugend des Befragten; Milieu und Region, innerhalb derer der Befragte aufwuchs; Ausbildungshintergrund; Beruf; Stellung im Beruf; Milieu und Region, in denen der Befragte zur Zeit lebt; Konfession; Zugehörigkeit zu Organisationen; horizontale und vertikale Mobilität; Struktur der Wohngegend und des Bekanntenkreises; Informationsverhalten und Mediennutzung des Befragten.

Mit derartigen Fragen läßt sich ein Bild über die Entstehung der Parteiidentifikation der Befragten sowie über die Homogenität bzw. Heterogenität der Einflüsse gewinnen, denen der Befragte ausgesetzt ist und die stabilisierend bzw. destabilisierend auf seine politischen Einstellungen und Verhaltensweisen wirken können. Wird in der Bundesrepublik Deutschland zum Beispiel eine Parteiidentifikation mit der SPD in einer Befragung angegeben, und wird nicht gleichzeitig eine Zugehörigkeit zum Einflußbereich der Gewerkschaften oder zu einem entsprechend auf die SPD hin orientierten persönlichen Umfeld erkennbar, so kann mit recht hoher Wahrscheinlichkeit die Parteiidentifikation als wenig stabil angesehen werden und kann daher als unter dem Einfluß bestimmter von den Issues, den Parteien und den Kandidaten ausgehender Wirkungen veränderbar gelten.

Für die Erforschung der Ursachen für die Entstehung der Parteiidentifikationen ist auch eine Analyse der Konfliktstrukturen wichtig, die das Parteiensystem der jeweiligen Region geprägt haben. Auch dies kann durch entsprechende Fragestellungen in Interviews geschehen. Hier ist zudem eine gewisse Kontrolle durch Aggregatdatenanalysen sinnvoll und möglich, die ihre Grenzen selbstverständlich dort findet, wo die Konfliktstruktur nicht durch für Aggregatdatenanalysen verfügbare Daten gemessen und beschrieben werden kann.

Als Ergebnis der Auswertung solcher Erhebungen werden Informationen über die Verteilung, Intensität, Stabilität und möglicherweise die Ursachen der Parteiidentifikationen gewonnen — es ist ermittelt worden, wie groß die Stammwählerschaften der Parteien und das Wechselwählerpotential sind. Derartige Ergebnisse bedürfen, bevor weitere Untersuchungsvorgänge auf ihnen aufbauen können, einer Überprüfung. Es gibt keinen Bereich der Wahlforschung, in dem eine derartige Kontrolle der erhobenen Individualdaten so sinnvoll wie hier durch das Instrument der Aggregatdatenanalyse erfolgen kann. Sie ermöglicht die aufgrund des derzeitigen Wissensstandes und der Schwierigkeiten der Datenerhebung unbedingt erforderliche Prüfung, ob der ermittelten Struktur der Stammwählerschaften eine hohe Plausibilität zugebilligt werden kann.

Die größten Mißgriffe im Bereich der Wahlforschung können immer dann beobachtet werden, wenn der Forscher „blind" den erhobenen Daten vertraute und es deswegen für überflüssig hielt, einen kontrollierenden Blick auf die politische Kräfteverteilung und deren sozialstrukturelle Begleiterscheinungen zu werfen, die in der Vergangenheit in Wahlen tatsächlich erkennbar geworden sind. Gerade eine anwendungsbezogene Wahlforschung kann auf derartige Kontrollinstrumente nicht verzichten.

Ist auf diese Weise die Verteilung von Stammwählern und potentiellen Wechselwählern ermittelt und auf ihre Plausibilität geprüft worden, so wird sich die Analyse des Wählerverhaltens den Faktoren zuwenden, die den potentiellen Wechselwähler zur Entscheidung über die Stimmabgabe führen und die beim Stammwähler eine von der Parteiidentifikation abweichende Wahlentscheidung auslösen können. Solche Faktoren sind die gegenwärtig bestehenden allgemeinen Beurteilungen der Parteien und Kandidaten sowie die Einschätzungen darüber, welche der Parteien und Kandidaten geeignet sind, die aktuellen politischen Probleme so zu lösen, wie dies vom Wähler für richtig gehalten wird. Um hierzu sinnvolle Fragen stellen zu können, ist es erforderlich, zunächst zu ermitteln, welche politischen Themen (Issues) für die Wähler von Bedeutung (salient) sind.

3.2 Politische Themen und Konflikte (Issues)

Um die für den Wähler, nicht für den Politiker, relevanten Themen zu erfassen, ist es zunächst sinnvoll, offene Fragen zu stellen, d. h. Fragen, bei denen die Befragten nicht an vorgegebene Antworten gebunden sind, sondern sich frei über die ihres Erachtens wichtigen Probleme der gegenwärtigen Politik äußern können.

Normalerweise kann ein Befragter kaum mehr als drei bis fünf Antworten geben. Die Fragestellung kann dabei allgemein sein (das wichtigste Problem) oder eine gewisse Differenzierung enthalten (das wichtigste wirtschaftspolitische, außenpolitische Problem usw.). Bewährt hat es sich auch, die Frageformulierung zu differenzieren in die Erkundung des Problems, das der Befragte für die nationale Politik für am wichtigsten hält und die Frage nach dem für den Befragten selbst wichtigsten derzeitigen politischen Problem. Dies kann unter Umständen Aufschluß darüber geben, ob ein vieldiskutiertes und vielgenanntes Problem als „salient", d. h. als von verhaltensrelevanter Aktualität anzusehen ist.

So ergeben zum Beispiel Fragen nach der Wichtigkeit von „Sicherheit und Ordnung" oft, daß diesem Problem ein hohes Maß an Bedeutung beigemessen wird — eine nähere Prüfung zeigt dann aber, daß die verhaltensrelevante Aktualität kaum gegeben ist: Fragt man in differenzierter Form nach dieser Thematik, etwa in bezug auf die eigene Wohngegend des Befragten, so wird ihr ein geringer Stellenwert zugewiesen — Ausdruck einer geringen Betroffenheit, die in starkem Kontrast zu der Wichtigkeit steht, die dem Problem für den Rahmen des gesamten Landes zugeschrieben wurde. Dies spricht dafür, daß ein solches Thema eher eine Thematik der Massenmedien ist; ein Thema, dem man applaudiert, aber das deswegen nicht verhaltensbestimmend ist, weil es nicht dem eigenen Erfahrungsbereich entstammt.

Zunächst gilt es mit derart offenen Fragen Vorstellungen vom Katalog der jeweils wichtigsten Themen zu gewinnen. Dann ist mit Hilfe geeigneter Differenzierungen zu ermitteln, welche dieser Issues für das politische Verhalten bestimmend sind — dies können für verschiedene Wähler durchaus verschiedene Themen sein. Erst nachdem durch vorangegangene Erhebungen derartige Informationen eingeholt worden sind, können Fragen zu einzelnen Themen sowie die Vorlage von nach Wichtigkeit zu ordnenden oder nach bestimmten Kriterien zu beurteilenden Themenkatalogen sinnvoll eingesetzt werden. Gerade in diesem Bereich konnten aus der Vielzahl von bereits durchgeführten Wahlanalysen recht gute Kenntnisse darüber gewonnen werden, welche Issues von nachhaltiger Bedeutung sind und deswegen in jede Analyse von vornherein einbezogen werden können.

In normalen Situationen — d. h. ohne das Vorhandensein besonderer Krisen, außenpolitischer Probleme wie Kriege, stark affektiv diskutierter Richtungsänderungen der Politik oder ähnliches — wird die Liste der politisch bedeutsamen Probleme angeführt von wirtschaftlichen Themen. Danach folgen andere innenpolitische Probleme, wie zum Beispiel Verbrechensbekämpfung, Umweltschutz usw. Außenpolitische Fragestellungen sind in Zeiten ohne besondere außenpolitische Verwicklungen generell die Schlußlichter in der Tabelle der für die Befragten wichtigen politischen Themen.

Die wirtschaftlichen Themen beherrschen bei längerfristiger Betrachtungsweise das Meinungsbild, weil Beruf und wirtschaftlicher Erfolg für die Befragten neben der unmittelbaren Familie den wichtigsten Lebensbereich darstellen. Dabei stehen erfahrungsgemäß die Fragen nach der allgemeinen Situation des Landes, und hier insbesondere die nach den wirtschaftlichen Zukunftserwartungen, in einer engeren Beziehung zum politischen Verhalten als die Frage nach der jeweiligen wirtschaftlichen Situation des einzelnen Befragten. Offensichtlich sieht man die eigenen ökonomischen Chancen als in die gesamtwirtschaftliche Entwicklung eingebettet an, die vielfach als unsicherer, ungewisser und der politischen Einflußnahme direkter unterworfen verstanden wird als die persönliche Situation, die stärker als durch eigenes Handeln beeinflußbar verstanden wird.

Bei der Beurteilung wirtschaftlicher Themen durch die Befragten wird deutlich der Einfluß der Parteiidentifikation auf diese Einstellungen erkennbar: die Anhänger der jeweiligen Regierung sehen die ökonomische Situation im allgemeinen positiver als die Gefolgschaft der Opposition. (Ähnlich schlägt die Parteibindung auch auf die Beurteilung der Problemlösungskompetenzen durch: Parteianhänger sehen „ihre" Partei in der Regel als kompetenter an.) Wichtig ist bei dieser Einschätzung der wirtschaftlichen Lage aber nicht die Tatsache, daß die Anhänger der Regierung Optimismus ausdrücken; wesentlich ist die Frage, wie groß der wirtschaftliche Optimismus der Regierungsanhänger ist, insbesondere im

Vergleich zu anderen Wahlen und im Verhältnis zum Ausmaß des Pessimismus der Gefolgschaft der jeweiligen Opposition. Hieraus können sich Rückschlüsse auf die Ursachen von Wählerbewegungen ergeben.

Unter den verschiedenen Aspekten des Themenbereiches Wirtschaft dominieren, je nach aktueller Problemlage, im Zeitablauf wechselnd die Issues „Arbeitslosigkeit" und „Inflation". Dabei wird in der Bundesrepublik Deutschland — aber ähnliches gilt auch in anderen Ländern — eine Beeinträchtigung der von den Befragten empfundenen wirtschaftlichen Sicherheit sehr viel stärker durch hohe Inflationsraten als durch steigende Arbeitslosigkeit ausgelöst. Dies ist zwar teilweise eine Besonderheit der politischen Kultur der Bundesrepublik Deutschland, in der die Geldwertstabilität aus historischen Gründen einen besonderen Rang einnimmt (Erfahrungen mit der großen Inflation nach dem Ersten Weltkrieg und Währungsreform von 1948). Aber unabhängig davon ist zu berücksichtigen, daß Preissteigerungen und Geldentwertung eine weitaus größere quantitative Bedeutung haben als die Arbeitslosenziffern, zumindest solange die Erwerbslosigkeit sich in den für moderne Industriegesellschaften heute typischen Grenzen hält. Von hohen Inflationsraten ist praktisch die gesamte Bevölkerung betroffen, während die Arbeitslosigkeit ein Problem ist, das selbst bei Einbeziehung von Familienangehörigen kaum mehr als 10 bis 15 Prozent der Bevölkerung direkt berührt — wobei dann noch hinzukommt, daß die Betroffenen häufig — z. T. als Folge der sozialen Sicherungsmaßnahmen — keine größere Beeinträchtigung ihres Lebensstandards hinnehmen müssen.

Neben den wirtschaftlichen Fragen, die häufig das Meinungsbild bestimmen, gibt es dann eine große Zahl von Issues, die aus der jeweiligen Situation eines Landes erwachsen. Spektakuläre Ereignisse können dabei zwar schnell einen Platz auf der Themenliste finden, die von den Wählern für wichtig gehalten wird, und dadurch das übliche Ergebnis der Frage nach den wichtigsten Issues entscheidend verändern. Sie müssen jedoch eine erhebliche Bedeutung bekommen, bis sie nicht nur aktuell, sondern auch relevant werden. Solche Ereignisse waren z. B. der Bau der Berliner Mauer vier Wochen vor der Bundestagswahl 1961 oder das durch den

Einmarsch der Ostblockstaaten in die Tschechoslowakei 1968 ausgelöste außenpolitische Krisenbewußtsein. Aber selbst derartig spektakuläre Ereignisse hinterlassen keine nachhaltigen Eindrücke auf der politischen Landkarte: Schon etwa ein halbes Jahr nach diesen Ereignissen hatte sich das Meinungsbild wieder auf eine Verteilung der Problemnennungen und Lösungskompetenzen eingependelt, wie sie auch vor diesen Vorgängen bestanden hatte.

Die verschiedenen Issues sind nie isoliert zu betrachten: ihr Stellenwert und die auf diese Themen bezogenen Einschätzungen von Parteien und Politikern münden in die Beurteilung der Wahlbewerber, in das Urteil über Regierung und Opposition ein.

3.3 Partei- und Kandidatenperzeptionen

Das Urteil der Wähler über die zur Wahl stehenden Parteien und Kandidaten setzt sich aus vielen miteinander verflochtenen, oft nicht bewußt zueinander in Beziehung gesetzten Elementen zusammen. Die einzelnen Dimensionen des komplexen Gefüges sind nicht Ausdruck von Selbstanalysen des Befragten, sondern der Versuch, die Perzeptionen, Urteile, Wahrnehmungen und Bewertungen, die von vielen Faktoren beeinflußt sind — nicht zuletzt von der zur selektiven Wahrnehmung führenden Parteiidentifikation — analytisch zu ordnen. Jede Analyse baut dabei auf die in den vorausgegangenen Untersuchungen gewonnenen Erfahrungen auf. Es gilt, analytische Instrumente zu entwickeln, die vom aktuellen Anlaß und den zur Zeit agierenden Personen und auch Parteien unabhängig sind, und die deshalb über einen längerfristigen Zeitraum geeignet sind Meinungsbilder zu strukturieren und damit Ansätze für Aussagen zu gewinnen, die über die Beschreibung einer historischen Singularität hinausgehen.

Für das Verhalten der Wechselwähler und eine von der Parteibindung abweichende Stimmabgabe der Stammwähler sind die Beurteilung von Parteien und Kandidaten in einem gegebenen Wahlkampf die zentralen Erklärungsfaktoren. Die Beurteilung einer Partei und die ihrer Kandidaten beeinflussen sich wechselseitig in großem Maß. Die verbreitete Tendenz zur Personalisierung von Politik, d. h. der besseren Sichtbarkeit von prominenten Politikern als Symbolfiguren ihrer Partei, weist der Position der Kandidaten, insbesondere der Spitzenkandidaten, besondere Bedeutung zu.

In der Vergangenheit sind zahlreiche Versuche gemacht worden, die allgemeine Beurteilung der Kandidaten — aber auch der Parteien — durch sogenannte Eigenschaftsprofile zu ermitteln. Hierbei werden in „Polaritätsprofilen“ bzw. „semantischen Differentialen“ den Befragten eine Reihe von Gegensatzpaaren (z. B. ehrlich — unehrlich) vorgelegt, wobei der Befragte die zu beurteilende Partei oder den zu beurteilenden Kandidaten auf einer zwischen diesen Gegensätzen verlaufenden Skala an der seiner Ansicht nach zutreffenden Stelle einordnen soll. Um auf diese Art die Attraktivität der Kandidaten zu ermitteln, sind sowohl Gegensatzpaare verwendet worden, die auf die Beurteilung von Politikern zugeschnitten sind (ehrlich — unehrlich, Führungsqualitäten — keine Führungsqualitäten, leistungsfähig — unfähig, aktiv — passiv), als auch solche Gegensätze, die keinen erkennbaren Bezug zur Beurteilung von Personen haben und nur eine gefühlsmäßige Bewertung erlauben (heiß — kalt, scharf — stumpf, hoch — tief etc.). Das erste Verfahren hat den Vorteil leichterer Verständlichkeit und damit besserer Interpretierbarkeit, das zweite dagegen kann bei verschiedenen Wahlen auf verschiedene Kandidaten in gleicher Weise angewendet werden und bietet damit den Vorteil besserer Vergleichbarkeit. Es ist jedoch nicht möglich, derartige Eigenschaftsprofile für nur einen Kandidaten bzw. eine Partei zu analysieren: solche Profile sagen nur im Vergleich mehrerer zu beurteilender Objekte etwas aus.

Zur Herstellung solcher Vergleichsmöglichkeiten wurde ein Verfahren entwickelt, das sich aber in der Praxis nicht bewährt hat: die Erstellung von „idealen Profilen“, also z. B. die Frage nach dem „idealen Kanzlerkandidaten“, der ermittelt werden soll, indem der Befragte angibt, wo er bei den verschiedenen Gegensatzpaaren die Idealperson auf der Skala zwischen den Gegensätzen einordnen würde. An dieser „idealen Person“ sollen dann die tatsächlich antretenden Kandidaten gemessen werden. Die Erfahrung hat gezeigt, daß bei derartigem Vorgehen der ideale Kanzler stark die Züge des amtierenden Kanzlers annimmt, wenn dieser insgesamt positiv beurteilt wird. Verliert dagegen der Regierungschef an Attraktivität, so verschwimmt das Bild vom idealen Kandidaten, um dann nach einem Regierungswechsel die Züge des neuen Amtsinhabers anzunehmen, wenn und sobald dieser Ansehen gewonnen hat. Das Bild des idealen Kandidaten wird also mit von dem sich im Zeitablauf wandelnden Bild der jeweiligen Amtsinhaber bestimmt. Dies liegt daran, daß die Frage nach dem Entwurf eines Idealbildes die Befragten offensichtlich überfordert: Man verlangt von ihnen unvorbereitet eine theoretische Aussage darüber, welche Eigenschaften für die Wahrnehmung eines politischen Amtes erforderlich sind.

Die Ermittlung von Eigenschaftsprofilen — gleich auf welcher Technik sie beruhen — hat den Nachteil, daß im Grunde ohne eine vorangegangene Hypothesenbildung über die relevanten, verhaltensbestimmenden Beurteilungskriterien gearbeitet wird. Zu einer derartigen Hypothesenbildung kann man nur gelangen, wenn man die Struktur der in der Vergangenheit angewendeten Polaritätsprofile untersucht. Dabei stellt sich heraus, daß die Bewertungen bei den verschiedenen verwendeten Eigenschaftspaaren auf sehr unterschiedlichem Niveau miteinander korrelieren. Die durch hohe Korrelation miteinander verbundenen Eigenschaften kann man zu Gruppen zusammenfassen, die einen gleichen oder ähnlichen Zug im Bilde der Partei bzw. des Kandidaten erfassen. Erfahrungsgemäß lassen sich auf diese Weise zwei Dimensionen unterscheiden: „Sympathie“ und „Leistungsfähigkeit“ der Partei bzw. des Kandidaten, d. h. also das Vertrauen in die politische Redlichkeit und in die Fähigkeit, politische Probleme in der vom Wähler für richtig empfundenen Weise zu lösen.

Für einzelne Kandidaten können jeweils verschiedene Eigenschaften besonders geeignet sein, diese beiden Dimensionen anschaulich zu machen, aber im allgemeinen verbergen sich hinter der Vielfalt der individuellen Eigenschaften die beiden grundlegenden Dimensionen: Sympathie und Leistungsfähigkeit (= Problemlösungskompetenz). Mit diesen Dimensionen können die diffus erscheinenden Beziehungen zwischen der Wählerschaft und den Parteien oder Kandidaten geordnet werden. Dieses Ergebnis empirischen Forschens bestätigt die klassische Aussage von Carl Joachim Friedrich, daß Wahlen die Artikulation von Vertrauen in die Integrität und Leistungsfähigkeit der zur Wahl stehenden Parteien und Kandidaten sind.

Welche der beiden Dimensionen für das Wahlverhalten wichtiger ist, kann nicht allgemein festgelegt werden. Hier sind im Zeitablauf beträchtliche Änderungen festzustellen. Dennoch ist nach bisheriger Erfahrung die Zahl der Fälle, in denen die Vertrauens- bzw. Sympathiekomponente größere Bedeutung hatte, größer als die mit einer Dominanz des Leistungsaspekts. In als krisenhaft empfundenen Perioden mag sich dies ändern.

Bei der Anwendung dieses Instrumentariums darf nicht übersehen werden, daß eine Wechselwirkung zwischen der Beurteilung von Kandidaten und ihrer Partei besteht. In das bei der Wählerschaft bestehende Bild vom Kandidaten gehen stets die der Partei zugeschriebenen Eigenschaften mit ein, während umgekehrt die Kandidaten ihrerseits das Bild der Parteien färben können. Dabei ist es offensichtlich, daß ein Kandidat um so stärker für das Bild seiner Partei prägend ist, je länger er im Amt ist; umgekehrt wird ein neugekürter Kandidat stärker vom Bild seiner Partei beeinflußt gesehen.

Die Fähigkeit, die der Wähler den Parteien und Kandidaten hinsichtlich der Lösung von Problemen zutraut, ist zunächst wieder teilweise Reflex der Parteiidentifikation. Eine erste Informationsgrundlage gibt die Frage, welchem Kandidaten oder welcher Partei der Befragte am ehesten zutraut, die von ihm zuvor genannten wichtigsten politischen Probleme zu lösen. Dieses Vorgehen hat den Vorteil, Informationen zu den von den Befragten selbst genannten Problemen zu gewinnen. Gibt man dagegen den Befragten die Themen vor und fragt dann nach der Lösungskompetenz, so besteht die Gefahr, daß man ein Artefakt erhebt, also eine Meinung aus den Befragten herausholt, ohne daß diese inhaltlich vorhanden oder gar verhaltensrelevant wäre. Dennoch läßt sich gerade in der angewandten Wahlforschung immer wieder beobachten, daß den Befragten endlose Frageserien zu politischen Problemen (sogenannte „Issue-Batterien“) vorgelegt werden, in denen die Leistungen von Regierung und Opposition und die Lösungskompetenz von Parteien und Politikern erhoben werden sollen. Je stärker die dabei ermittelten Werte mit der Parteiidentifikation übereinstimmen, desto größer ist die Wahrscheinlichkeit, daß man keine inhaltliche Aussage, sondern nur den Reflex der Parteiidentifikation erhoben hat.

Ein weiterer Indikator, daß solche Lösungskompetenzen nur scheinbar erhoben worden sind, ist das Ansteigen der Zahl der Unentschiedenen bzw. derjenigen, die die Antwort verweigern. Dies gilt in noch stärkerem Umfange, wenn den Befragten Meinungen und Lösungsalternativen zu bestimmten Themen vorgelegt werden. Es kann dennoch nicht übersehen werden, daß es manchmal unvermeidbar ist, derartige Instrumente — sogenannte „geschlossene Fragen" — anzuwenden, um (sehr vorsichtig!) gerade zu neuen Themenbereichen Meinungsstrukturen zu ermitteln. So ist es bei der Interpretation solcher Daten wesentlich, zunächst zu prüfen, in welchem Umfange der Befragte „überfragt" worden ist.

Der Gefahr der Produktion von Artefakten durch geschlossene Fragen steht der Nachteil der offenen Frage gegenüber, Antworten von oft unzureichender Vergleichbarkeit zu ermitteln. Man erhält nicht von allen Befragten Auskünfte zu den gleichen Themen. Zudem besteht stets ein „Sprachproblem": bei der offenen Fragestellung ist es möglich, daß einerseits unterschiedliche Tatbestände mit ähnlichen oder gar gleichen Begriffen oder Formulierungen beschrieben werden und daß andererseits gleiche Tatbestände in unterschiedlicher Form ausgedrückt werden; dies erschwert die Kategorisierung und Auswertung der erhobenen Informationen. Allerdings bleibt es auch bei geschlossener Fragestellung offen, ob mit den im Fragebogen verwendeten einheitlichen Begriffen und Formulierungen auch im Verständnis aller Befragten die gleichen Meinungen angesprochen werden — dies kann jedoch durch Kontrollfragen und Testverfahren zumindest teilweise überprüft werden.

Es sind verschiedene Vorgehensweisen entwickelt worden, um diese Nachteile der offenen und geschlossenen Fragen zu vermeiden oder zu mildern. Ein derartiger Ansatz besteht in der Differenzierung nach Problembereichen. Sie wird möglich, weil die Frage nach den wichtigsten politischen oder auch persönlichen

Problemen bereits in einer Vielzahl von Untersuchungen gestellt worden ist. Die dabei gewonnenen Ergebnisse sind vor Beginn einer neuen Analyse bekannt, und daher kann man die fünf bis sechs am häufigsten genannten Themen auswählen. Bei diesen Themen besitzt zumindest der weitaus größte Teil der Befragten eine Meinung über die Problemlösungskompetenz der Parteien und Politiker sowie ggfls. auch eine Vorstellung darüber, welche Lösung als wünschenswert anzusehen ist. Dabei ist auch zu fragen, welche Partei bzw. welcher Politiker als am ehesten geeignet gilt, die jeweiligen Probleme richtig, d. h. im Sinne des Befragten zu lösen.

Der Nachteil dieses Verfahrens besteht darin, daß es nicht zur Gewinnung von Informationen in bezug auf neu auftretende Probleme geeignet ist. Außerdem ergibt dieses Verfahren häufig eine Gleichbewertung verschiedener Parteien und Politiker, weil die mit derartigen Fragen behandelten Probleme für den Befragten keine so weitgehende persönliche Bedeutung haben, daß sie ein geeignetes Unterscheidungskriterium für die Bewertung von Politikern und Parteien ergeben. Dieses Problem versucht man durch das Verfahren der „Bildung von Rangordnungen" zu lösen.

Die Befragten werden nicht nur gebeten, den *einen* Politiker oder die *eine* Partei zu nennen, von der sie die Problemlösung am ehesten erwarten, sondern ordnen — z. B. mit Hilfe von ihnen vorgelegten Kärtchen mit den Namen von Parteien bzw. Kandidaten — diese danach, wen sie für die Lösung der Probleme am ehesten geeignet halten. Auf diese Weise ergibt sich ein Bild davon, welchen Parteien/Kandidaten von welchen Wählern bei welcher Problematik — und insgesamt — das Vertrauen zur Lösung politischer Probleme ausgesprochen wird.

Ein solches Verfahren ist besonders wichtig für die Analyse der Entscheidungen der potentiellen Wechselwähler; die Anhänger einer Partei neigen ohnehin dazu, ihrer Partei und ihren Kandidaten die höchste Problemlösungskompetenz zuzuschreiben. Wesentlicher sind die zu beobachtenden Abweichungen: Hält z. B. die Anhängerschaft der Partei A zwar ihre Partei für kompetenter zur Lösung eines bestimmten Problems, aber ist der Umfang dieses Vertrauens geringer als der unter den Anhängern von Partei B für ihre Partei, so deutet das darauf hin, daß dieses politische Thema möglicherweise einen Teil der Stammwähler zu einem von der Parteiidentifikation abweichenden Verhalten veranlassen kann. Aber auch bei diesem Verfahren besteht die Gefahr, daß man den Befragten spielerisch eine Meinung entlockt, die nicht vorhanden oder zumindest nicht verhaltensrelevant ist.

Diese verschiedenen Issues sind jedoch nicht isoliert zu betrachten: ihr Stellenwert und die Fähigkeit von Parteien und Politikern, ihnen gerecht zu werden, münden ebenso in das „Image" der Kandidaten und Parteien ein, wie die Sympathie, die die befragten Wähler für sie empfinden.

Diese Sympathie ist eine diffuse, aus vielen Wahrnehmungen und Prädispositionen gespeiste affektive Dimension. Eine Aufspaltung in weitere Teilbereiche kann auf zweckmäßige Weise nicht erfolgen. Gerade in der Bündelung verschiedener Einzelaspekte liegt die Bedeutung dieser Variablen für die Erklärung von Wahlverhalten.

Es ist heute weitgehend akzeptiert, die Sympathiebezüge zwischen Wählern und Parteien/Kandidaten durch eine Skala zu ermitteln, deren Extrempositionen mit Begriffen wie „äußerst sympathisch" bzw. „äußerst unsympathisch" bezeichnet werden, und deren Mitte eine neutrale Position darstellt, die weder Sympathie noch Antipathie bedeutet. Die Skala kann verbale oder numerische Benennungen tragen. Sie sollte aus einer ungeraden Zahl von Einteilungen bestehen, um einen neutralen Mittelpunkt zu haben.

Gegen das Anbieten einer neutralen Skalenmitte werden häufig zwei Argumente vorgebracht: a) eine solche Position verführt Befragte ohne eine Meinung dazu, eine Einstufung auf der Mittelposition vorzunehmen anstatt anzugeben, daß sie keine Einstellung haben; b) durch Fortlassen des Mittelpunktes kann man die Neutralen zwingen, sich für eine Option zu entscheiden.

Diese Argumente übersehen die Gefahr, daß es zu einer rein zufälligen Verteilung dieser Gruppe kommt, was die Untersuchungsergebnisse verzerrt. Eine Alternative ist, die fehlende Sympathie mit dem Wert „O" zu bezeichnen und darauf steigende Zahlenwerte folgen zu lassen, wobei dann steigende Skalenwerte eine zunehmende Sympathie bedeuten. Geht man dabei über eine ca. 10 Punkte umfassende Skala hinaus, so erhält man eine Differenzierung, die nur eine sehr unsichere inhaltliche Aussage enthält und stark zufällig geprägt ist. Bewährt haben sich auch Skalen, die an Bewertungsmaßstäben anknüpfen, die dem Befragten vertraut sind, wie z. B. Schulzensuren.

Für die Wahlentscheidung sind die Distanzen zwischen den Positionen der Parteien bzw. Politiker wichtiger als die absolute Höhe der auf solchen Skalen ermittelten Werte. Die absolute Höhe der vorgenommenen Einstufungen — gerade auf der Sympathieskala — sagt eher etwas über die generelle Akzeptanz des Systems aus, der Abstand zwischen den Konkurrenten mehr über deren Wahlchancen. So schlug sich z. B. eine Art Legitimationskrise des deutschen Parteiensystems während der Großen Koalition und nach 1972 in einer allgemein niedrigeren Sympathieeinstufung der Parteien nieder.

Solche Distanzen sind darüberhinaus auch ein weiteres analytisches Instrument. Mit Hilfe von Distanz-Modellen wird versucht, die politische Landschaft eindimensional zu ordnen, wobei die Befragten sich selbst, die Parteien und die Kandidaten auf einer durch Extrempositionen gekennzeichneten Skala einordnen. Hier sind grundsätzlich verschiedene Begriffspaare geeignet: rechts — links, beharrend — fortschrittlich, konservativ — progressiv, und vieles andere mehr. In der Bundesrepublik Deutschland haben sich die Begriffe „rechts — links" als besonders zweckmäßig erwiesen. Sie werden von der überwiegenden Mehrheit der Wähler verstanden; sie sind offensichtlich allgemein verständliche politische Ordnungsbegriffe. Hinzuweisen ist dabei auf die Problematik, daß die einzelnen Befragten möglicherweise unter diesen Begriffen unterschiedliche politische Positionen verstehen. Dennoch aber bündeln diese Begriffe erfahrungsgemäß verschiedene Positionen in einer Form, die verhaltensrelevant erscheint. Aus der Selbsteinschätzung der Befragten und der Einstufung der Parteien und Kandidaten auf einer solchen Skala ergibt sich dann die politische Distanz zwischen Wählern und Wahlbewerbern. Aus diesen Beurteilungen der politischen Positionen läßt sich die Notwendigkeit für die politischen Parteien ableiten, sich an der politischen Mitte zu orientieren, da die weitaus größere Zahl der Wähler in der

Bundesrepublik Deutschland sich selbst der politischen Mitte zurechnet, während sich nur wenige Wähler als der politischen Peripherie zugehörig ansehen (siehe das folgende Schaubild 6).

Hierbei wird häufig auch eine bemerkenswerte Differenzierung zwischen der Position der Parteien und der ihrer Kandidaten beobachtet. So wird z. B. Bundeskanzler Schmidt deutlich näher zur Position der Mitte gesehen als die SPD (siehe das folgende Schaubild 7).

Die für die deutsche Wählerschaft kennzeichnende Konzentration auf Positionen der politischen Mitte gilt in ähnlicher Form für den angelsächsischen Raum, und generell für alle durch eine klare Dichotomisierung zwischen Regierungs- und Oppositionsrolle strukturierten Parteiensysteme. Vielparteiensystemen entsprechen im allgemeinen andere Anordnungen auf der Rechts-Links-Skala. Länder mit einer starken kommunistischen Partei zeigen z. B. an der linken Peripherie einen weiteren Schwerpunkt der Verteilung der politischen Positionen der Wählerschaft.

Aus der Kenntnis, wie — nach Ansicht der Befragten — die politischen Positionen von Wählern, Parteien und Kandidaten auf einer solchen Skala verteilt sind und wie diese Positionen für einen Befragten, für Gruppen von Befragten oder alle Untersuchungspersonen einander zugeordnet sind, lassen sich Aussagen darüber ableiten, wie wahrscheinlich es ist, daß eine Partei oder ein Kandidat in das Wählerpotential der politischen Konkurrenten eindringen kann, insbesondere auch in den Kreis der potentiellen Wechselwähler.

An Stelle der Begriffspaare rechts — links können politische Positionen auch durch eine Frage nach der allgemeinen Übereinstimmung des Befragten mit den Parteien und Kandidaten strukturiert werden. Diesem Vorgehen liegt die gleiche Überlegung zugrunde wie der Anwendung der Rechts-Links-Skala. Es hat den Vorteil, daß es den plakativen Charakter von Begriffen wie „rechts-links" oder ähnlichen Ausdrücken vermeidet und allgemein auf die politische Übereinstimmung abzielt. Dem steht jedoch der Nachteil gegenüber, daß dieses Vorgehen offensichtlich gleichzeitig verschiedene Dimensionen in einer Weise erfaßt, die bei den

Schaubild 6 Selbsteinschätzung der Befragten und deren Einschätzung der Parteien auf der Rechts-Links-Dimension (März 1978)

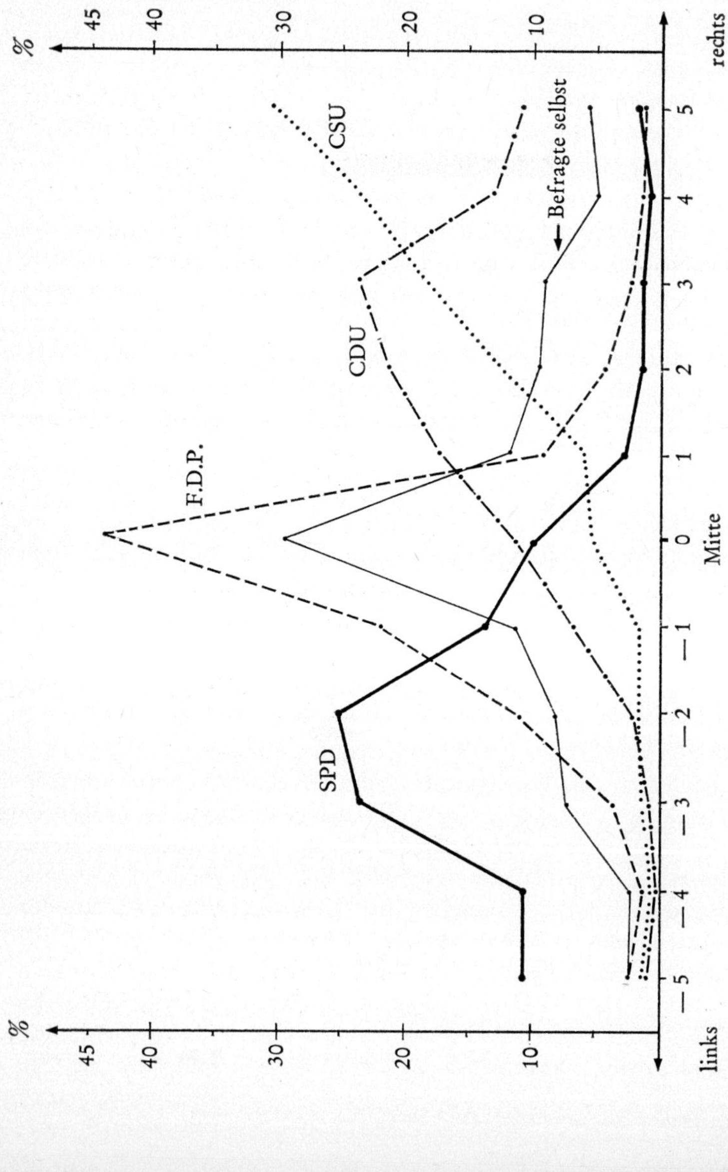

Schaubild 7 Abweichung der Position von Parteien und Politikern von der Position der Befragten auf der Rechts-Links-Dimension
Nach Parteibindung der Befragten

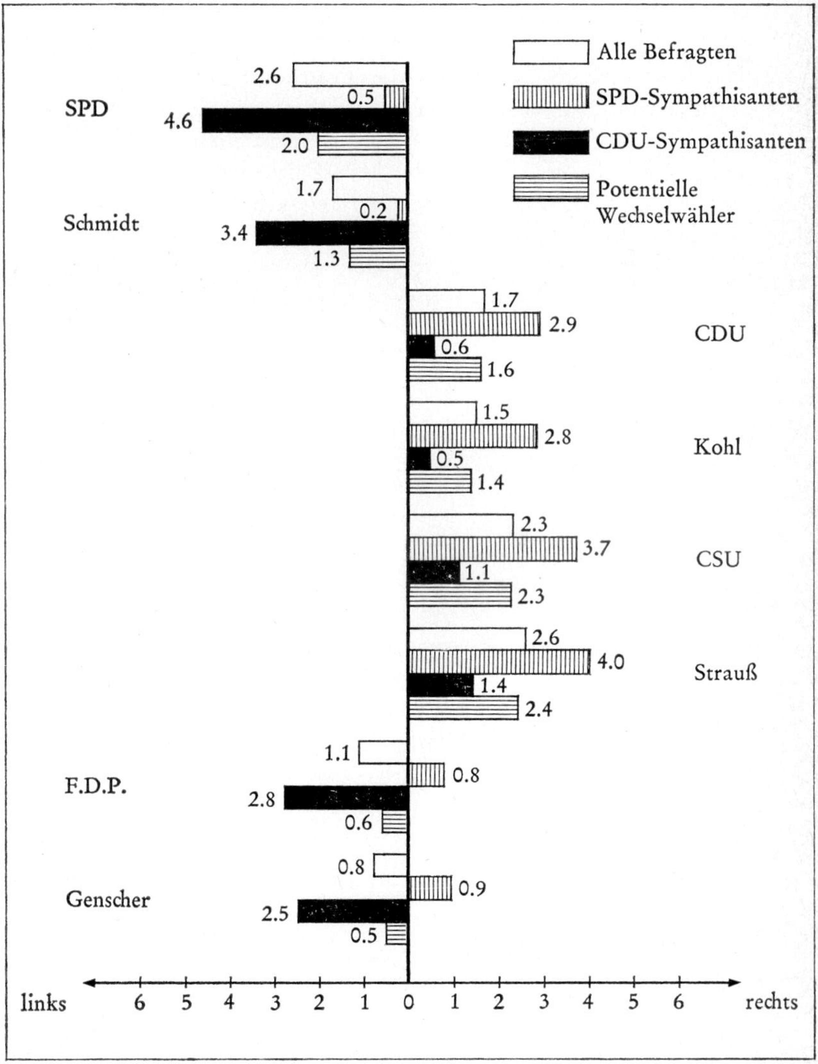

Befragten Orientierungsprobleme auslösen kann. Die Ergebnisse solcher Erhebungen sind daher inhaltlich nicht leicht interpretierbar, so daß keine Aussagen darüber gewonnen werden können, warum die politische Übereinstimmung bzw. Distanz zwischen bestimmten Segmenten der Wählerschaft und den Wahlbewerbern besteht. Gerade diese Informationen aber sind für die Erklärung von Wahlverhalten sowie für die Entwicklung von politischen Strategien für Parteien und Kandidaten von besonderer Bedeutung. Das Konzept der allgemeinen Übereinstimmung (aber auch die generelle Rechts-Links-Skala) bedarf deswegen der Erhebung zusätzlicher Merkmale, um inhaltlich interpretierbar zu werden.

Dies kann insbesondere dadurch geschehen, daß man die Übereinstimmung bzw. die Distanz zwischen den politischen Positionen auf verschiedene bekannte und kontroverse Themen bezieht, also nach der Übereinstimmung zwischen Wählern und Parteien/Kandidaten im Hinblick auf konkrete Themen fragt. Dieses Instrument setzt allerdings voraus, daß die Befragten eine Vorstellung von der Position der Parteien und Kandidaten zu diesem Problem haben — was nur bei wenigen Themen und im allgemeinen nur bei solchen der Fall ist, die zwischen den Parteien besonders umstritten sind. Es muß aber zumindest als fraglich gelten, ob diese „Schlaglicht"-Themen tatsächlich mit denen identisch sind, die das Bild der Parteien und Kandidaten prägen. Das wird dadurch verdeutlicht, daß bei den von den Befragten am häufigsten genannten politischen Problemen nur selten sehr kontroverse Lösungsvorschläge bestehen — Unterschiede, die die Befragten hier zwischen den Parteien oder Kandidaten sehen, sind daher häufig mehr der Reflex der jeweiligen Parteipräferenz. Andererseits nehmen oft die Themen, bei denen tatsächlich klare Unterschiede in den Lösungsvorschlägen bestehen, im Bewußtsein der Befragten keinen hohen Stellenwert ein. Trotz dieser Einschränkungen darf nicht übersehen werden, daß die Themen, zu denen die Befragten eine Distanz zu bzw. Übereinstimmung mit den politischen Akteuren erkennen, häufig einen Symbolwert besitzen, durch den sie eine aus ihrer Aktualität nicht ableitbare Bedeutung erhalten. Für solche Distanz- bzw. Übereinstimmungsskalen sind nur Themen geeignet, die von den Befragten als wichtig bezeichnet sind oder die einen weitgehend einheitlich verstandenen Symbolwert haben, wie z. B. die Begriffsskala rechts-links.

Problematisch ist aber nicht nur, mit welchen Begriffen die Dimension gekennzeichnet wird, die durch eine Skala gemessen werden soll. Der Aufbau solcher Skalen selbst ist ein Problem, das für die Qualität der erhobenen Informationen über politische Einstellungen von entscheidender Bedeutung ist.

3.4 Einstellungsmessung

Messen von Einstellungen bedeutet, verschiedenen feststellbaren Ausprägungen von Einstellungen eindeutige Zahlenwerte zuzuordnen. Die Instrumente, mit denen derartige Zuordnungen erfolgen, bezeichnet man als Skalen. Neben willkürlichen, kaum überprüften Methoden zum Aufbau solcher Skalen — die für weite Bereiche der empirischen Sozialforschung trotz schwerwiegender Nachteile vielfach verbreitet sind — haben sich einige wichtige standardisierte Skalierungsverfahren durchgesetzt. Zu ihnen gehören die schon erwähnten Methoden der Bildung von Rangordnungen und Polaritätsprofilen. Der Hauptnachteil von Rangordnungen besteht darin, daß mit ihnen nur eine ordinale Einstellungsmessung möglich wird, d. h.: zwar werden die zu beurteilenden Objekte, z. B. Parteien und Politiker, in eine Reihenfolge gebracht, aber die Abstände zwischen den Positionen werden nicht erfaßt, was erst bei kardinaler Messung möglich ist.

Eine gewisse Ähnlichkeit mit der Methode des Polaritätsprofils weisen solche Skalen auf, die mit Gegensatzpaaren wie „rechts-links" oder „sympathisch-unsympathisch" arbeiten. Neben den schon erwähnten Problemen — Festlegung oder Verzicht auf eine neutrale Position und zu feine Einteilung der Skala mit dem Risiko stark zufälliger Verteilungen auf der Skala — gibt es ein weiteres wesentliches Problem, das zu Verzerrungen der Meßergebnisse führen kann. Während mit der Skaleneinteilung gleiche Intervalle zwischen den verschiedenen Ausprägungen der zu messenden Einstellungen vorzugeben sind, werden diese von den Befragten häufig anders verstanden: (1) es kann beobachtet werden, daß offensichtlich Hemmungen bestehen, Einstufungen auf den extremen, also weit nach außen liegenden Teilen der Skala vorzunehmen — die Abstände zwischen den Skalenpositionen werden im Verständnis der Befragten zu den Extrempositionen hin immer größer. (2) Dieses Problem wird dadurch vergrößert, daß dieses Verständnis der Skala je nach Befragten unterschiedlich ist. Vieles spricht dafür, daß jeder Befragte die Skala anders interpretiert. Das bedeutet, daß dieses Phänomen durch „Standardisierung" der Messungen nicht zuverlässig neutralisiert werden kann. Diese Situation unterschiedlichen Verständnisses läßt sich folgendermaßen veranschaulichen (siehe Schaubild 8):

Schaubild 8

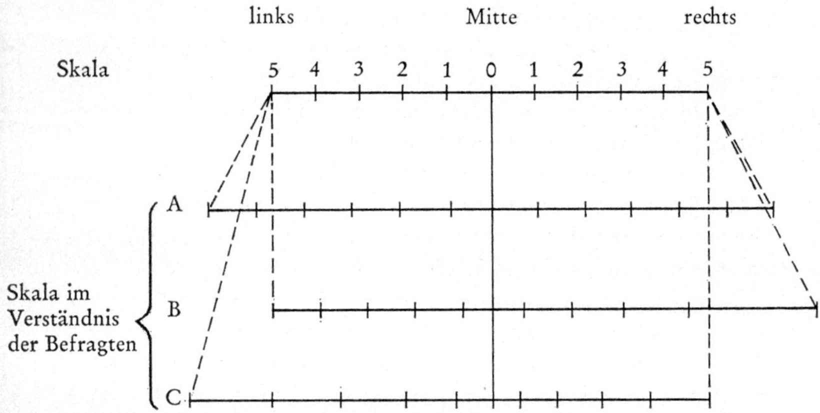

Einen ersten Versuch zur Überwindung dieses Problems stellt das nach seinem Erfinder benannte Skalierungsverfahren „Thurstone's Methode der gleich erscheinenden Intervalle" dar. Hierbei wird eine große Zahl von wertenden Aussagen („Statements") zu dem Objekt — z. B. eine Partei — gesammelt, zu dem die Einstellungen erhoben werden sollen. Diese Behauptungen werden „Sachverständigen" vorgelegt; diese sollen jedes Statement daraufhin prüfen, welches Ausmaß an positiver oder negativer Einstellung zu dem Objekt in ihm enthalten ist. Dieses Urteil drücken die „Sachverständigen" auf einer i. a. elfteiligen Skala aus. Für jedes Statement wird der Mittelwert der Sachverständigenurteile errechnet, der „Skalenwert" des Statements. Von Statements mit ähnlichem Skalenwert wird die Behauptung ausgewählt, für die die geringste Streuung der Sachverständigenurteile festgestellt wird. Eine große Zahl der so ausgewählten Behauptungen (ca. 20) wird den Befragten zur Zustimmung oder Ablehnung vorgelegt; für jedes Statement, dem ein Befragter zustimmt, wird ihm der Skalenwert dieser Aussage als „Punktzahl" zugerechnet. Die durchschnittliche Punktzahl ergibt dann die Einstufung des Befragten auf der Einstellungsskala. Die entscheidende Schwäche dieses Verfahrens liegt neben dem großen Aufwand in der Verwendung der „Sachverständigenurteile" als angeblich objektiver Grundlage der Skalierung. Deshalb wird dieses Verfahren nur noch selten angewendet.

Diese Schwäche versuchen die von Likert und von Guttman entwickelten Skalierungsverfahren zu vermeiden; diese Verfahren sind in der Skaleneinstufung der Befragten selbst zentriert.

Auch das von Likert entwickelte Verfahren beginnt mit der Sammlung von Statements über das Objekt, zu dem die Einstellungen gemessen werden sollen. Diese Behauptungen werden den Befragten vorgelegt, die dazu in den Kategorien „stimme stark zu" (Wert: 4), „stimme zu" (3), „neutral" (2), „lehne ab" (1), „lehne stark ab" (0) Stellung nehmen. Für jeden wird die Gesamtpunktzahl ermittelt, die sich aus den Reaktionen auf die verschiedenen Statements ergibt. Dann werden die beiden Viertel der Befragten ausgewählt, die die höchsten und die die niedrigsten Punktzahlen haben — also diejenigen, die die zu messende Einstellung in besonders starkem bzw. besonders schwachem Ausmaß aufweisen. Diejenigen Statements, die tatsächlich die zu messende Einstellung erfassen, müssen von den Befragten mit den höchsten Punktzahlen deutlich stärker akzeptiert werden als von denen mit den niedrigsten Punktzahlen: dies wird durch einen statistischen Signifikanztest (t-Test) geprüft. Die Statements, die bestimmten Mindestanforderungen entsprechen, werden als gültig angesehen; für jeden Befragten wird die bei diesen Behauptungen erreichte Gesamt- oder Durchschnittspunktzahl errechnet und dient als Maß für die zu ermittelnde Einstellung. Es ist umstritten, ob die Likert-Skala tatsächlich eine Intervallskala (metrische Skala) ist, wie dies mit der numerisch in gleiche Intervalle (z. B. wie oben 0 — 1 — 2 — 3 — 4) eingeteilten Zustimmungsskala behauptet wird.

Auch das von Guttman entwickelte Skalierungsverfahren arbeitet mit Statements, die unterschiedlich intensive Einstellungen ausdrücken. Diese Statements werden den Befragten zur Zustimmung oder Ablehnung vorgelegt; die Intensität der Zustimmung oder Ablehnung wird nicht erfragt. Angenommen wird, daß mit zunehmender Intensität der in einem Statement enthaltenen Wertung die Zahl der Befragten abnimmt, die dieser Aussage zustimmen können. D. h.: die Aussage mit der höchsten Zustimmung drückt die geringste Intensität der zu messenden Einstellung aus, das Statement mit der niedrigsten Akzeptanz enthält die zu messende Einstellung am stärksten. Auf diese Weise können die Statements nach dem Maß der in ihnen enthaltenden Einstellung geordnet werden. Ist diese Rangordnung eindeutig auf die zutreffende Messung der zu untersuchenden Einstellung zurückzuführen, so muß gelten: ein Befragter, der einem gegebenen Statement nicht mehr zustimmt, darf keinem Statement mehr zustimmen, das die fragliche Einstellung in stärkerem Ausmaß enthält. Dies wird für alle Statements und alle Befragten überprüft; die Behauptungen, die der genannten Bedingung nicht ausreichend entsprechen, werden ausgesondert. Auf diese Weise verbleiben nur solche Statements, die eindeutig verstanden werden bzw. ein Mindestmaß an Verständnissicherheit erfüllen. Für jede Zustimmung zu solchen Statements erhält ein Befragter einen Punkt; die Befragten mit der höchsten Punktzahl weisen dann die zu messende Einstellung stärker auf als die mit niedrigeren Punktzahlen. Damit wird es möglich, die Befragten nach der Intensität der Einstellung zu ordnen: die Guttman-Skala ergibt also ein ordinales Maß für die zu messende Einstellung.

Auch bei diesem Verfahren bleibt jedoch fraglich, ob es zutreffende Messungen für die zu untersuchende Einstellung ermöglicht, d. h.: wird die Einstellung auch tatsächlich gemessen, über die man Informationen erhalten wollte? Besteht tatsächlich eine über alle Befragte vergleichbare Meßgenauigkeit? Dies wird durch die Methode des „Retest“ geprüft, d. h. die wiederholte Anwendung der Skala in identischen Situationen. Ist eine Skala zuverlässig, so darf sie bei wiederholter Anwendung in gleicher Situation keine unterschiedlichen (bzw. keine zu weit streuenden) Ergebnisse erbringen. Neben der Methode des „Retest“ werden auch andere Prüfverfahren verwendet. Gilt danach die Skala als zuverlässig, so ist die Gültigkeit jedoch noch nicht automatisch gegeben: es bleibt die Frage, ob tatsächlich die Einstellung gemessen wurde, die gemessen werden sollte. Um dies zu prüfen, werden vier Methoden vorgeschlagen.

(1) „Expert validity“ — Experten überprüfen die Skala gefühlsmäßig, was keine gute Beweisgrundlage ist.

(2) Vergleich mit „bekannten Gruppen“ — die Skala wird auf eine Befragtengruppe angewendet, von der bekannt ist, daß sie die zu messende Einstellung in besonders hohem oder geringem Ausmaß aufweist; weist der in dieser Gruppe durchschnittlich gemessene Wert einen statistisch signifikanten Unterschied zum Durchschnittswert einer „normalen“ Befragtengruppe auf, dann spricht das für die Gültigkeit der Messung.

(3) „Prüfung der Vorhersagefähigkeit“ — aus den Meßergebnissen leitet man Aussagen über das zu erwartende Verhalten der Befragten ab; läßt sich ein hohes Maß an Übereinstimmung zwischen dem prognostizierten und dem tatsächlichen Verhalten feststellen, wird dies als Indiz für die Gültigkeit der Skala gewertet (obwohl damit nicht ausgeschlossen ist, daß diese Parallelität auf andere, nur zufällig erfüllte Bedingungen zurückzuführen ist).

(4) „Konstruierte Gültigkeit (construct validity)“ — es besteht eine Hypothese über den Zusammenhang zwischen zwei Einstellungen; für jede Einstellung wird eine Meß-Skala konstruiert, anhand der durchgeführten Messungen wird die Hypothese überprüft: wird die Hypothese nicht bestätigt, so kann die Hypothese falsch und die Skalen gültig sein oder die Hypothese richtig und eine bzw. beide Skalen ungültig — die Gültigkeit der Skalen kann nicht beurteilt werden; wird die Hypothese bestätigt, so spricht das dafür, daß sowohl die Hypothese zutrifft als auch die Skalen gültig sind.

Jede Prüfmethode weist zahlreiche Probleme auf. Eine sorgfältige Gültigkeitsprüfung wird also mehrere Prüfmethoden gleichzeitig anwenden — und selbst dann kann die Gültigkeit einer Skala nie endgültig als gesichert gelten. Darüberhinaus haben diese Verfahren den Nachteil, daß ihre Durchführung recht kompliziert und aufwendig ist.

Alle diese Probleme der Einstellungsmessung spielen auch bei der Ermittlung von Meinungen eine Rolle, die als für das Wahlverhalten relevant gelten: die längerfristigen Grundeinstellungen zu den Parteien, die jeweils aktuellen und möglicherweise verhaltensrelevanten Issues, die Zuschreibung von Sympathie und Leistungsfähigkeit sowie die politischen Distanzen sind die wichtigsten derartigen Variablen, die die Wahlentscheidung prägen. Hierzu können noch kurzfristig wirksame politische Ereignisse treten, deren Auswirkungen nicht generell kalkulierbar sind.

3.5 Politische Ereignisse als intervenierende Variable

In der öffentlichen Diskussion um den Entscheidungsprozeß der Wähler wird immer wieder kurz vor der Wahl eintretenden Ereignissen eine besondere Rolle zugewiesen. Die empirische Forschung zeigt jedoch, daß derartige aktuelle Ereignisse nur ausnahmsweise eine wahlbewegende Rolle spielen. Die in der politischen Diskussion immer wiederkehrende Frage nach der Bedeutung einzelner, kurz vor der Wahl eintretender Ereignisse übersieht die Einbettung der Wahlentscheidung in den langfristigen politischen Kommunikationsprozeß. Dennoch gibt es Beispiele dafür, daß einzelne Ereignisse kurzfristig das Meinungsbild einschneidend verändern.

Die bereits erwähnten Beispiele des Baus der Berliner Mauer im August 1961 und des sowjetischen Einmarsches in die Tschechoslowakei 1968 zeigen, welche Dramatik mit einem politischen Ereignis verbunden sein muß, damit es eine für die Wahl meßbare Wirkung ausüben kann. Sie zeigen auch, daß selbst die Wirkung solcher Ereignisse nur von relativ kurzfristiger Bedeutung ist. Es gibt aber auch Beispiele, wo die Bedeutung eines Ereignisses, das vor der Wahl bekannt wurde, erst nach der Wahl erkannt und in einem langanhaltenden Diskussionsprozeß eine große Bedeutung bis zur nächsten Wahl gewonnen hat. Die Watergate-Enthüllung der Washington Post vor der amerikanischen Präsidentschaftswahl von 1972 ist das anschaulichste Beispiel. Die Ankündigung des Hamburger Bürgermeisters Klose wenige Tage vor der Landtagswahl in Hessen im Herbst 1978, er werde die Überprüfung bei der Einstellung in der öffentlichen Dienst lockern, ist ein Beispiel aus der Bundesrepublik Deutschland. Die hessische SPD fürchtete damals ohne Grund, dies werde ihre Wahlchancen zerstören. Aber wenn die Diskussion über dieses Thema weitergeführt wird, kann es zur Bundestagswahl 1980 oder noch später eine Rolle spielen. Wesentlich ist: Meinungsänderung ist das Ergebnis eines langfristigen Informationsflusses.

In diesen Bereich gehört auch die in der Öffentlichkeit regelmäßig gestellte Frage nach der Beeinflussung des Wahlergebnisses durch die Veröffentlichung von Wahlvorhersagen. Das einzige Beispiel, das eine derartige Hypothese stützen könnte, ist die amerikanische Präsidentschaftswahl von 1948, als alle Voraussagen dem Republikanischen Kandidaten Dewey einen hohen Sieg zusagten, der Demokrat Truman aber bei einer geringen Wahlbeteiligung (53%) — insbesondere auch in Republikanischen Hochburgen — die Wahl gewann. Aber auch bei dieser Wahl lassen sich zahlreiche gegenläufige Einflußfaktoren nachweisen.

Der beste Schutz gegen eine Beeinflussung des Wahlergebnisses durch die Veröffentlichung von Wahlprognosen besteht in einer möglichst großen Vielfalt derartiger Veröffentlichungen. Sie werden dann — wie das in England, Frankreich oder den USA inzwischen üblich ist — als eine Art von Toto mit Unterhaltungscharakter betrachtet. Der in Deutschland unternommene Versuch, sechs Monate vor der Wahl derartige Ergebnisse nicht mehr zu veröffentlichen, blieb bislang nicht nur erfolglos, sondern führt auch dazu, daß derartige Ergebnisse als vertrauliches Informationsmaterial gehandelt werden und damit verbunden einen Schein von Glaubwürdigkeit erhalten, der durch die tatsächliche Zuverlässigkeit oft nicht gerechtfertigt wird.

3.6 Ermittlung der Wahlabsicht

Die Wahlentscheidungen als Ergebnis der dargestellten Einflußfaktoren lassen sich in einem einfachen Modell darstellen (siehe Schaubild 9).

Bis zu zwei Drittel der Wahlentscheidungen sind von langfristigen Einstellungen zu den Parteien geprägt, die als Resultat der sozialen Umwelt eines Wählers und der für diese typischen Sozialisationsprozesse gelten müssen. Von den Veränderungen im Bereich der Wechselwähler und bei den von ihrer Parteineigung abweichend wählenden Stammwählern lassen sich statistisch ca. 50 Prozent aus den auf die Spitzenkandidaten bezogenen Einstellungen erklären. Die zweite Hälfte der Änderungen können die politischen Themen erklären, wobei erfahrungsgemäß je etwa die Hälfte der Erklärungskraft auf wirtschaftliche Themen und auf thematische Besonderheiten der jeweiligen Wahl entfallen. Diese

Schaubild 9 Einflußfaktoren auf die Wahlentscheidung

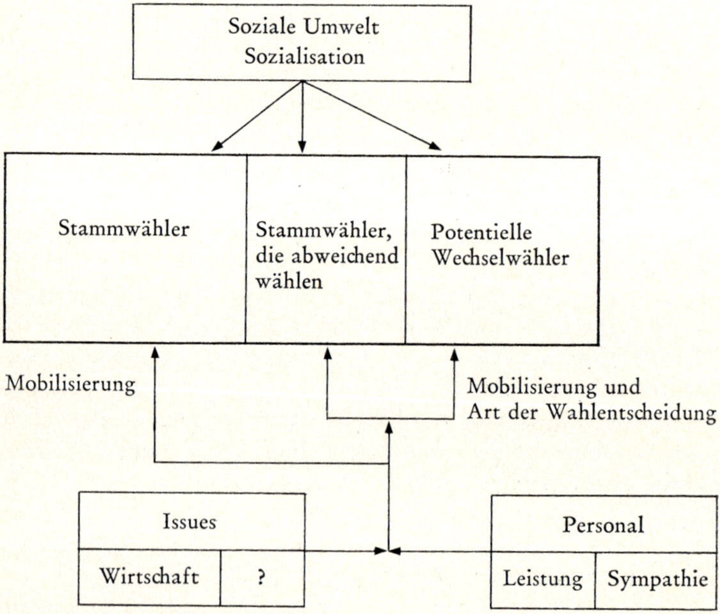

Faktoren bestimmen gemeinsam die Wahlentscheidung. Die gleichen Variablen wirken aber auch auf die Stammwähler, bei denen die Wahlentscheidung festliegt, bei denen jedoch der Mobilisierungsgrad eine wesentliche Rolle für das gesamte Wahlergebnis spielt.

Die Wahlabsicht kann durch eine Reihe von Fragen ermittelt werden. Das „klassische" Instrument der direkten Ermittlung der Wahlabsicht ist die sogenannte Sonntagsfrage: „Wenn am nächsten Sonntag Bundestagswahlen wären, welche Partei würden Sie dann wählen?" Diese Frage bringt regelmäßig einen Anteil von bis zu 20 oder sogar mehr Prozent der Befragten, die die Antwort verweigern oder keine Angaben machen. Schon dies zeigt, daß die Unsicherheit dieses Instruments weitaus größer ist als die Aufmerksamkeit, die ihm in der Öffentlichkeit zugesprochen wird. Die beliebte Verwendung dieser Methode ist zunächst darin begründet, daß sie in leicht verständlicher Weise einen Eindruck von der Struktur der öffentlichen Meinung vermittelt. Für die Analyse liegt ihre Bedeutung zunächst in der Plausibilitätskontrolle gegenüber Ergebnissen, die mit anderen Instrumenten ermittelt worden sind.

Diese Ergebnisse können erheblich verbessert werden, wenn man Techniken anwendet, die die Entscheidungssituation der Wähler simulieren. Dabei wird man vor auf die Wahlabsicht zielenden Fragen zunächst die Informationen erfragen, die für die Wahlentscheidung bestimmend sind — Parteibindung, Issues, Sympathie und Leistungsfähigkeit von Parteien und Politikern, politische Distanzen usw.; hiermit werden die Einstellungen aktualisiert, die im Wahlkampf und vor der tatsächlichen Stimmabgabe in das Bewußtsein des Wählers gehoben werden. Im weiteren Ablauf des Interviews kann man die Situation der Wahlkabine ebenfalls simulieren, indem man dem Befragten einen „Wahlschein" und einen Briefumschlag gibt; der Befragte wird gebeten, ohne daß der Interviewer ihn beobachtet, auf dem Wahlschein seine Stimme „geheim" abzugeben, ihn in den Umschlag zu legen und diesen zu verschließen: damit wird ein Eindruck erweckt, der der Vertraulichkeit der wirklichen Stimmabgabe entspricht. Hier werden zwar i. a. bessere Ergebnisse als mit der „Sonntagsfrage" erzielt, aber die Quote der verweigerten Antworten bleibt immer noch beachtlich — sie schwankt um 10 Prozent.

Teilweise besser bewährt als die direkte Frage, insbesondere in ihrer einfachsten Form, hat sich das Instrument der sogenannten „Rangskala“: Die rivalisierenden Parteien werden auf Kärtchen notiert und die Befragten werden gebeten, die Parteien danach zu sortieren, wie nahe sie ihnen stehen. Der Anteil der „ersten Plätze“, die eine Partei hierbei erhält, kommt ihrem zu erwartenden Stimmenanteil recht nahe. Mit diesem Instrument können — indirekt — gleichzeitig auch die Koalitionspräferenzen der Befragten ermittelt werden. Aber auch bei diesem Verfahren liegt der Anteil der keine Antwort gebenden oder verweigernden Befragten bei mindestens 10 Prozent.

Diese Tatsache führt in der politischen Diskussion vor Wahlen stets zu der Aussage, daß ein bestimmter Prozentsatz der Wähler noch unentschieden sei und daß daher in den letzten Wochen des Wahlkampfes noch größere Veränderungen der Stimmenverteilung möglich seien. Dieses Argument setzt die Gruppe der Antwortverweigerer und derjenigen, die keine Angaben zu ihrer Wahlabsicht machen, einfach den „noch Unentschiedenen“ gleich: hierbei wird ein Wählerverhalten unterstellt, das der Wirklichkeit nicht entspricht, daß nämlich der Wähler bis zum Wahltag die Argumente sammelt und abwägt, bevor er schließlich seine Entscheidung dem Wahlzettel anvertraut.

Die Herausbildung der Parteipräferenz ist aber das Ergebnis eines langfristigen Stromes von Informationsauswahl und -bewertung. Der wirklich unentschlossene, zu keiner Partei neigende Wähler ist eine seltene Ausnahme. Was es dagegen gibt, ist ein erheblicher Prozentsatz von Wahlberechtigten, für die die anstehende Wahl (noch) von geringer Bedeutung ist und die sich deswegen zum Zeitpunkt der Befragung ihres politischen Standortes nicht oder noch nicht bewußt sind. Das ist darin begründet, daß für den größten Teil der Wählerschaft die Politik einer der unwichtigen Lebensbereiche ist — Familie, Beruf und Freizeit haben für den Alltag der meisten Menschen eine wesentlich größere Bedeutung. Mit der Frage nach einer — noch nicht aktuellen — Wahlentscheidung spekuliert man auf eine in der Wirklichkeit nur selten vorhandene dauerhafte Politisierung der Wähler. Jeder Fragebogen versucht deshalb (oder sollte das zumindest tun), durch Fragen nach einer Vielzahl von politischen Themen, Einstellungen und Akteuren eine gewisse Politisierung der Befragten zu erreichen, bevor die Frage nach der Wahlabsicht gestellt wird. Aber das bleibt immer eine künstliche Situation, eine Simulation, die der tatsächlichen Lage in der Wahlkabine eben nur unzulänglich entspricht.

Anders formuliert: die scheinbar Unentschiedenen in einer Befragung sind Wähler, die sich ihres politischen Standortes zur Zeit nicht bewußt sind, weil dies für sie eine augenblicklich unwichtige Frage ist. Mit dem Näherrücken des Wahltermins und der Entscheidung, seine Stimme abzugeben, wird diese Frage zunehmend bedeutender. Dann wird die latent vorhandene politische Einstufung manifest. Das wird deutlich, wenn man diejenigen, die keine Angaben zu ihrer Wahlabsicht machen wollen oder können, mit anderen Instrumenten analysiert, wenn man sie z. B. bittet, sich selbst, die Parteien und prominente Politiker auf einer Rechts-Links-Skala einzuordnen und ähnliches mehr. Dabei ergeben sich dann häufig sehr deutliche und interpretierbare politische Positionen, durch die die Beschreibung dieser Wähler als „Unentschlossene" widerlegt wird.

Diese Überlegungen zeigen, daß die Frage nach der Wahlabsicht ein analytisches Instrument ist und nicht als vorweggezogenes Wahlergebnis Verwendung in öffentlichkeitswirksamen Voraussagen finden kann.

4. Der Wechsel von Parteipräferenzen — Nichtwählen — Protestwahl

In diesem Gesamtkonzept ist der Wechsel von Parteipräferenzen häufig die zentrale Fragestellung der Wahlforschung. Solcher Wechsel ist das Ergebnis eines umfassenden, langfristigen Kommunikationsprozesses — das Resultat einer Vielzahl von problem-, partei- und kandidatenbezogenen Informationen und Einstellungen. Das einzelne politische Ereignis spielt dabei die Rolle des

Wassertropfens für das Überlaufen eines Glases. Formal löst der letzte Tropfen das Überlaufen aus, aber er kann dies nur, weil zuvor Millionen Tropfen das Glas gefüllt haben. Dieser Wechsel von Parteipräferenzen kann drei verschiedene Formen annehmen:

— der Wechsel zwischen Regierung und Opposition,
— der Wechsel zum Nichtwählen, also die Stimmenthaltung und
— der Wechsel zu Parteien gegen das System, also die Protestwahl.

Der Wechsel zwischen Regierung und Opposition ist in der repräsentativen Demokratie die funktionsgerechte Form des Wechsels. Eine Orientierung der Politik am Wählerwillen erfolgt nur dort, wo die komplexen Organisationen der politischen Parteien durch den Wechsel von Parteipräferenzen, also die Stimmenwanderung zwischen Regierung und Opposition der Drohung eines Machtwechsels ausgesetzt werden. Die mögliche Änderung der Parteipräferenz macht einen Wechsel der Parteiregierungen erst möglich, ein wesentliches Kennzeichen einer funktionierenden Demokratie. Auslösender Faktor für einen solchen Wechsel ist die Unzufriedenheit, die jede regierende Partei im Zeitablauf bei einem Teil ihrer Wähler erzeugt. Damit stellt dieser Wechsel von Parteipräferenzen das normale, systemnotwendige Protestverhalten unzufriedener Wähler dar.

Zentrales Problem ist dabei, daß dieses Protestwahlverhalten nicht in einen Protest gegen das System umschlägt, sondern eine Entscheidung für die Opposition im System bewirkt. Damit dieser Kontrollmechanismus funktioniert, muß die Opposition sich in eine Situation bringen, in der sie für die mit der Regierung Unzufriedenen akzeptabel ist und zum Auffangbecken für unzufriedene Wähler wird. Dies hat jedoch zur Voraussetzung, daß im Verständnis der Wählerschaft eine klare Alternative zwischen Regierung und Opposition vorhanden ist. Diese besteht grundsätzlich in einem dichotomisierten Parteiensystem, in dem entweder zwei Parteien oder zwei Parteiengruppen alternative Regierungsangebote darstellen, die beide eine glaubwürdige Chance haben, Mehrheiten gewinnen zu können.

Wo diese Voraussetzung nicht erfüllt ist — und das gilt zunächst für zersplitterte Vielparteiensysteme — werden auch Alternativen zur bestehenden Regierung nicht erkennbar: die Parteien selbst weisen zwar deutlich programmatische Unterschiede auf, die jedoch kaum Aussicht haben, Regierungsprogramm zu werden; sie gehen in den Prozeß der Kompromißbildung der Koalitionsverhandlungen *nach* einer Wahl ein. Die Wahlentscheidung besteht in der Demonstration der Unterstützung, die die verschiedenen Minoritätsparteien in die Koalitionsverhandlungen einbringen können. Solange dieses System insgesamt akzeptiert ist, ist der Wechsel von Parteipräferenzen gering und kann die Kontrollfunktion nicht erfüllen. Die Höhe des Stimmenanteils, die solche Parteien erzielen, entscheidet kaum über die Machtzuweisung — diese ist Folge ihrer Position im Parteiensystem; sie hat bestenfalls Einfluß auf die Zahl der Regierungsämter, die jeder Koalitionspartner erhält.

Den verschiedenen Parteiensystemen gemeinsam ist jedoch die zweite Form des Parteiwechsels, nämlich der Übergang zur Gruppe der Nichtwähler, bei der erhebliche Differenzierungen notwendig sind.

Bei der Betrachtung der Wahlbeteiligung ist zunächst auf erhebliche dauerhafte Unterschiede an Stimmenthaltungen zwischen den verschiedenen Demokratien hinzuweisen, wie etwa zwischen der Bundesrepublik Deutschland mit einer hohen Wahlbeteiligung und den USA mit einer vergleichsweise niedrigen Teilnahme an Wahlen. Bei solchen Unterschieden ist zunächst die Bedeutung administrativer Regelungen für die Wahlbeteiligung zu betonen. So erklärt z. B. die Tatsache, daß man in den USA zum Teil zur Erlangung der Wahlberechtigung in das Rathaus gehen und sich in Wahllisten eintragen muß, während man in der Bundesrepublik Deutschland die Wahlunterlagen zugeschickt bekommt, einen erheblichen Teil der Differenz zwischen der Wahlbeteiligung in beiden Ländern. Eine Wahlpflicht, wie sie z. B. in Belgien oder Italien besteht, treibt die Wahlbeteiligung wie auch die Zahl der ungültigen Stimmen hoch.

Sieht man von solchen administrativen Regelungen einmal ab, so können die Nichtwähler in drei Gruppen unterteilt werden:

1. die verhinderten Wähler,
2. die Parteiprotest-Nichtwähler,
3. die Systemprotest-Nichtwähler.

Die größte Gruppe der Nichtwähler bilden normalerweise die verhinderten Wähler. Sie haben grundsätzlich die Absicht, ihre Stimmen abzugeben (und haben dies möglicherweise auch bei Befragungen vor der Wahl geäußert). Am Wahltag aber werden diese Menschen dann durch Zufälle in ihrem individuellen Lebensbereich daran gehindert, ihre Stimme abzugeben. Dabei reicht die Skala der Gründe für die Verhinderung von Krankheit (besonders häufig bei älteren Menschen) bis hin zur Wochenendgestaltung mit Freunden (bei Jungwählern, deren Bindung an die Parteien zudem oft noch nicht sehr intensiv ist). Gerade diese beiden Faktoren erklären zu einem erheblichen Teil, warum die Wahlbeteiligung bei Jungwählern und alten Menschen deutlich geringer als im Durchschnitt ist.

Die zweite Nichtwählergruppe besteht aus Menschen, die durchaus eine ausgeprägte Parteiidentifikation haben. Gleichzeitig aber herrscht bei diesen Wählern eine durch bestimmte politische Themen oder Kandidaten ausgelöste momentane Abneigung gegen ihre Partei. Sie sind aber nicht bereit, ihre Stimme einer anderen Partei zu geben, sondern bleiben aus Protest gegen die Politik ihrer Partei der Wahlurne fern — und schaden dadurch natürlich ihrer eigenen Partei auch. Die deutlich gesunkene Wahlbeteiligung gerade in Arbeitervierteln in den Wahlen am Ende der Kanzlerschaft Brandts sind ein Beispiel für einen derartigen Prozeß. Gelingt es einer Partei nicht, dieser zeitweiligen Entfremdung ihrer Anhänger entgegenzuwirken, bleibt diese Unzufriedenheit über längere Zeit bestehen, dann kann diese Stimmenthaltung die Vorstufe zum Parteiwechsel werden. Die Bereitschaft, sich verhindern zu lassen oder aus Protest der eigenen Partei einmal die Stimmen zu entziehen, ist um so größer, je ausgeprägter der politische Konsens in einem Lande ist, insbesondere je breiter die Bereitschaft vorhanden ist, auch eine mögliche Mehrheit der anderen Partei(en) zu akzeptieren. Insofern kann eine niedrige Wahlbeteiligung auch Ausdruck einer hohen Legitimation des politischen Systems sein. Bei stark ausgeprägten politischen Gegensätzen oder bei einem starken Krisenempfinden steigt dagegen die Wahlbeteiligung häufig an, so daß eine hohe Wahlbeteiligung auch eine Spannungssituation im politischen System signalisieren kann. Der deutliche Anstieg der Wahlbeteiligung von 1928 bis 1932 in der Weimarer Republik ist dafür ein anschauliches Beispiel.

Solche Erwägungen sind interkulturell zu relativieren. In der Bundesrepublik Deutschland hat sich weitgehend eine Einstellung herausgebildet, die die Stimmabgabe als eine „demokratische Pflicht" empfindet — was aus der politischen Vergangenheit ebenso erklärt werden kann wie aus der moralisierenden Betrachtungsweise, die die Behandlung des Themas „Wählen" in Schulen und in Massenmedien kennzeichnet. Deswegen wirken die geschilderten Faktoren in der Bundesrepublik Deutschland in einem anderen Bezugrahmen als etwa in den USA, wo das Denken in Pflichtkategorien hinsichtlich der Wahlbeteiligung weit weniger ausgeprägt ist.

Derartige Erörterungen sind in bezug auf die dritte Gruppe der Nichtwähler bedeutungslos, die aus Protest gegen das politische System insgesamt eine Stimmabgabe als sinnlos ansehen. In jeder Gesellschaft gibt es einen Prozentsatz von Wahlberechtigten, der das politische System, so wie es ist, grundsätzlich ablehnt und aus entsprechend grundsätzlichen Überlegungen den Wahlen fernbleibt. Solche Einstellungen können mit rechts- oder links-extremen politischen Positionen zusammenhängen, sind häufig aber auch Ausdruck einer diffusen „unpolitischen" Grundeinstellung. In der Bundesrepublik Deutschland beträgt der Anteil solcher Nichtwähler aus Protest gegen das System zur Zeit kaum mehr als 2,5 Prozent. Stimmenthaltung kann also eine Form des Protestwahlverhaltens sein; sie ist die Form, die im Wahlergebnis am wenigsten erkennbar wird. „Protestwähler" aber werden normalerweise anders definiert, nämlich als eine Wählergruppe, die ihre Stimmen für solche Parteien abgibt, die in Opposition zum bestehenden politischen System stehen.

Die Entscheidung zur Wahl von „Protestparteien" ist im allgemeinen Ausdruck einer Ablehnung des politischen Systems insgesamt oder eine Folge davon, daß der mit den Regierenden unzufriedene

Wähler seinen Protest nicht durch eine Stimmabgabe für eine Oppositionspartei sinnvoll ausdrücken kann.

Das Fehlen von Alternativen — die Aussichtslosigkeit des Versuchs, durch die Wahlentscheidung die gewünschte Veränderung bzw. Innovation zu erzielen — kennzeichnet in der Regel Vielparteiensysteme. In solchen Systemen werden die — rechts oder links — an der politischen Peripherie angesiedelten Parteien als nicht koalitionsfähig angesehen. Daraus folgt, daß die verbleibenden Parteien mit nur geringfügigen Verschiebungen stets die Regierung bilden. Da auch diese Regierungen Unzufriedenheit erzeugen, aber gleichzeitig die Parteien an der politischen Peripherie ein Oppositionsmonopol haben, kommt es in solchen Parteiensystemen in der Regel zu einer Stärkung der extremen Position, da nur sie den Unzufriedenen eine klar erkennbare Alternative bieten. Die Tatsache, daß Unzufriedenheit nicht durch Opposition im System aufgefangen wird, führt zur Opposition zum System und dadurch letztlich zur Instabilität des Regierungssystems. Dies wird durch die Erfolge der NSDAP in der Weimarer Republik oder der Kommunisten in Italien nach dem Zweiten Weltkrieg verdeutlicht. Die „Koalition aller Vernünftigen", die Heinrich Müller 1928 schuf und die von Brüning erhalten wurde, ließ den „Unvernünftigen" in der NSDAP und KPD das Monopol zur Opposition. Mit der durch die Weltwirtschaftskrise ausgelösten Unzufriedenheit kam dann der protestauslösende Impuls hinzu, der das Anwachsen des nationalsozialistischen und eingeschränkt des kommunistischen Stimmenanteils bewirkte. In einem solchen Prozeß sind es zumeist die Wähler ohne starke und stabile Parteiidentifikation, die derartige Parteien stärken: also gerade die Gruppen, die unter anderen Bedingungen das System wechselnder Parteiregierungen durch Wechsel der Stimmabgabe zwischen Regierung und Opposition erst ermöglichen, stellen bei einem strukturell instabilen Parteiensystem des Potential für extreme Parteien dar.

Aber auch in einem prinzipiell alternierenden Parteiensystem kann es grundsätzlich zu Formen des Protestwahlverhaltens kommen, wenn die Opposition nicht als Alternative zur Regierung verstanden wird. Eines der bekanntesten Beispiele aus der jüngsten Zeit sind die Erfolge des dänischen Protestpolitikers Glistrup. Trotz eines formalen Spannungsverhältnisses zwischen sozialdemokratischen und bürgerlichen Parteien in Dänemark — das noch kurz vor den Erfolgen Glistrups zu wechselnden Regierungen geführt hatte —, stellten beide Gruppierungen in einer für die dänische Wählerschaft zentralen Frage keine Alternative mehr dar, nämlich in der Befürwortung des Wohlfahrtsstaates. So konnte der Protest gegen die Kosten wohlfahrtsstaatlicher Politik nur durch die Wahl einer Protestpartei artikuliert werden, nämlich der Partei Glistrups.

Das dänische Beispiel zeigt die Möglichkeit eines Verlustes von Alternativen wegen der gemeinsamen Akzeptierung von weltanschaulichen Positionen durch die konkurrierenden Parteien. Noch ausgeprägter ist der Effekt, wenn es — wie in der Bundesrepublik Deutschland von 1966 bis 1969 — zu formalen Großen Koalitionen kommt. Hier wiederholte sich in einem anderen strukturellen Rahmen das am Ende der Weimarer Republik dargelegte Prinzip: fehlende Alternativen im System und protestauslösende Faktoren (1966 die wirtschaftliche Stagnation) führen zu Erfolgen von gegen das System gerichteten Protestparteien, wie 1966 der NPD.

Die derzeitige politische Situation in der Bundesrepublik Deutschland läßt eine weitere Konstellation erkennen, die zu Protestverhalten führen kann. Trotz eines formalen, polarisierten Spannungsverhältnisses zwischen der SPD/FDP-Regierung und der CDU/CSU-Opposition ist die Frage nach den inhaltlichen Alternativen zwischen den Parteien für einen erheblichen Teil der Wählerschaft nicht zu beantworten. Trotz der langen Zeit in der Opposition ist es den Unionsparteien nicht gelungen, für die mit der Regierung Unzufriedenen eine attraktive Alternative zu werden.

Vor diesem Hintergrund bildete sich ein Protestpotential, das auf 20 bis 25 Prozent geschätzt werden kann. Dies zeigte sich zunächst daran, daß die Intensität der emotionalen Bindungen an die Parteien stark zurückging. Diese Unzufriedenheit wurde auch im Entstehen einer Vielzahl von Bürgerinitiativen sichtbar und schlug sich in der Unterstützung für die Grünen Listen nieder. Die Pläne, dieses Potential durch eine Steuerprotestpartei anzusprechen, sind ein weiterer Indikator. Erfolg oder Mißerfolg solcher Protestparteien hängen davon ab, ob sie durch glaubwürdige personelle Repräsentation und durch flächendeckende Organisation dieses Protestpotential aktivieren können — den Grünen fehlten bislang beide Erfolgsvoraussetzungen.

Die geschilderten Beispiele zeigen, daß Wahlverhalten nicht losgelöst vom politischen Prozeß betrachtet werden kann. Die Art des Protestverhaltens wird entscheidend durch das Verhalten der Parteien, insbesondere des der Oppositionsparteien, mitgeprägt. Verfolgt die Opposition eine Strategie der Anpassung oder der übertriebenen Polarisierung, dann läuft sie Gefahr, entweder als Alternative nicht erkannt oder als Alternative nicht mehr akzeptiert zu werden. Dann kann sie ihre zentrale Funktion nicht mehr erfüllen: das Auffangen von mit der Regierung unzufriedenen Wählern. Eine Alternativstrategie der jeweiligen Opposition, d. h. das Aufzeigen von verständlichen und akzeptablen Alternativen in wenigen zentralen Bereichen der Politik ist eine systemnotwendige Voraussetzung für das Funktionieren von Demokratie als einem System wechselnder Parteiregierungen.

Selbstverständlich versuchen die Regierungsparteien stets, dem sich bildenden Potential an Unzufriedenen entgegenzuwirken. Hier ist das bewährteste Mittel das Auswechseln des Regierungschefs. Neue Gesichter sollen eine neue Politik signalisieren und bei den bisherigen Wählern der Regierungspartei erneut die Bereitschaft erwecken, die Partei wieder zu unterstützen. Die Wechsel von Adenauer zu Erhard, von Erhard zu Kiesinger und von Brandt zu Schmidt sind Beispiele aus der Bundesrepublik Deutschland, die zwischen 1975 und 1979 landespolitische Parallelen im Auswechseln der Regierenden Bürgermeister von Berlin und Hamburg oder der Ministerpräsidenten in Hessen, Nordrhein-Westfalen oder Baden-Württemberg finden. In Großbritannien zeigten die Ablösungen Churchills durch Eden, Edens durch MacMillan, MacMillans durch Lord Home, daß der Wechsel immer dann erfolgte, als die regierende Partei ihrer sinkenden Zustimmung in der Wählerschaft durch einen Personenwechsel entgegenwirken wollte. Diese Strategien spiegeln die Tatsache einer hochgradigen Personalisierung der Politik wider. Sie kann vor dem Hintergrund der bisherigen Ergebnisse der Wahlforschung als eine rationale Strategie gelten, die freilich schon vor der systematischen empirischen Forschung akzeptiert war. Max Weber sah das parlamentarische System Großbritanniens u. a. dadurch gekennzeichnet, daß „die Menge der Deputierten dem oder den wenigen leadern blind folgen — solange sie Erfolg haben". Wenn aber Ergebnisse der Wahlforschung in dieser Form Grundlage politischer Strategien werden, ist die Frage nach der Existenz einer Theorie des Wahlverhaltens gestellt.

5. Gibt es eine „Theorie des Wahlverhaltens"?

Die Frage nach dem Bestehen „einer Theorie des Wahlverhaltens" kann so eindeutig, wie sie gestellt wurde, nicht beantwortet werden.

Einerseits ist festzustellen, daß es *die* allgemeine Theorie des Wahlverhaltens nicht gibt, die als ein in sich geschlossenes Aussagesystem in allen politischen Situationen eine Beschreibung, Erklärung und Voraussage der Entscheidung der individuellen Wähler oder der Wählerschaft insgesamt ermöglichen könnte. Der gegenwärtige Forschungsstand ist durch das Nebeneinander von konkurrierenden Ansätzen gekennzeichnet. Das ist ein für viele Wissenschaftsbereiche kennzeichnender Zustand: auch dort gibt es kaum je eine „allgemeine Theorie", und gerade auch in den Naturwissenschaften — an deren Bedeutung kaum jemand ernsthaft zweifelt — werden wichtige, weitreichende und tragfähige Aussagen auf der Grundlage von Teiltheorien geleistet.

Ebenso ermöglichen es die im Bereich der Theorie des Wahlverhaltens entwickelten Ansätze bedeutsame Hypothesen zu entwickeln. Dabei erfolgt in der Regel eine Relativierung theoretischer Aussagen auf die Struktur des politischen Systems; auf dieser Grundlage können dann unter Berücksichtigung der verschiedenen politischen Faktoren — der anstehenden Kandidaten, Issues und Strategien der Parteien — theoretisch fundierte „Wenn-Dann-Aussagen" formuliert werden: Wenn es an perzipierten politischen Alternativen im System fehlt und wenn es protestauslösende Faktoren gibt, dann erhöhen sich die Erfolgschancen für Protestparteien; wenn die wirtschaftliche Entwicklung negativ beurteilt wird, dann steigt die Wahrscheinlichkeit eines Stimmengewinns für die Opposition. Solche und ähnliche Hypothesen sind in einer gegebenen politischen Situation durchaus geeignet, den politischen Prozeß zu erklären und auch, mit Einschränkungen, vorherzusagen.

Dabei muß jedoch betont werden, daß solche Aussagen nicht allein aufgrund der Kenntnis über die Bestimmungsgründe des Wählerverhaltens gewonnen werden können. Zur Erklärung des Wahlverhaltens muß der politische Prozeß insgesamt, also die ihn regelnden Institutionen, das Verhalten von Parteien und Kandidaten, die politische Problematik sowie die Meinungen und Beurteilungen der Wähler zu allen diesen Faktoren herangezogen werden. Isolierte psychologisch orientierte Ansätze zum Wählerverhalten können dies nicht leisten, es bedarf stets eines komplexen Erklärungsgefüges.

Aber auch wenn man die systemische Eingebundenheit des Wahlverhaltens und die zahlreichen Möglichkeiten zu Fehlinterpretationen der erhobenen Informationen berücksichtigt hat, bleibt eine Begrenzung der Aussagefähigkeit von Wahlanalysen bestehen, die in den Methoden der Datenerhebung und -auswertung begründet ist. Die Durchführung von Repräsentativbefragungen bietet viele Punkte, an denen Fehler und Verzerrungen in die Analyse eindringen können — und nicht alle diese Fehlerquellen sind in vollem Umfang zu kontrollieren. Um die nötige Zurückhaltung bei der Interpretation von Ergebnissen anzuwenden, ist daher eine grundlegende Kenntnis der Methoden der Datensammlung unumgänglich.

3. Kapitel:

Das Instrumentarium der Analyse individuellen Wahlverhaltens

Um Informationen über individuelle Einstellungen und individuelles Verhalten zu erlangen, bedient man sich der Repräsentativbefragung: eine relativ kleine Gruppe von Personen, die sogenannte Stichprobe, wird so zur Befragung ausgewählt, daß sie ein „repräsentatives" Spiegelbild der Einstellungen und des Verhaltens der gesamten Wählerschaft ergibt. Damit sind die beiden Problemgebiete der Repräsentativbefragung umrissen: das Ziehen der Stichprobe und die Befragung selbst.

1. Stichprobentechnik und Repräsentativität der Erhebungen

Aus technischen und finanziellen Gründen ist es unmöglich, die gesamte Wählerschaft eines Landes zu befragen. Statt dessen wird die Befragung nur bei einer kleinen Gruppe von Wählern durchgeführt, die als eine Stichprobe aus der Gesamtheit ausgewählt werden. Die Grundlage hierfür bildet die statistische Aussage, daß in einer repräsentativen Stichprobe die untersuchten Merkmale ebenso verteilt sind wie in der Gesamtwählerschaft. (Diese Aussage geht auf die Gauß'sche Fehlerkurve zurück.) Der Grad dieser Übereinstimmung wird wesentlich von der Zahl der Befragten bestimmt. In der Praxis werden vor allem zwei Formen der Stichprobenkonstruktion angewendet: die „Zufalls-Stichprobe" und die „Quoten-Stichprobe".

Die Berechnung der Genauigkeit einer Stichprobe, die Bestimmung der Fehlergrenzen für die erhobenen Merkmalsverteilungen, ist nur bei der Anwendung des auf mathematisch-statistischen Prinzipien beruhenden Zufallsverfahrens möglich. Hierbei wird im Idealfall aus einer Kartei, in der jeder Wahlberechtigte einmal und nur einmal enthalten ist, nach Mischen der Karten oder durch

Anwendung einer Zufallszahlentabelle die erwünschte Anzahl von zu befragenden Personen ausgewählt. Die Namen und Adressen der Personen werden dann in einer Befragungsliste zusammengefaßt. Die Interviewer dürfen nur diese und keine anderen Personen befragen.

Die Zahl der zu befragenden Wahlberechtigten beträgt üblicherweise etwa 2000 Personen. Diese Zahl ist nicht willkürlich festgelegt, sondern resultiert aus der Abwägung der mit einer bestimmten Befragtenzahl erzielbaren Genauigkeit und der damit verbundenen Kosten. Bei einem Stichprobenumfang von 2000 Personen kann mit 95prozentiger Sicherheit angenommen werden, daß die Werte für die Gesamtbevölkerung innerhalb einer Fehlergrenze von ± 2,2 Prozent um die in der Stichprobe ermittelten Werte liegen; z. B.: in 95 von 100 Stichproben mit 2000 Befragten gilt, daß bei einem ermittelten Stimmenanteil von 50 Prozent für Partei A der tatsächliche Stimmenanteil von Partei A zwischen 47,8 Prozent und 52,2 Prozent liegt.

Diese Fehlergrenze ist durch Vergrößerung der Stichprobe nicht wesentlich zu reduzieren — bei 6000 Befragten etwa beträgt die Fehlergrenze immer noch ± 1,3 Prozent. Andererseits bedeutet ein Unterschreiten der Befragtenzahl von 2000 ein starkes Ansteigen des Fehlerbereichs: bei 1000 Befragten beträgt der Fehlerbereich schon ± 3,2 Prozent, bei 600 Befragten sogar ± 4,1 Prozent (siehe Tabelle 7).

Schränkt man den Stichprobenumfang also zu sehr ein, so werden Fehlerbereiche in Kauf genommen, die die Anwendung des Instrumentariums der Repräsentativbefragung nahezu sinnlos werden lassen; setzt man die Befragtenzahl sehr hoch an, so sind die Kosten der Untersuchung kaum noch tragbar. Daher hat sich in der Praxis ein Stichprobenumfang zwischen 1500 und 2000 Personen als optimal herausgestellt.

Diese Aussagen sind weiter zu relativieren. Eine weitergehende Spezifizierung der Untersuchungen ist nur dadurch möglich, daß man Teilgruppen der Befragten bildet — diese Teilgruppen aber sind weit kleiner als die Stichprobe. Unterstellt man als Ergebnis der Befragung eine ungefähr gleiche Stärke von zwei Parteien und ebenfalls eine gleiche Verteilung der Geschlechter, so führt nur die

Tabelle 7 Zusammenhang zwischen der gewünschten Genauigkeit von Repräsentativbefragungen und der erforderlichen Anzahl der Befragten bei Zufallsauswahl

Vertrauens-intervall[a]	Sicherheitsniveau[b]		
	68%	95%	99%
+/— 1%	2 500	10 000	22 500
+/— 2%	625	2 500	5 625
+/— 3%	278	1 111	2 500
+/— 4%	156	625	1 406
+/— 5%	100	400	900
+/— 6%	69	278	625
+/— 7%	51	205	459
+/— 8%	39	156	352
+/— 9%	31	123	278
+/— 10%	25	100	225

[a] Das Vertrauensintervall gibt den Bereich der Schwankungen um den in der Stichprobe ermittelten Wert an, innerhalb derer der tatsächliche Wert der Gesamtheit bei dem jeweiligen Sicherheitsniveau liegt.
[b] Das Sicherheitsniveau besagt, mit welcher Sicherheit die aufgrund der Stichprobe gemachten Aussagen zutreffend sind.

Aufteilung nach Wahlabsicht und Geschlecht bereits zu Gruppengrößen von nur 500 Befragten. Eine weitere Unterteilung in vier oder fünf Altersgruppen führt dann bereits zu Fällen, die an der Grenze der Aussagefähigkeit liegen. Untersucht man gar die Wählerschaft einer kleineren Partei, die vielleicht nur 10% der Stimmen bekommt, so erhält man bei einem Sample von 2000 Befragten nur 200 Antworten dieser Art. Hier bedeutet nur die Unterteilung nach Geschlechtern bereits eine Reduktion auf etwa 100 Fälle und eine weitere Aufgliederung ist dann kaum noch möglich. Dies wird noch deutlicher bei komplexeren Erhebungsinstrumenten. Bei einer Selbsteinstufung der Befragten auf der Rechts-Links-Skala z. B. findet man in der Bundesrepublik Deutschland erfahrungsgemäß auf den linken bzw. rechten Extrempositionen kaum mehr als 5% der Befragten, bei 2000 Befragten also etwa jeweils 100 Personen — Aussagen für diese

Gruppe weisen dann bereits einen Fehlerbereich von ± 10 Prozent auf. Eine weitere Aufspaltung dieser wegen ihrer extremen politischen Einstellungen besonders interessierenden Gruppen nach Alter, Beruf, Geschlecht etc. wird wenig sinnvoll. Daher muß, falls die Bildung genügend differenzierter Teilgruppen angestrebt wird, die Befragtenzahl deutlich höher angesetzt werden als für die Gewinnung hinreichend genauer Aussagen für die Gesamtheit.

Aus forschungstechnischen und zum Teil aus finanziellen Gründen wird die Gruppe der zu Befragenden im allgemeinen nicht in einer einmaligen Auswahl, einer sogenannten „einstufigen Stichprobenziehung" bestimmt, sondern man benutzt mehrfach gestufte Stichproben, bei denen z. B. erst bestimmte Teilflächen eines Gebietes und dann bestimmte Haushalte nach dem Zufallsprinzip ausgewählt werden. Bei Anwendung der Technik des Klumpenauswahlverfahrens gilt dabei: je mehr Stufen eine solche Stichprobenziehung umfaßt, um so größer werden die Fehlerbereiche, ohne daß man die Fehlergrenzen noch ganz genau berechnen könnte (die genannten Fehlergrenzen gelten nur für eine einstufige Stichprobenziehung).

Bei Anwendung einer solchen Zufallsstichprobe werden den Interviewern die zu befragenden Personen mit Namen und Adresse vorgegeben. Das führt dazu, daß — selbst bei mehrfachem Versuch der Kontaktaufnahme — die Interviewer nicht alle Personen antreffen. Bis zu 25 Prozent solcher Ausfälle müssen als normal hingenommen werden, wobei die Ausfälle nicht gleichförmig über alle Schichten streuen, sondern vorwiegend bei älteren und sehr mobilen Menschen eintreten. Dies ergibt eine kaum korrigierbare Verzerrung des Datenmaterials, die gerade bei Einstellungsmessungen zu Problemen führt, die weitaus größer sind als die, die aus den statistischen Fehlerbereichen entstehen. In der Bundesrepublik Deutschland konnte z. B. festgestellt werden, daß im Bereich der nicht zustande gekommenen Interviews der Anteil der CDU/CSU-Wähler deutlich höher ist als im Bereich der realisierten Interviews. Das bedeutet, daß in der Bundesrepublik Deutschland jede normale Untersuchung den CDU/CSU-Anteil systematisch unterschätzt.

Trotz dieser Probleme bietet nur die Zufallsstichprobe überhaupt die Möglichkeit einer Fehlerberechnung und ist deswegen dem zweiten gebräuchlichen Verfahren, der Quoten-Stichprobe, vorzuziehen.

Die Quoten-Stichprobe stellt den Versuch dar, aufgrund von aus der amtlichen Statistik bekannten Verteilungen von Merkmalen (und Merkmalskombinationen) eine gleichartig zusammengesetzte „Miniaturausgabe" der Wählerschaft zu erstellen. Der Interviewer bekommt nicht eine Adressenliste vorgegeben, sondern eine Liste mit Merkmalskombinationen, denen die zu befragenden Personen entsprechen müssen (z. B. drei Frauen, 20 bis 25 Jahre alt, in Großstadt wohnhaft, Studentinnen; zwei Männer, 40 bis 45 Jahre alt, Vorort, Arbeiter). Die Annahme bei diesem Verfahren ist, daß — wenn die benutzten Quotierungsmerkmale in der Stichprobe ebenso verteilt sind wie in der Gesamtbevölkerung — auch die nicht zur Quotierung verwendeten Merkmale, also insbesondere die politischen Einstellungen, in der Stichprobe ebenso häufig vertreten sind wie in der Gesamtheit. Diese Annahme kann theoretisch nicht begründet werden und ist nur einer Plausibilitätskontrolle zugänglich. Da nicht bestimmte Personen anzusprechen sind, wird bei diesem Verfahren die beabsichtigte Zahl von Befragungen auch tatsächlich erreicht — um den Preis von nicht mehr erkennbaren Verzerrungen, die dadurch entstehen können, daß der Interviewer die Kontaktpersonen aus seiner eigenen sozialen Umgebung oder nach dem Schneeballsystem aussucht. Eine statistisch-mathematische Qualitätskontrolle wie bei der Zufallsstichprobe ist nicht möglich. Dennoch wurden mit dem Quoten-Verfahren häufig gute Ergebnisse erzielt.

Ein Instrument, um die Unzulänglichkeiten zu korrigieren, die sich z. B. aus der Ausschöpfung des samples bei der Zufallsstichprobe ergeben, ist die sogenannte Gewichtung. Stellt man fest, daß innerhalb der Befragten die wichtigsten sozialstatistischen Merkmale anders verteilt sind als in der Gesamtpopulation, werden die Befragten, die zu den unterrepräsentierten Merkmalen zählen, mehrfach gezählt. Was man ursprünglich durch das einfache Doppeln der entsprechenden Lochkarten erzielte, erfolgt heute durch die sogenannte faktorielle Gewichtung, bei der die überrepräsentierten Merkmale mit einem Faktor kleiner als 1, die unterrepräsentierten Merkmale mit einem Faktor größer als 1 multipliziert werden, um eine entsprechende Zusammensetzung dieser Merkmale zu erreichen, wie sie der Gesamtbevölkerung entsprechen. Dieses auf den ersten Blick sehr praktikable Verfahren bedeutet de facto einen Rückgriff auf das Quota-Verfahren. Weil durch die Unzulänglichkeiten der Ausschöpfung und der damit vorhandenen Probleme eine Zufallsstichprobe offensichtlich nicht repräsentativ ist, wird diese nachträglich an den Kriterien der Quotenauswahl gemessen und im Hinblick auf das Quota-Verfahren repräsentativ gemacht. Deshalb ist es zweckmäßiger, wenn man zu dem Instrument der Gewichtung greifen muß, nicht nach sozialstatistischen Merkmalen, sondern nach Verhaltensmerkmalen zu gewichten, also z. B. eine Untersuchung unmittelbar vor oder nach einer Wahl anhand des tatsächlichen Wahlergebnisses zu korrigieren. Gerade dieses Verfahren demonstriert die großen Schwierigkeiten, die bei der Erstellung einer tragfähigen Stichprobe bestehen.

2. Die inhaltliche Gestaltung des Fragebogens

Aufgabe des Fragebogens ist es, theoretische Konzepte in verständliche Zielsetzungen umzusetzen. Dabei kann angenommen werden, daß die Befragten im wesentlichen bereit sind, subjektiv ehrlich zu antworten. Dies gilt mit Einschränkung je nach den zu erfragenden Themenbereichen und mit erheblichen sozialkulturellen Unterschieden. Politische Befragungen stießen in der Bundesrepublik Deutschland lange Zeit auf die größten Schwierigkeiten. Mit wachsendem Abstand zum NS-Staat, und damit verbunden dem Heranwachsen einer Gesellschaft ohne die Erfahrungsbelastungen dieser Zeit, ist aber auch in der Bundesrepublik Deutschland die Bereitschaft zu subjektiv ehrlichen Antworten im politischen Bereich gewachsen. Es besteht aber bei „kritischen Fragen" nach wie vor eine Verweigerungsquote von bis zu 20%.

Die Hauptschwierigkeit liegt darin, die Fragen so zu formulieren, daß sie für jeden Befragten verständlich sind, daß sie von jedem

Befragten gleich verstanden werden und daß sie die Befragten weder über- noch unterfordern. Aber darin liegt bereits das zentrale Problem. Wenn etwa 75% der Bevölkerung nur einen Hauptschulabschluß und zum Teil noch weniger haben, sind die Möglichkeiten der Frageformulierung erheblich begrenzt. Dabei ist zu beachten, daß die Welt des hochpolitisierten Wahlforschers, Journalisten oder Politikers eine andere ist als die des durchschnittlichen Befragten, für den die Politik normalerweise kein zentraler Lebensbereich ist, was zusammen mit dem Unterschied im Bildungsniveau und damit im Sprachschatz zu erheblichen Schwierigkeiten bei der Befragung führen kann.

Grundsätzlich müssen derartige Befragungen mündlich durchgeführt werden, wobei nur der Befragte und der Interviewer anwesend sein sollen. Schriftliche Befragungen führen dazu, daß nur ein geringer Teil der Fragebögen ausgefüllt und zurückgeschickt wird; bei den ausgefüllten Fragebögen bleibt es fraglich, ob die Auskunftsperson die Fragen alleine und ohne Anwendung von Hilfsmitteln ausgefüllt hat. Befragt man zwar mündlich, aber sind andere Personen als nur der Befragte anwesend, so kann das Verhalten des Befragten dadurch beeinflußt werden.

Die Hauptschwierigkeit der Fragebogenkonstruktion liegt jedoch darin, komplexe Zusammenhänge in einfache, verständliche Fragen umzusetzen. Die Forderung nach der Vermeidung von suggestiven Fragestellungen ist dagegen vergleichsweise leicht zu erfüllen. Es versteht sich von selbst, daß man mit derartigen Fragen nur die Ergebnisse bekommt, die man in die Fragen hineinlegt. Zwar ist es nicht zu leugnen, daß es immer wieder solche Frageformulierungen gibt; sie stellen jedoch für die seriöse Wahlforschung kein zentrales Problem dar. Das größte Problem besteht darin, eine Frageform zu finden, die von allen Befragten in gleicher Form verstanden werden kann.

Grundsätzlich können zwei Fragetypen unterschieden werden: sogenannte offene bzw. geschlossene Fragen. Bei der offenen Frage werden dem Befragten die möglichen Antworten nicht vorgegeben, sondern er kann die Antwort frei formulieren (z. B.: „Welches sind die derzeit wichtigsten politischen Probleme?“). Hier wird der Eigeninitiative der Befragten der breiteste Raum gelassen; trotzdem werden durch offene Fragen im allgemeinen nur wenig differenzierte Auskünfte erlangt, wobei bei der Auswertung dieser Antworten die Schwierigkeit der Kategorienbildung besteht. Außerdem begünstigen offene Fragen Personen, die zu verbalisieren gewohnt sind, die also in der Regel über eine bessere Schulbildung verfügen. Aber eine Gefahr wird durch offene Fragen vermieden: man fragt nicht Tatbestände aus dem Befragten heraus, über die bei ihm Kenntnisse möglicherweise gar nicht vorhanden sind. Auch die erhaltenen Antworten sind nicht dadurch präjudiziert, welche Antwortalternativen dem Befragten zur Auswahl gestellt wurden.

Um zu einer stärkeren Differenzierung der Auskünfte zu gelangen, ist es jedoch erforderlich, geschlossene Fragen zu stellen, bei denen die Antwortmöglichkeiten vorgegeben sind. Will man hierbei vermeiden, daß man nicht vorhandene Kenntnisse, Meinungen und Einstellungen in die Befragten „hineinfragt", so empfiehlt es sich, vor einem Komplex von Fragen zu einem bestimmten Thema eine Filterfrage zu stellen (z. B. „Haben Sie davon gehört, ob ..."), die es ermöglicht, nähere Informationen nur von den Befragten einzuholen, die angeben, sich mit dem jeweiligen Problem bereits auseinandergesetzt zu haben. Es gibt aber auch eine Reihe von Themen, bei denen das Bestehen von Meinungen vorausgesetzt und bei denen demzufolge auf solche Filterfragen verzichtet werden kann, so z. B. bei Fragen nach der Beurteilung der wirtschaftlichen Situation oder deren Entwicklung. Wichtig ist es, sich zu fragen, ob man mit einer geschlossenen Frage einen Tatbestand abklopft, bei dem der Befragte voraussichtlich über Informationen und Meinungen verfügt.

Ein weiteres Problem stellt die zumutbare Gedächtnisleistung des Befragten dar. Wenn zu lange Listen von Antwortalternativen mündlich vorgelesen werden, wird der Befragte überfordert und die Antworten konzentrieren sich auf die ersten oder letzten Kategorien der Antwortlisten. Eine Vielzahl von Antwortmöglichkeiten kann man den Befragten schriftlich, auf einer Liste oder auf Antwortkärtchen vorgeben, damit dieser in Ruhe die zutreffende Antwort auswählen kann.

Eine kontroverse Diskussion wird um die Frage geführt, wie die

Stellung einer Frage im Fragebogen die Antworten beeinflußt. Es gibt hier verschiedene Experimente, die jedoch zu keinem schlüssigen Ergebnis geführt haben. „Heikle" Fragen oder Fragen zu kontroversen Themen haben einen bestimmten Ausstrahlungseffekt, der es erforderlich macht, diese Ausstrahlung durch das Einschieben von Pufferfragen vor den nächsten Fragenkomplex zu neutralisieren. Ebenso bedarf der Befragte nach einem schwierigen Thema der Erholung. Dafür sind Fragen geeignet, die keine große Konzentration erfordern.

Will man eine Antwort auf eine Frage, die das Zusammenfügen einer Vielzahl von Einzelinformationen erfordert, so kann man den Befragten durch das Erfragen entsprechender Einzeltatbestände darauf vorbereiten (etwa auf die Frage nach der Wahlentscheidung dadurch, daß vorher die Einstellung zu Kandidaten, Parteien und politischen Problemen erfragt wird). Wird sehr spezielles Wissen angesprochen, kann man das entsprechende Thema zunächst durch eine Reihe allgemeiner Fragen eingrenzen. Bewährt hat es sich auch, thematisch verwandte Fragestellungen zusammenzufassen, obwohl dadurch möglicherweise eine höhere Konsistenz der Antworten bewirkt werden kann, als sie den Einstellungen der Befragten entspricht. Durch Auseinanderreißen solcher verwandter Fragestellungen aber erzielt man Verwirrung, Antworthemmungen oder gar den Abbruch des Interviews.

Beim Aufbau eines Fragebogens für eine politische Untersuchung ist mit leichten Eingangsfragen zu beginnen, die eine entspannte Atmosphäre zwischen Interviewer und Befragtem ermöglicht. Gerade in der Bundesrepublik Deutschland erzeugen Fragen nach der politischen Meinung immer noch ein Mißtrauen, das erst überwunden werden muß, indem zunächst nach Themen gefragt wird, auf die Antworten gern und leicht gegeben werden — Fragen nach der Beurteilung der wirtschaftlichen Situation haben sich hier bewährt.

Der Fragebogen sollte abwechslungsreich gestaltet werden. Es ist zwischen leichten und schweren Fragen zu wechseln, es sollten „Spiele" eingefügt werden, die dem Befragten die Möglichkeit geben, sich selbst zu betätigen (Karten sortieren, Listen ankreuzen etc.). Allerdings darf der Befragte dabei nicht überfordert werden

— schon die Bitte, etwas niederzuschreiben, kann bei wenig gebildeten Bevölkerungsschichten zu Hemmnissen führen.

Die Frage, wie lang ein Interview dauern darf, wird in der Literatur unterschiedlich beantwortet. Die Erfahrung zeigt, daß Fragebögen, die mehr als eine Stunde erfordern, überproportional häufig zum Abbruch des Interviews oder zur Verweigerung von Antworten am Ende des Fragebogens führen, wobei dem Inhalt des Fragebogens eine erhebliche Bedeutung zukommt. Ein abwechslungsreicher, gut formulierter Fragebogen „läuft" auch über einen längeren Zeitraum gut. Deshalb wird am Schluß des Fragebogens im allgemeinen der Komplex der demographischen Fragen gestellt: Der Interviewer leitet diesen Komplex mit der Bemerkung ein, daß jetzt nur noch einige wenige Fragen „zur Person" folgten und weckt dadurch die Hoffnung auf ein baldiges Ende des Interviews — obwohl eine umfassende statistische Fragenbatterie durchaus noch eine Viertelstunde Zeit in Anspruch nehmen kann. Will man die Möglichkeit umfassender Differenzierung von Befragtengruppen nutzen, die die Individualdatenanalyse bietet, so muß man mehr statistische Merkmale erfragen, als sie z. B. die Bevölkerungsstatistik verwendet. Dies ist unter Umständen recht zeitraubend.

Die Formulierung von Fragen und deren Zusammenstellung zum Fragebogen ist also mit einer Vielzahl von Unwägbarkeiten und Problemen belastet. Deswegen ist es besonders wichtig, den Fragebogen vor Beginn der eigentlichen Untersuchung zu testen (Pre-Test). Hierbei wird der Fragebogen an z. B. 50 Personen ausprobiert, wobei möglichst derjenige, der den Fragebogen gestaltet, zumindest einen Teil der Probebefragungen selbst vornehmen sollte, um an den Reaktionen der Befragten etwaige Schwierigkeiten zu erkennen. Erst wenn ein Pre-Test und dessen detaillierte Auswertung ergeben haben, daß ein Fragebogen „läuft", kann mit der eigentlichen Befragung begonnen werden. Nur in Ausnahmefällen reichen vorhandene Erfahrungen aus, um auf einen Pre-Test verzichten zu können.

Sind alle mit dem Fragebogen zusammenhängenden Probleme so gut wie möglich gelöst, so bleibt immer noch eine wichtige Fehlerquelle erhalten: die tatsächliche Befragung durch den Interviewer.

Hierbei entwickelt sich ein kompliziertes Netz von Beziehungen zwischen dem Fragesteller und der Auskunftsperson, die zu einer Vielzahl von unbewußten Reaktionen, Erwartungen und Urteilen führen können, die den Verlauf des Interviews, die Formulierung der Antworten und deren Registrierung durch den Interviewer beeinflussen und verzerren können, ohne daß dies bei der Auswertung noch kontrollierbar wäre. Darüberhinaus kann auch die intensivste Schulung der Interviewer nie gänzlich vermeiden, daß die Interviewer den Befragten „helfen", daß sie aus Gründen der Zeit- und Kostenersparnis den Fragebogen ganz oder teilweise selbst ausfüllen, oder daß andere als die angegebenen Personen befragt werden. Ein dichtes Netz von Interviewerkontrollen — im Fragebogen selbst und durch Kontrollen im Anschluß an die Befragung — kann solche Fehlerquellen verringern, aber nie ganz ausschalten. Daher kommt der sorgfältigen Auswahl und Kontrolle des Interviewerstabes erhebliche Bedeutung zu. (Anzumerken ist, daß eine Gruppe ganz besonders den Drang zum Selbstausfüllen von Fragebögen spürt und daher als Interviewer ungeeignet ist: Studenten.)

Sind alle diese Klippen einer Befragung umschifft worden, so hat man eine Momentaufnahme von der Struktur der erhobenen Meinungen und Einstellungen gewonnen — über deren Veränderungen und die Korrelate oder Motive solcher Wandlungen kann noch nichts ausgesagt werden; gerade diese Frage aber ist für Wissenschaftler, Politiker und Journalisten von besonderem Interesse. Wie lassen sich solche Informationen gewinnen?

3. Die Ermittlung des Wandels im Zeitablauf

Veränderungen im Zeitablauf können nur erfaßt werden, wenn in mindestens zwei Untersuchungen zu mindestens zwei verschiedenen Zeitpunkten die gleiche Fragestellung und möglichst auch der gleiche (oder zumindest ein sehr ähnlicher) Fragebogen verwendet wird. Eine der bekanntesten Sünden der Wahlforschung auf Individualdatenbasis liegt darin, daß man nach der Auswertung der ersten Untersuchung die Fragen für die nächste Repräsentativbefragung zum gleichen Thema „verbessert“ — und dadurch die Grundlage für die Vergleichbarkeit dieser Analysen zerstört. Die Ursache für ein derartiges Vorgehen ist meist, daß bei der ersten Erhebung kein Pre-Test durchgeführt oder dieser nur unzulänglich ausgewertet worden ist. Auch wenn man in jeder neuen Untersuchung stets Erhebungen zu jeweils aktuellen Themen durch die Aufnahme neuer Fragen möglich machen möchte, bleibt der Zwang erhalten, die Erhebungen zu den über einen längeren Zeitraum hinweg wichtigen Variablen stets mit gleichlautenden Fragestellungen vorzunehmen. Eine auf dieser Grundlage beruhende Zeitreihenanalyse zu verschiedenen Problembereichen kann zur Weiterentwicklung der Theorie des Wahlverhaltens mehr beitragen als viele einmalig erhobene Daten — wären diese auch für die Aktualität noch so „interessant“.

Bei einer solchen Zeitreihenanalyse ist jedoch zu beachten, daß jeweils andere Stichproben miteinander verglichen werden: jede einzelne Stichprobe ist zwar — mit den dargestellten Einschränkungen — für die gesamte Wählerschaft repräsentativ, aber es sind jedes Mal andere Personen befragt worden. Dementsprechend sind die gemessenen Veränderungen auch immer nur Veränderungen, die für die Gesamtgruppe oder durch bestimmte Merkmale gekennzeichnete Teilgruppen festgestellt werden können — Aussagen über individuelle Veränderungen und deren Begleiterscheinungen oder Ursachen können auf diese Art nicht gewonnen werden.

Die Möglichkeit zur Analyse individuellen Wandels versucht man — bei unterschiedlichen Stichproben — dadurch zu eröffnen, daß man nach früherem Verhalten oder nach Einstellungsänderungen fragt. Diese „Erinnerungsfragen“ (sogenannter „recall“) sind jedoch sehr problematisch (z. B. die Frage nach der Stimmabgabe in der letzten Wahl). Die Ergebnisse solcher Erinnerungsfragen weichen in der Regel erheblich sowohl vom tatsächlichen Verhalten als auch von den damaligen Angaben dazu ab (d. h.: eine Frage nach der Stimmabgabe in der letzten Wahl bringt eine andere Verteilung, als die zum Zeitpunkt der vorangegangenen Wahl gestellte Frage nach der geplanten Wahlentscheidung). Offensichtlich paßt ein großer Teil der Befragten seine Meinung über (seine Erinnerung an) sein tatsächliches Wahlverhalten (bzw. seine tatsächlichen Einstellungen) an das Ergebnis der Wahl an oder bringt die vergangenen Einstellungen oder Verhaltensweisen in Übereinstimmung mit den gegenwärtigen — dies läßt sich im Sinne der Theorie der kognitiven Dissonanz als ein Mechanismus zur Wahrung des psychischen Gleichgewichts ansehen. Als Beispiel hierfür kann die Beobachtung angeführt werden, daß z. B. Befragungen kurz nach der Wahl stets einen weit höheren Anteil an Befragten ergeben, die für den Wahlsieger gestimmt haben wollen, als das nach dem amtlichen Wahlergebnis möglich ist.

Dennoch ist die Recall-Frage ein Instrument zur Gewinnung wertvoller zusätzlicher Informationen, wenn man sich ihrer Problematik bewußt ist. Die Ergebnisse von Erinnerungsfragen müssen sorgfältig anhand von anderen Ergebnissen überprüft werden, um Aufschlüsse darüber zu gewinnen, welche Antworten als stimmig bzw. als unstimmig gelten müssen. Auch für diesen Zweck hat es sich bewährt, für eine inhaltliche Fragestellung stets mehrere Frageformulierungen in einen Fragebogen aufzunehmen — dies ermöglicht neben einer Prüfung der inneren Konsistenz der vom Befragten gegebenen Antworten auch eine Kontrolle der Interviewer.

Will man die Probleme von aus mehreren unabhängigen Stichproben gewonnenen Informationen über Wandlungsprozesse vermeiden und zu Informationen über individuelle Verhaltens- und Einstellungsänderungen gelangen, so kann man mehrfach den gleichen Personenkreis mit dem gleichen Fragebogen untersuchen — dies ist das Instrument der Mehrfach- oder Panel-Befragung.

Die Panel-Befragung ist zwar theoretisch ein optimales Instrument zur Untersuchung von Wandlungsprozessen. Aber sie bringt — zusätzlich zur allgemeinen Stichproben- und Befragungsproblematik — neue Schwierigkeiten in den Analyseprozeß ein.

Da ist zunächst die sogenannte Panel-Sterblichkeit (oder Panel-Mortalität), d. h. der Ausfall von Untersuchungspersonen zwischen den einzelnen Befragungszeitpunkten (den sogenannten Befragungswellen). Bei einem Zeitabstand von etwa einem Jahr zwischen zwei Befragungswellen beträgt der Anteil der nicht mehr erreichbaren Untersuchungspersonen schon ca. 30 Prozent des ursprünglichen Stichprobenumfangs — das bedeutet eine gravierende Veränderung in der Zusammensetzung der Stichprobe. Will man eine solche Panel-Untersuchung über den Zeitraum einer Legislaturperiode durchführen, und beginnt man mit der ersten Befragung unmittelbar nach der ersten Wahl und führt man dann in jedem Jahr bis zur nächsten Wahl eine weitere Befragung durch („Vier-Wellen-Panel mit Wellenabstand von einem Jahr"), und will man in der letzten Befragung noch auf etwa 2000 Befragte zurückgreifen können, so muß die ursprüngliche Stichprobe ungefähr 6000 Personen umfassen.

Die ursprüngliche Stichprobe war repräsentativ — aber für die Gruppe der für die letzte Befragung verbleibenden Befragten ist die Repräsentativität erheblich eingeschränkt. Die eingetretenen Ausfälle streuen nicht gleichmäßig über alle Bevölkerungsgruppen. Vielmehr setzen sie sich überproportional aus alten Menschen — natürliche Mortalität — und aus räumlich mobilen Schichten zusammen, wobei die räumliche Mobilität besonders ausgeprägt ist bei jungen Menschen oder bei Personen mit hoher beruflicher Mobilität — d. h. relativ hoch qualifizierten Personen mit bestimmten Einstellungen zu Beruf und Erwerbstätigkeit. Diese Ausfälle treten also bei Gruppen auf, in denen wahrscheinlich auch bestimmte politische Einstellungen überproportional häufig vertreten sind, so daß die Gültigkeit der Ergebnisse nicht ohne intensive Kontrollen angenommen werden darf.

Ein zweites Problem von Mehrfachbefragungen liegt im sogenannten Panel-Effekt, d. h.: die Mehrfachuntersuchung selbst kann bewirken, daß sich Verhalten und/oder Einstellungen der Befragten verändern, was ohne die wiederholte Befragung nicht eingetreten wäre. Dadurch, daß die Befragten bereits einmal oder mehrfach zu politischen Themen befragt worden sind, werden sie künstlich politisiert. Ihre Einstellungen werden bewußter, konsistenter und durch zusätzliche Informationsbereitschaft fundierter; insbesondere wenn man ankündigt, daß die Befragung periodisch wiederholt werde, gibt man den Untersuchungspersonen möglicherweise ein Motiv, die politischen Ereignisse aufmerksamer zu verfolgen als sie das sonst getan hätten. Dadurch werden sie untypischer, d. h. sie verlieren ihre Repräsentativität.

Das Eintreten solcher Effekte kann dadurch kontrolliert werden, daß zu jeder Panel-Welle eine Kontrollgruppe mit dem gleichen Fragebogen untersucht wird, die jedes Mal zum ersten Mal befragt wird. Derartige Kontrolluntersuchungen sind kostspielig, und eine Panel-Analyse erfordert wegen des erforderlichen großen Umfangs der Ausgangsstichprobe ohnehin einen außergewöhnlich hohen finanziellen Aufwand. Daher bleibt die Konstruktion eines „idealen Forschungsprogramms" aus Gründen der Forschungsökonomie in der Regel eine Wunschvorstellung.

Trotz aller dieser Probleme bleibt die Panel-Analyse die einzige Forschungsanordnung, die einen Nachweis von individuellen Veränderungen, also z. B. von Wechselwahlverhalten, ermöglicht.

Jedoch bleiben selbst bei optimaler Durchführung von Einfach- oder Mehrfachrepräsentativbefragungen viele Probleme offen und viele Themen sind dieser Technik nicht zugänglich — sei es, weil aus der Registrierung von Antworten keine Aufschlüsse möglich sind, oder sei es, weil Themen angesprochen werden sollen, die den Informationsstand und das Artikulationsvermögen der meisten Befragten überfordern. Deswegen ist oft eine Ergänzung der Repräsentativbefragung durch andere Forschungsinstrumente wünschenswert.

4. Mögliche Ergänzungen zur Repräsentativbefragung

Eine der wichtigsten möglichen Ergänzungen zur Repräsentativbefragung ist die sogenannte „qualitative Befragung". Ihre Aufgabe ist, sozialpsychologische Einstellungsmuster möglichst eingehend zu erfassen. Da eine möglichst in die Tiefe gehende Informationssammlung angestrebt wird, verzichtet man auf die Forderung nach Repräsentativität der Befragung; statt dessen wird eine vergleichsweise geringe Zahl von Befragten (ca. 50—100) einer intensiven Befragung ausgesetzt, der kein standardisierter Fragebogen, sondern nur ein „Gesprächsleitfaden" für den Interviewer zugrunde liegt. Die Aufgabe des Interviewers ist es, die Versuchsperson dazu zu bewegen, möglichst ausführlich, eingehend und detailliert zu berichten, was ihr zu den angesprochenen Themenbereichen einfällt. In derartige Untersuchungen können auch standardisierte psychologische Tests einbezogen werden.

Die Schwierigkeit solcher qualitativen Untersuchungen tritt vor allem bei der Auswertung zutage. Grundsätzlich ist wegen der Art der Befragung und wegen der mangelnden Repräsentativität eine quantitative Auswertung nicht zulässig; geschieht sie trotzdem, so kann sie nur für die untersuchte Gruppe, aber nicht für eine Gesamtheit, Hinweise auf die Häufigkeit oder Korrelationen zwischen bestimmten Einstellungskategorien geben. Wesentlicher ist bei diesem Typ von Untersuchungen, daß man Hypothesen über komplexe inhaltliche Zusammenhänge zwischen Einstellungen und/oder Verhaltensweisen gewinnen kann. Solche Hypothesen sind dann anhand quantitativer Repräsentativbefragungen zu prüfen.

Eine weitere Ergänzung zu Repräsentativbefragungen sind die sogenannten Elitenuntersuchungen, d. h., eine Untersuchung der Einstellungsmuster, Normenstruktur, Kommunikationsgewohnheiten und vieles mehr bei den Inhabern von Führungspositionen in verschiedenen Bereichen einer Gesellschaft. Sie werden durchgeführt, um z. B. die Hypothese zu prüfen, daß die Einstellungsbilder der Eliten häufig den Einstellungsbildern in der Gesamtbevölkerung um einen erheblichen Zeitraum vorangehen, daß also den Eliten eine kommunikative Führungsposition zukommt. Auch die Einstellung politischer Eliten zu Wählern, Massenmedien, Parteien und Institutionen sind wesentliche Fragen, um das Kommunikationsnetz und den Kommunikationsprozeß einer Gesellschaft zu analysieren.

Das Instrument der Elitenbefragung findet seine Hauptschwierigkeit darin, den Kreis der Inhaber von Elitenpositionen zu definieren; hierzu sind verschiedene Ansätze entwickelt worden, die aber alle dieses Problem noch nicht befriedigend lösen — nicht zuletzt, weil die formale Position häufig wenig über tatsächliche Einflußchancen aussagt. Dabei ist es dann häufig auch eine Frage der Forschungsökonomik, wer zu den Eliten gezählt wird. Welche Relevanz haben z. B. für politische Untersuchungen kulturelle Eliten? Soll man alle Bundestagsabgeordneten zu den Eliten zählen oder nur die Inhaber von Führungspositionen im Parlament? Welche Verbände werden in welcher Form in die Untersuchung einbezogen?

Elitenbefragungen können qualitativer Art sein, aber meist ähneln sie dem Instrument der Repräsentativbefragung. Wegen der relativ geringen Zahl von Personen, die bestimmten Eliten angehören, wird häufig eine Totalbefragung möglich. Der Fragebogen einer Elitenuntersuchung unterscheidet sich von dem einer normalen Repräsentativbefragung vor allem dadurch, daß die Fragestellungen sehr viel schwieriger und komplexer sein können und daß auf offene Fragen eine wesentlich größere Resonanz erwartet werden kann. Daher müssen in Elitenbefragungen auch besonders geschulte Interviewer eingesetzt werden. Soweit als möglich sollte sich der Sozialforscher selbst an der Durchführung der Interviews beteiligen bzw. gemeinsam mit Mitarbeitern und geeigneten Kollegen einen solchen Stab zusammenstellen.

Die Zeitdauer von Eliteninterviews ist im Vergleich zur Repräsentativbefragung nahezu unbegrenzt. Wenn der Inhaber einer Führungsposition erst einmal zu einem derartigen Interview bereit ist, dann ist häufig auch das Einverständnis zu einem mehrere Stunden dauernden Interview zu erlangen. Ähnlich wie beim qualitativen Interview ist es vor allem die Aufgabe des Interviewers, den Befragten zu längeren Ausführungen zu stimulieren. Diese Interviewdauer hat auch Konsequenzen für die Ausschöpfung des Potentials an Untersuchungspersonen. Aus verschiedenen Gründen sind Angehörige von Eliten nur zögernd mit Befragungen einverstanden, und die Bereitschaft, sich als Auskunftsperson zur Verfügung zu stellen, ist auch dadurch herabgesetzt worden, daß Elitenuntersuchungen — oft mit sehr unzulänglichen Methoden — in den letzten Jahren Mode geworden sind. Erklären sich 2/3 der angesprochenen Inhaber von Führungspositionen zu einer Befragung bereit, so kann die Ausschöpfungsquote schon als nahezu optimal bezeichnet werden.

Eine weitere wesentliche Ergänzung zur Repräsentativbefragung ist die quantitative Inhaltsanalyse von Informationsquellen, insbesondere der Massenmedien. Es besteht z. B. offensichtlich ein Zusammenhang zwischen dem Bekanntheitsgrad eines Politikers oder eines politischen Themas und der Häufigkeit seiner Erwähnung in den Massenmedien. Weniger eindeutig — aber kaum weniger wichtig — ist der Zusammenhang zwischen der Art der Berichterstattung in den Medien und der Beurteilung von Ereignissen, Themen und Politikern durch die Wähler. Mit der quantitativen Inhaltsanalyse wird versucht, einen Teil des Kommunikationsprozesses festzuhalten, dessen Ergebnis die in Repräsentativbefragungen feststellbaren Meinungen und Einstellungen der Wähler sind. Die Inhaltsanalyse erfaßt nicht Ereignisse selbst, sondern die Kommunikation, die Berichterstattung über Ereignisse, die auch in den Meinungsbildungsprozeß eingeht.

Gerade wenn man das Herausbilden von politischen Einstellungen als das Ergebnis eines mittelfristigen, ja langfristigen Kommunikationsprozesses versteht, ist die Untersuchung des input von zentraler Bedeutung. Selbst wenn alle methodischen Schwierigkeiten überwunden werden könnten, kann die Repräsentativbefragung stets nur das Ergebnis des Kommunikationsprozesses messen und im Zeitablauf verfolgen. Man kann dann mehr oder weniger plausibel Ereignisse für das Auftreten von Veränderungen verantwortlich machen, jedoch ist dies zunächst ohne theoretische Grundlage, da nicht das Ereignis, sondern offensichtlich die Art der Information über das Ereignis als input in den Meinungsbildungsprozeß eingeht.

Selbst wenn es gelänge, den Inhalt sämtlicher Massenmedien über einen längeren Zeitraum inhaltsanalytisch zu untersuchen, wären dadurch die Informationsmöglichkeiten der Wähler nur zu einem geringen Teil erfaßt. Neben den Massenmedien sind persönliche Erfahrungen und Gespräche mit Freunden, Bekannten und Kollegen die wichtigsten Informationsquellen — sie aber sind für die Methode der quantitativen Inhaltsanalyse unzugänglich. Das bedeutet, daß auch mit Hilfe dieser Untersuchungen nur Teilbereiche des gesamten Kommunikationsprozesses erfaßt werden können.

Dies kann zum Teil dadurch korrigiert werden, daß man in Repräsentativbefragungen auch Erhebungen zum Kommunikationsverhalten durchführt. Dabei werden die Untersuchungspersonen außer nach ihrer Nutzung der Medien vor allem auch gefragt, ob sie häufig oder gelegentlich von anderen um ihre Meinung gebeten werden und wen sie ihrerseits nach seiner Meinung befragen. Solche Erhebungen haben ergeben, daß es zwei Typen von Befragten gibt: solche, die häufig fragen, und solche, die häufig gefragt werden („Meinungsführer"). Ein nächster Schritt könnte jetzt die Befragung von solchen Meinungsführern sein. Auf diese Art wird auch eine Berücksichtigung von interpersonalen Kommunikationsprozessen für die Herausbildung von Meinungen und Einstellungen möglich. Bei derartigen Untersuchungen ist der Übergang zur repräsentativ-quantitativen Befragung fließend.

Diese Beispiele zeigen, daß der Eindruck falsch ist, der vielfach durch die Art erweckt wird, in der die Ergebnisse von Repräsentativbefragungen veröffentlicht werden: daß nämlich Wahlforschung mit der Durchführung von Repräsentativbefragungen zur Erhebung von Individualdaten identisch sei. So wie die Verknüpfung der Repräsentativbefragung mit Aggregatdatenanalysen notwendig ist, ist die Verknüpfung mit qualitativen Studien, Elitenbefragungen, Analysen des Prozesses der persönlichen Kommunikation und der Inhaltsanalyse von Massenmedien und anderen Kommunikationsmitteln ein zentraler Bestandteil wissenschaftlicher Wahlforschung. Die Entwicklung politischer Einstellungen und die Wahlentscheidung sind nicht isoliert erfaßbar: sie sind das Ergebnis eines komplexen Kommunikationsprozesses. Wahlforschung muß deswegen in den komplexen Prozeß der Kommunikationsforschung eingebettet sein.

5. Begrenzung der Forschungsmöglichkeiten: Kosten

Der Forderung nach einer multidimensionalen Wahlforschung, die von einer Vielzahl miteinander verzahnter Ansätze ausgeht und sich eines umfangreichen Instrumentariums bedient, steht ein wichtiges Hindernis entgegen: die Möglichkeiten der Finanzierung einer solchen Forschung. Um dieses Problem zu veranschaulichen, seien einige Zahlen genannt.

Eine Repräsentativbefragung mit ungefähr 2000 Befragten kostet in der Bundesrepublik Deutschland gegenwärtig etwa 130 000

DM, selbst wenn der Fragebogen außer dem statistischen Teil nur ca. 45 Minuten für inhaltliche Fragen umfaßt. Wie begrenzt das Ergebnis einer solchen Untersuchung sein kann, ist offensichtlich, wenn es nicht darum geht, politisch interessante Meinungen festzustellen, sondern einen Beitrag zur Überprüfung sozialwissenschaftlicher Theorien zu leisten. Außerdem decken die genannten Kosten lediglich die Durchführung der Feldforschung sowie die Verschlüsselung und die computergerechte Aufbereitung der dabei erhobenen Daten durch ein qualifiziertes kommerzielles Institut. Es wird also unterstellt, daß der Sozialforscher die Fragebogenentwicklung und die Datenauswertung (einschließlich Pre-Test) selbst vornimmt und daß die erforderliche Rechenzeit an einem leistungsfähigen, großen Computer zur Verfügung steht. Will man also während einer Legislaturperiode jedes Jahr nur eine derartige Untersuchung durchführen, so sind für diesen Zweck über 500 000 DM aufzubringen. Hierbei sind die Personal- und Computerkosten für die Fragebogenerstellung und Datenauswertung noch nicht mit einkalkuliert, obwohl diese Kosten nur sehr bedingt aus der Grundausstattung eines sozialwissenschaftlichen Instituts an einer deutschen Universität finanziert werden können. Zudem ist es insbesondere bei der Entwicklung eines Fragebogens nicht zweckmäßig, daß ein Wissenschaftler allein diese Aufgabe erledigt. Hierzu ist die Zusammenarbeit in einem sich wechselseitig kontrollierenden Team die unerläßliche Voraussetzung, damit die erforderliche Zuverlässigkeit des Erhebungsinstrumentes erzielt werden kann.

Bei einer Elitenuntersuchung muß von einem Preis von mindestens 150,— DM pro Interview ausgegangen werden. Setzt man die Zahl der Personen, die in der Bundesrepublik Führungspositionen bekleiden, mit ungefähr 3500 an, und geht davon aus, daß etwa 2/3 hiervon tatsächlich befragt werden können, so ergibt das etwa 2000 Interviews — also einen Untersuchungspreis von ungefähr 300 000 DM. Für die Entwicklung, Durchführung und Auswertung einer derartigen Untersuchung werden mindestens drei wissenschaftlich qualifizierte Mitarbeiter über einen Zeitraum von drei bis fünf Jahren erforderlich; diese verursachen weitere Personalkosten in Höhe von etwa 120 000 DM pro Jahr. Also ist eine

Schätzung der insgesamt entstandenen Kosten auf ca. 400 000 bis 650 000 DM für ein solches Projekt nicht unrealistisch — wiederum Sachkosten und Computerzeit nicht mitgerechnet.

Bei Inhaltsanalysen ist eine große Feldarbeit nicht erforderlich. Hier reicht die Beschaffung von Fernsehgeräten und Videorecordern, Rundfunkgeräten und Tonbändern oder Zeitungen aus. Dafür ist der Personalaufwand für derartige Analysen extrem hoch. Um nur die Nachrichtensendungen der ARD und des ZDF regelmäßig aufzuarbeiten, ist ein Team von etwa 5 wissenschaftlichen und 2 technischen Mitarbeitern wünschenswert — was jährliche Personalkosten von ca. 300 000 DM bedeutet.

Vergleichsweise preiswert sind dagegen die qualitativen Untersuchungen. Zwar ist hier ein Preis von etwa 250 bis 350 DM pro Interview anzusetzen, aber wegen der relativ geringen Zahl von Untersuchungspersonen lassen sich derartige Projekte noch mit einem Aufwand von nur etwa 30 000 DM durchführen. In dieser Summe sind die Kosten für das wissenschaftliche Personal abermals nicht enthalten.

Wenn man diese Kosten mit den Aufwendungen vergleicht, die in den Naturwissenschaften durchaus üblich sind, so erscheinen sie noch nicht einmal besonders hoch. Vergleicht man sie jedoch mit den Kosten der Forschung in den geisteswissenschaftlichen Bereichen, so erscheinen die erforderlichen Mittel astronomisch groß. Die gegenwärtige Auffassung aber rechnet die Sozialforschung den Geisteswissenschaften auch hinsichtlich der Wissenschaftsförderung zu. Das führt dazu, daß die Forschungsökonomik häufig den Entwurf komplexer Forschungsprojekte vereitelt. Das kommt zu den zahlreichen methodischen Schwierigkeiten hinzu und beeinträchtigt die Ergiebigkeit sozialwissenschaftlicher Forschung erheblich. Dabei ist gerade in den Sozialwissenschaften die naturwissenschaftliche Methode heute in einem weiten Bereich akzeptiert. Das Bilden von Hypothesen, die Umsetzung in Wenn-dann-Sätze, ihre Überprüfung nach dem Popper-Kriterium kennzeichnen die empirische Sozialforschung wie die Naturwissenschaften. Nicht zu Unrecht wird die Politische Wissenschaft deshalb im angelsächsischen Bereich zu den „sciences“, nicht zu den „arts“ gerechnet. Die Tragfähigkeit der Ergebnisse der Wahlforschung wird wesentlich

davon abhängen, ob es im Bereich der Forschungsförderung möglich sein wird, sie wie die „sciences“ zu behandeln.
Diesen forschungsökonomischen Einschränkungen steht gegenüber, daß in den letzten Jahrzehnten in der Bundesrepublik Deutschland sowie in vielen anderen modernen Industriegesellschaften eine Vielzahl von Untersuchungen durchgeführt worden sind, die für die spezielle Fragestellung einer geplanten Untersuchung wichtige Informationen enthalten können. Das Problem liegt darin, diese Untersuchungen einer erneuten Auswertung — einer „Sekundäranalyse“ — durch den interessierten Wissenschaftler zugänglich zu machen.

6. Sekundäranalysen und Datenarchive

Für die Nutzung der Informationen, die in anderen Untersuchungen gesammelt worden sind, gibt es eine Vielzahl von Gründen.
1. Kostenersparnis: Soweit andere Analysen ergänzende Informationen enthalten, die im Rahmen der eigenen Fragestellung wichtig sind, kann durch die Nutzung derartiger Daten darauf verzichtet werden, eigene Erhebungen durchzuführen.
2. Vorbereitung von Primärerhebungen: Aus bereits durchgeführten Untersuchungen lassen sich forschungsorientierende Hypothesen ableiten; sie geben Informationen über sinnvolle Fragen für die Fragebogenplanung; sie vermitteln das für die Planung eines Forschungsprojektes erforderliche Hintergrundwissen etc.
3. Erneute Analyse der vorhandenen Daten unter anderen Gesichtspunkten: Hier ist an die vergleichende Forschung zu denken. Untersuchungen zu ähnlichen Fragestellungen werden miteinander verglichen, die zu unterschiedlichen Zeitpunkten und/oder in verschiedenen politischen Systemen durchgeführt worden sind. Die Nutzung von vorhandenen Daten kann die Durchführung von Mehrebenen-Analysen ermöglichen. Durch die Zusammenfassung mehrerer, unabhängig voneinander entstandener Untersuchungen mit gleicher Thematik, vergleichbaren Frageformulierungen und gleichem Erhebungszeitpunkt kann ein Datenpool geschaffen werden, der eine Befragtenzahl ergibt, die weitaus größer ist als

die, die in einer Einzeluntersuchung erzielbar ist. Dadurch wird dann eine Analyse auch von Kleingruppen möglich, die interessante Aufschlüsse verspricht, aber bei einer normalen Befragtenzahl nicht sinnvoll durchgeführt werden kann. Auch der Vergleich mit Aggregatdaten, die Symbiose von Kontextuntersuchungen mit der Individualdatenerhebung, hat sich als außerordentlich fruchtbar erwiesen.

4. Prüfung von Ergebnissen eigener Untersuchungen anhand der in anderen Analysen gesammelten Informationen.

Diesen Vorteilen der Sekundäranalyse steht jedoch ein Informationsproblem entgegen: Gibt es relevante Daten? Wo sind diese erhältlich? Kann man Zugang zu diesen Daten erhalten? Wie sind diese Daten beschaffen — worüber man sich ein eigenes Urteil nur bilden kann, wenn man z. B. Fragebogen, die Intervieweranweisungen, den Codeplan, die Beschreibung der methodischen Anlage der Analyse und die Datenträger bekommen kann.

Zur Klärung dieser Informationsanforderungen sind eine Reihe von Datenarchiven errichtet worden. Sie geben ständige Dokumentationen heraus, in denen die archivierten Untersuchungen katalogisiert sind; dabei werden im allgemeinen zu jeder einzelnen Untersuchung folgende Informationen gegeben: Thema und Themenbereiche der Untersuchung; Institution und Forscher, von denen die Analyse durchgeführt wurde; Erhebungszeitpunkt; Bedingungen für die Zugänglichkeit der Daten; Datenträger, auf dem die Daten gegebenenfalls verfügbar sind; Methodik der Analyse; Art der Kontrollen, denen die Daten vor ihrer Archivierung unterworfen worden sind; Katalog der in der Untersuchung erfaßten statistischen Merkmale; Berichte und Publikationen, die aus dieser Untersuchung bisher erschienen sind.

In der Bundesrepublik Deutschland ist auf die Datenbank des Zentralarchivs für Empirische Sozialforschung an der Universität Köln hinzuweisen. Hier werden nicht nur wissenschaftliche, sondern inzwischen auch ein erheblicher Teil der unter tagespolitischen Fragestellungen erhobenen Untersuchungen archiviert und für Sekundäranalysen zugänglich gemacht. Im europäischen Maßstab ist auf das European Consortium for Political Research in Essex hinzuweisen, in dem alle wesentlichen Institute zusammen-

geschlossen sind, die in Europa empirische Sozialforschung betreiben; sie geben ihre Daten nach Essex, von wo sie für Sekundäranalysen abgerufen werden können. Schließlich ist als die älteste dieser Einrichtungen das Inter-University Consortium for Political and Social Research in Ann Arbor/Michigan zu nennen, das ursprünglich mit einer Konzentration auf amerikanische Daten gegründet wurde, aber heute die bedeutendste internationale Datenbank im Bereich der Sozialwissenschaften ist. Auch die dort gelagerten deutschen Untersuchungen sind noch nicht vollständig, d. h. nach verschiedenen möglichen Fragestellungen ausgewertet.
Die Existenz dieser Datenarchive hat das Problem der Verfügbarkeit von Daten im technischen Sinne ganz erheblich erleichtert. Es bleiben die inhaltlichen Probleme bestehen. Die Untersuchungen sind meist unter unterschiedlicher Fragestellung erarbeitet worden. Das hat zur Folge, daß die Frageformulierungen häufig nur bedingt oder gar nicht vergleichbar sind. Allerdings sind in den letzten Jahren für bestimmte Standardfragen Formulierungen entwickelt worden, die auch bei unterschiedlichen Untersuchungen immer wieder verwendet werden — dies führt zu einem reichhaltigeren vergleichbaren Datenmaterial, als ursprünglich angenommen wurde.

7. Datenauswertung

Die Verfahren der Datenauswertung sind grundsätzlich sowohl für die Analyse von Individualdaten als auch für die Auswertung von Aggregatdaten geeignet. Zu beachten sind jedoch bestimmte Probleme der Darstellung und der Interpretation, die bei diesen Datentypen in unterschiedlicher Weise auftreten.
Die Auswertung beginnt zweckmäßigerweise mit der Darstellung der Verteilungen aller erhobenen Variablen. Zu diesem ersten Schritt gehört es auch, daß man für alle Verteilungen die Streuung der erhobenen Merkmale berechnet („Standardabweichungen", „Varianzen", „mittlere lineare Abweichungen" sind hierfür geeignete und gebräuchliche Maßzahlen). Wenn diese Streuungen bekannt sind, kann man für die weiteren Auswertungsvorgänge

diejenigen Variablen aussondern, die wegen einer zu geringen Streuung keine sinnvollen statistischen Berechnungen ermöglichen. Diese rein statistische Begründung für die analytische Untauglichkeit bestimmter Variablen darf jedoch nicht mit der Behauptung verwechselt werden, daß solche Variablen auch theoretisch bedeutungslos sind. Gerade bei der Aggregatdatenanalyse wäre dies unzulässig — schon eine Analyse mit anderem Aggregationsgrad oder eine Individualdatenanalyse könnten zeigen, daß solche Merkmale sinnvolle Erklärungsansätze ermöglichen.

Für die Darstellung der gemeinsamen Verteilung mehrerer Variablen stehen zunächst zwei einfache Möglichkeiten zur Verfügung: (1) Streuungsdiagramme und (2) Tabellen. Im Streuungsdiagramm kann lediglich die gemeinsame Verteilung zweier Variablen eingetragen werden, z. B. der Anteil der Katholiken und der Stimmenanteil der CDU/CSU in jedem Wahlkreis: dabei wird jeder Wahlkreis als ein Punkt dargestellt, der auf den Koordinaten

Schaubild 10 Beispiel eines Streuungsdiagramms

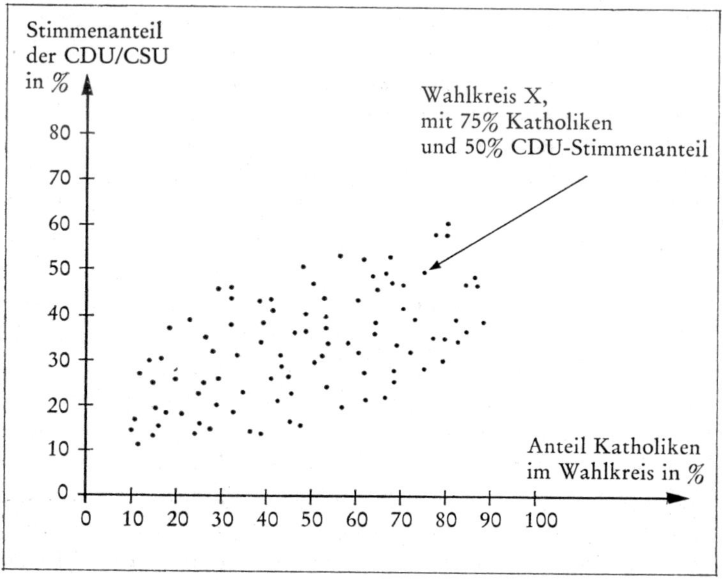

„Anteil Katholiken / Anteil CDU/CSU-Stimmen" eingetragen wird, wie dies in Schaubild 10 veranschaulicht wird.
Streuungsdiagramme können klar strukturierte Zusammenhänge optisch zeigen — wobei der Hinweis erforderlich ist, daß kaum eine Methode so sehr täuscht wie der „Augenschein".
Auch in Tabellen lassen sich nur die gemeinsamen Verteilungen von bis zu etwa vier Merkmalen darstellen. Überschreitet man diese Anzahl von Variablen, so wird die Tabelle unübersichtlich und wenig aussagefähig. Tabellen sollten jedoch leicht interpretierbar sein. Bei tabellarischer Darstellung der Ergebnisse werden die interessierenden Merkmalsverteilungen nach den erhobenen statistischen Merkmalen sowie nach allgemeinen Kategorien aufgespalten, z. B. nach Bevölkerungsdichte, Ortsgröße oder nach Wahlabsicht, Parteiidentifikation, politischem Interesse, Beurteilung der wirtschaftlichen Situation und ähnlichem mehr. Sind dabei Daten dargestellt worden, die auf Repräsentativbefragungen beruhen, so ist zu beachten, daß schon solche einfachen Operationen eine Beschreibung der Wählerschaft ermöglichen, die eine Genauigkeit und Detailliertheit des Analysebildes signalisiert, die aufgrund der zahlreichen Fehlerquellen in der Erhebungsmethodik oft nicht den Tatsachen entspricht. Jedenfalls sollte immer dann, wenn in den Feldern der Tabelle nur noch wenige Fälle enthalten sind, auf die Darstellung relativer Häufigkeiten (Prozentzahlen) verzichtet werden bzw. sollten zumindest auch die absoluten Häufigkeiten angegeben werden. Diese Gefahr, einen nicht begründeten Anschein von Genauigkeit zu erwecken, besteht noch stärker als bei tabellarischer Darstellung bei den komplexeren Analyseverfahren.
Präziser als durch Tabellen lassen sich Beziehungen zwischen Variablen durch die Berechnung von Koeffizienten darstellen, mit denen Assoziationen oder Korrelationen gemessen werden können. Sie geben an, wie gleichförmig die Schwankungen zweier (oder mehrerer) Variablen verlaufen. Hierbei gibt es Koeffizienten mit einem standardisierten Wertebereich von „+ 1" bis „— 1"[1].

---

[1] Die bekanntesten standardisierten Korrelationskoeffizienten sind bei metrischem Meßniveau der „Pearson'sche Produkt-Moment-Korrelationskoeffizient (r)" und bei ordinalem Meßniveau die Koeffizienten

Unabhängig von allen statistischen Einzelheiten lautet das wichtigste Gebot: Korrelationen beschreiben einen *statistischen* Zusammenhang, aber nie eine *kausale* Beziehung. Eine gelegentlich dargestellte hohe, aber ebenso nachdenklich stimmende Korrelation ist die zwischen der Häufigkeit von Störchen in einem Gebiet und der Geburtenrate dieser Region. Bei der kausalen Interpretation von Korrelationen ist große Zurückhaltung geboten — für Kausalaussagen bedarf es einer theoretischen Begründung. Durch die Berechnung von Korrelationskoeffizienten sind jedoch präzisere Vorstellungen darüber zu gewinnen, welche der verfügbaren Daten als Erklärungsansätze für das Wahlergebnis oder die individuellen Wahlentscheidungen eingesetzt werden können. Korrelationen können also Hypothesen stützen, aber nichts beweisen.

Zwei Probleme sind bei der Berechnung von Korrelationen generell zu beachten. Manche Variable, die einzeln in Beziehung zum Wahlverhalten gesetzt werden, korrelieren auch untereinander hoch (z. B. Schulbildung und Beruf, Beruf und Einkommen, Beruf und Erwerbsquelle usw.). Da Korrelationen keine Kausalaussage enthalten, kann es bei derartigen Interkorrelationen zwischen möglichen Erklärungsfaktoren geschehen, daß man auch durch Berechnung vieler Korrelationen zwischen Wahlverhalten und anderen Merkmalen doch immer wieder nur wenige tatsächliche Beziehungen beschreibt (Problem der „Multikollinearität"). Bei Korrelationen zwischen Aggregatdaten („ökologische Korrelationen") ist überdies die Höhe der gemessenen Beziehungen vom gewählten Aggregationsgrad abhängig — erfahrungsgemäß wer-

---

Tau-Alpha, Tau-Beta und Gamma. Bei unterschiedlichen Meßniveaus der zu assoziierenden Variablen sind andere Koeffizienten anwendbar, ebenso für die Messung von Beziehungen auf nominalem Meßniveau.

Bei der Interpretation der numerischen Werte standardisierter Korrelationskoeffizienten gilt: je höher der absolute Wert des Koeffizienten wird (je näher er dem Wert $\pm$ 1 kommt), desto enger ist der Zusammenhang zwischen den Variablen; je näher der Wert an Null heranrückt, desto schwächer ist diese Beziehung. Bei einem hohen positiven Wert gilt: je stärker das Merkmal A ausgeprägt ist, mit desto größerer Wahrscheinlichkeit nimmt auch das Merkmal B eine hohe Ausprägung an; bei negativen Werten gilt: je stärker Merkmal A, desto schwächer ist Merkmal B ausgeprägt.

den die Korrelationen um so höher, je größer die Einheiten werden, zu denen man die Wähler zusammenfaßt.

Beide Probleme lassen sich vermeiden bzw. umgehen. Die beobachtete Abhängigkeit der Korrelationen vom Aggregationsgrad gilt nicht für die Berechnung von „Regressionen". Regressionen beschreiben den Zusammenhang zwischen der abhängigen und einer (einfache Regression) oder mehreren (multiple Regression) unabhängigen Variablen in Form einer Gleichung, die linear oder nichtlinear sein kann. Veränderungen des Regressionskoeffizienten treten bei Änderung des Aggregationsgrades dann auf, wenn bei einer Aggregation nach unabhängigen Variablen der Tatbestand der Multikollinearität gegeben ist. Auch dieses Problem läßt sich jedoch vor der Berechnung von Regressionen u. U. mit Hilfe einer Faktorenanalyse umgehen.

In der Faktorenanalyse wird erkennbar, zwischen welchen Eigenschaften eine hohe Beziehung besteht, welche Eigenschaften also gemeinsam eine analytische Dimension (einen Faktor) darstellen und wie viele solcher Dimensionen in den Daten enthalten sind. Wählt man nun stellvertretend für jede Dimension eine (oder ganz wenige) Variable aus, die für diese Dimension „typisch" sind, so kann man diese wenigen Variablen zur Grundlage der Berechnung von Regressionen machen — das Problem der Multikollinearität ist weitgehend beseitigt. Zusätzlich hat man den Vorteil, nur mit einer geringeren Zahl von Einflußfaktoren rechnen zu müssen. Die Berechnung multipler Regressionen, also die gleichzeitige Berücksichtigung mehrerer Variablen und andere sogenannte „multivariate Verfahren" der statistischen Analyse sind in der Lage, die Komplexität der Wirklichkeit näherungsweise zu erfassen.

Für die Datenanalyse ist auch die Technik der „Kontrastgruppenanalyse (tree analysis)" von Bedeutung. Dies ist eine aufgrund nur weniger Anweisungen vom Computer automatisch durchgeführte, komplexere Methode der Varianzanalyse. Dabei wird die zu untersuchende Gesamtheit oder die Stichprobenpopulation zu immer kleineren Gruppen zusammengefaßt. Das Kriterium dabei ist: die Streuung der abhängigen Variablen „Wahlverhalten" *in* jeder dieser Gruppen soll immer weiter abnehmen (die innere

Struktur der Gruppen wird also — bezogen auf die abhängige Variable — immer homogener), während die Unterschiede *zwischen d*en Gruppen möglichst groß werden sollen (das Verhältnis von Intergruppenvarianz zu Intragruppenvarianz soll maximiert werden). Als Kriterium für die Gruppenteilung werden die erklärungsfähigsten der vom Forscher vorgegebenen unabhängigen Variablen verwendet. Wie das Beispiel in Schaubild 11 zeigt, wird schließlich eine Kombination bestimmter Merkmale einem bestimmten Wahlverhalten zugeordnet — die CDU/CSU erhält ihre höchsten Stimmenanteile in den 27 Wahlkreisen mit der geringsten Bevölkerungsdichte und einem Katholikenanteil von mehr als 75% der Einwohner. Da diese Berechnungen aufgrund eines Minimums an Anweisungen vom Computer ohne menschliches Eingreifen durchgeführt werden, ist es vor Beginn einer solchen Analyse erforderlich, eine theoretisch sinnvolle Auswahl aus den verfügbaren unabhängigen Variablen zu treffen — im dargestellten Beispiel müssen also plausible Hypothesen dazu vorliegen, daß es Abhängigkeiten zwischen dem Wahlverhalten und solchen Kontextvariablen wie „Region“ oder „Bevölkerungsdichte“ gibt. Bei der Interpretation solcher Kontrastgruppenanalysen ist es überdies wichtig, den Ablauf der Berechnungen nachvollziehen zu können und bei der Formulierung von Aussagen zu berücksichtigen.

Die Gefahr eines „theorielosen“ Vorgehens ist bei Anwendung der „Pfadanalyse“ weitgehend gebannt. Für ihre Anwendung ist außer der Berechnung einer Matrix der Korrelationen zwischen allen verwendeten Variablen die Formulierung eines theoretisch zu fundierenden Kausalmodells erforderlich. Dieses Modell enthält — wie das Beispiel in Schaubild 12 zeigt — die Struktur aller direkten und indirekten Beziehungen zwischen der abhängigen und den unabhängigen Variablen sowie die Stärke dieser Beziehungen. Das Modell wird mit kausalen „Pfaden“ gekennzeichnet (die Pfeile im Schaubild), die eine theoretisch angenommene Wirkungsstruktur darstellen. Ein auf diese Weise formuliertes Modell wird dann anhand der erhobenen Daten geprüft — entspricht die Datenlage nicht der angenommenen Struktur und Intensität der Beziehungen, so ist dieses Kausalmodell zu verwer-

Schaubild 11 Kontrastgruppenanalyse des Stimmenanteils der CDU/CSU in der Bundestagswahl 1976 auf Wahlkreisbasis

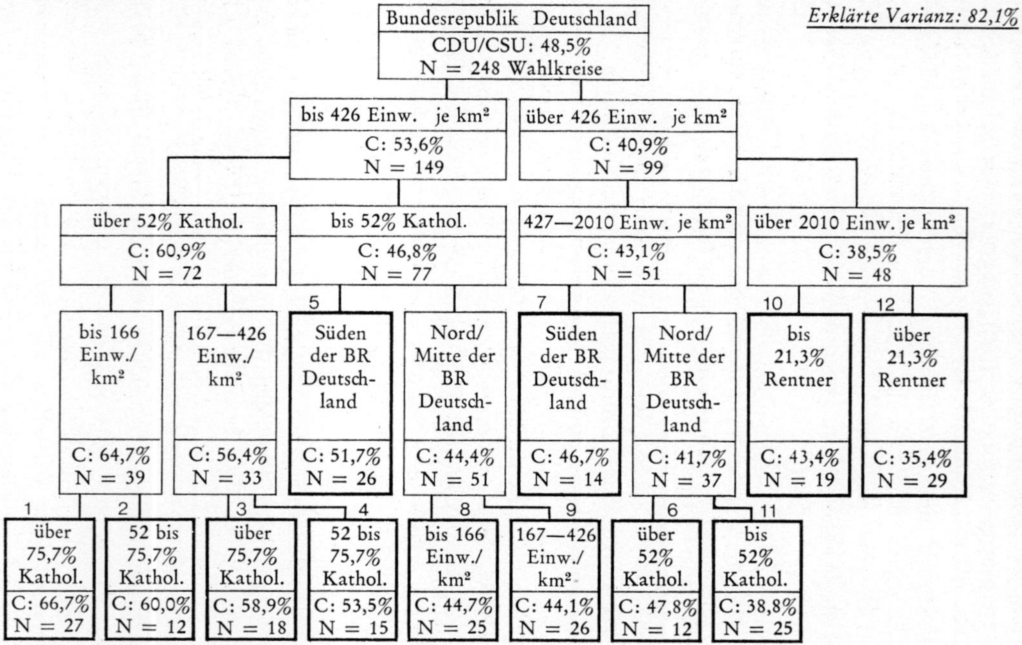

Als Erklärungsfaktoren wurden in die Analyse die folgenden Variablen eingegeben:
Region des Wahlkreises; Katholikenanteil des WK; Bevölkerungsdichte des WK; Rentneranteil des WK; Anteil Erwerbstätige in Land- und Forstwirtschaft im WK; Arbeiteranteil im WK; Anteil Hauptschulabsolventen im WK.

fen. Damit ist die Pfadanalyse geeignet, Hypothesen zu prüfen und für bekannte Wirkungsgefüge Vergleiche dazu zu ermöglichen, ob die verwendeten Erklärungsfaktoren unter unterschied-

Schaubild 12 Beispiel für eine Pfadanalyse

Bestimmungsgründe für das Einkommen der Schwarzen im Süden der USA
Quelle: Rolf Ziegler, Theorie und Modell, München 1972, S. 144.

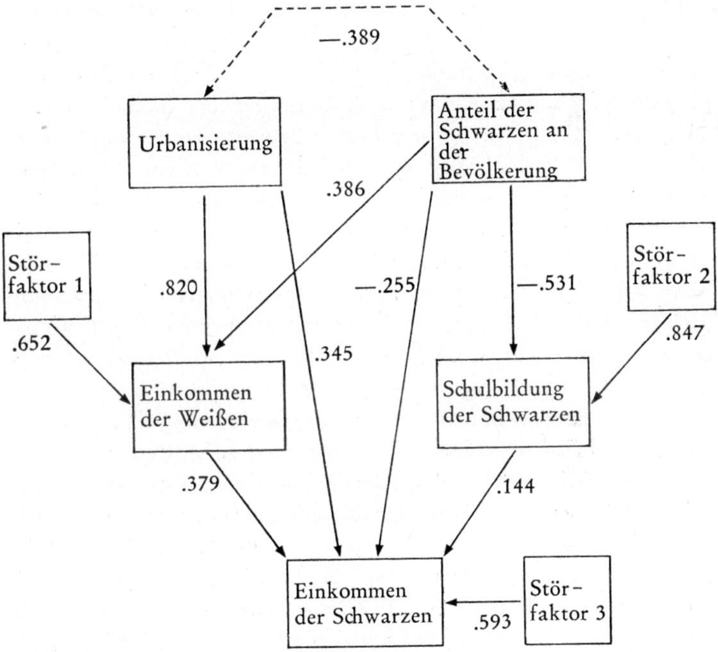

Erläuterungen:

Die Zahlen neben den Pfaden sind die „Pfadkoeffizienten", die angeben, wie stark die Abhängigkeit zwischen den durch die Pfade verbundenen Variablen sind.
Die „Störfaktoren" werden in ein Modell aufgenommen, um das Modell komplett zu machen. Sie sind „exogene Faktoren" eines nicht definierten Inhalts; eigentlicher Gegenstand der Pfad-Analyse sind die inhaltlich bezeichneten „endogenen Faktoren".

lichen Bedingungen auch unterschiedlich bestimmend für die abhängige Variable sind.

Die Anwendung solcher komplexer Analysetechniken setzt voraus, daß die Qualität der Datenbasis den Verfahren angemessen ist — dies ist vor Einsatz solch leistungsfähiger statistischer Instrumente in jedem Falle zu überprüfen. Es gehört zu den gefährlichen Entwicklungstendenzen der empirischen Sozialforschung, daß die statistische Datenauswertung häufig ohne Berücksichtigung der Qualität der Datenbasis erfolgt, weil der Analytiker dem Reiz der Methode nicht widerstehen kann. Das führt gelegentlich zu nahezu grotesken Fehlschlüssen. Die statistische Auswertung kann immer nur ein dienendes Instrument sein, bei dem der klare Bezug zur Fragestellung und zur Qualität der Daten gewahrt bleiben muß.

Die Anwendung von komplexen Auswertungsmethoden wird heute dadurch erleichtert, daß es mehrere geeignete Programmbibliotheken gibt, in denen — fertig programmiert — nahezu alle interessierenden Auswertungstechniken enthalten sind. Als die beiden wichtigsten Programmpakete seien hier nur das in Harvard entwickelte SPSS (Statistical Package for the Social Sciences) und das an der University of Michigan erarbeitete OSIRIS-Programmsystem genannt. Mit Hilfe solcher Programmpakete kann jeder Sozialwissenschaftler — auch wenn er im allgemeinen nur über Grundlagenkenntnisse auf dem Gebiet der elektronischen Datenverarbeitung verfügt — bei der Analyse seiner Daten komplexe statistische Methoden anwenden. Nachdem diese Programmpakete anfangs nur jeweils für Computer bestimmter Hersteller geeignet waren, sind sie inzwischen auch für andere übliche Rechenanlagen adaptiert worden. Dadurch ist der internationale Datenaustausch wesentlich erleichtert worden; dies war eine Voraussetzung für die Entwicklung einer zunehmend leistungsfähigeren Wahlforschung.

Allerdings zeigt die Erfahrung, daß die Verfügbarkeit komplexer Analysemethoden nicht nur Chancen, sondern auch Gefahren eröffnet. Je aufwendiger die statistischen Verfahren werden, die mit Hilfe der Computertechnik zugänglich sind, desto größer wird die Gefahr, daß sie eine Eigengesetzlichkeit entwickeln, so daß die Anwendung statistischer Instrumente zum Selbstzweck wird, bis zu dem Punkt, an dem die Fragestellung determiniert wird durch die Möglichkeiten, die die Computerprogramme anbieten. Diese Tendenz gibt es in allen Gebieten der empirischen Sozialforschung.

Dieser Gefahr kann dadurch begegnet werden, daß erstens die Voraussetzungen der statistischen Verfahren deutlich gemacht werden und daß zweitens eine theoretisch fundierte Fragestellung an den Anfang der Analyse gestellt wird. Erst sind der Fragestellung angemessene Hypothesen zu entwickeln, dann sind die entsprechenden Daten zu sammeln und dann sind Rechenmethoden festzulegen, die den Daten entsprechen und die Prüfung der Hypothesen ermöglichen. Bei einem derartigen Untersuchungsablauf kann man zu sinnvollen Aussagen über Wahlverhalten gelangen, auch und gerade, wenn man weiß, daß die Schwäche der Datenbasis und die Probleme der statistischen Methoden den Möglichkeiten zur Interpretation der Daten eine Grenze setzen.

III. Abschnitt:

Was kann die Wahlforschung leisten?

Die Frage, ob die Wahlforschung den ihr gestellten Aufgaben gerecht werden kann, ist nicht durch ein schlichtes „Ja“ oder „Nein“ zu beantworten. Grundsätzlich sind die Instrumente verfügbar, mit denen man die gestellten Probleme bewältigen kann. Ebenfalls sind theoretische Ansätze entwickelt worden, die das gesamte, breite Aufgabenfeld der Wahlforschung abdecken und zu einem ordnenden Verständnis von Parteiensystemen und dem Prozeß der Wahl als einem Teil eines umfassenden Kommunikationsprozesses führen. Dabei ist die Aussagefähigkeit auf der Makro-Ebene des politischen Prozesses insgesamt weitaus größer als auf der Mikro-Ebene der individuellen Wahlentscheidung und ihrer Erklärung, weil Abweichungen im Einzelfall sich im Aggregat kompensieren. Dies gilt für Aussagen über das menschliche Verhalten generell. In diesem Rahmen hat die Wahlforschung wesentliche Anstöße zur Theorie menschlichen Verhaltens und wichtige Beiträge zu einer empirischen Demokratietheorie leisten können.

Diese Feststellung soll jedoch nicht darüber hinwegtäuschen, daß es nach wie vor zahlreiche ungelöste Fragen gibt, die den Anstoß zur weiteren Forschung, insbesondere zum Zustandekommen von Einstellungen und Meinungen, bilden müssen. Diese offenen Fragen sind in der Komplexität des Kommunikationsprozesses begründet und in der Schwierigkeit, ihn zu verfolgen und analytisch zu erfassen. Vereinfacht formuliert kann man sagen, daß über die Wählerschaft als Ganzes bereits eine Vielzahl relativ sicherer Informationen erarbeitet worden sind, daß aber das Individuum nach wie vor eine weitgehend unbekannte Größe bildet, in deren innere Struktur man kaum hineinsehen kann und über deren innere Prozesse nur wenig Wissen vorliegt.

Dagegen ist die Wahlforschung grundsätzlich ungeeignet zu Voraussagen von Stimmenanteilen der Parteien, wie sie an Wahltagen stets besonderes Interesse finden. Dies ist in den geschilderten Unzulänglichkeiten ihres Instrumentariums begründet. Die ständige Verwendung der Ergebnisse von Repräsentativbefragungen als Tips für das Wahltoto — mögen diese letztlich zutreffen oder nicht — kann stärker zur Diskreditierung des Instrumentariums beitragen als zur Weiterentwicklung einer wissenschaftlich bedeutsamen Wahlforschung. Solange man nicht ein grundsätzlich anderes Instrumentarium entwickelt — wie immer dies aussehen mag — als das mit den normalen statistischen Fehlergrenzen und anderen Unzulänglichkeiten behaftete System der Repräsentativbefragungen, kann es keine im politischen Bereich relevante Voraussage von Wahlergebnissen geben. Das glückliche Zutreffen von Voraussagen aufgrund erfragter Daten zum Wahlverhalten beruht meist auf einer Interpretation der Daten auf der Grundlage langjähriger Erfahrung und in Verbindung mit sorgfältiger Beobachtung anderer Indikatoren.

Aber das grundsätzliche Unvermögen zur Wahlprognose schmälert den Wert der Wahlforschung für die Analyse von Parteiensystemen und demokratischen Prozessen nicht. Für das Verständnis des Parteiensystems der Bundesrepublik Deutschland ist es von sekundärer Bedeutung, ob ein CDU/CSU- oder ein SPD-Anteil von 46, 48 oder 50 Prozent ermittelt wird. Derartige Analysen verlangen Informationen auf anderen Dimensionen und über andere Zusammenhänge; da spielt die Unsicherheit des Instrumentariums keine ausschlaggebende Rolle mehr.

Dies gilt grundsätzlich auch bei der Verwendung der Wahlforschung als Grundlage einer Technologie der legalen Machtkonkurrenz. Seit Anfang der fünfziger Jahre werden von den politischen Parteien — zuerst von der CDU, später auch von der SPD — Repräsentativbefragungen zur Entwicklung von Wahlkampfkonzepten benutzt. Das ist legitim und nützlich, so wie entsprechende Untersuchungen im Bereich der Konsumforschung die Grundlage für Marketingstrategien bilden. Auch hier gilt wieder, daß die Ergebnisse der Wahlforschung sehr differenziert betrachtet werden müssen, um von Nutzen zu sein — politische Stäbe aber neigen ebenso wie Werbeagenturen zu vereinfachten Schlußfolgerungen. Zudem sind die Unterschiede zwischen politischer Werbung und Produktwerbung zu betonen. Erstens gibt es in der politischen Werbung nie ein wirklich neues Produkt: Die Parteien sind eingeführte Markenartikel mit tiefverwurzelten Images, die durch einen mehrwöchigen Wahlkampf nicht grundlegend zu verändern sind. Zweitens ist die politische Werbung in der Bundesrepublik Deutschland immer vergleichende Werbung, was die kommerzielle Werbung in der Bundesrepublik Deutschland nicht sein darf. Drittens ist die politische Werbung immer auch Gegenstand des allgemeinen Kommunikationsprozesses. Die Werbestrategie einer Partei wird von der anderen auf- und angegriffen sowie auch in den Massenmedien zum Gegenstand der Berichterstattung und Kommentierung gemacht. Dadurch ist es weit weniger als im Bereich der kommerziellen Werbung möglich, die Art der Informationsaufnahme zu kontrollieren, die durch die politische Werbung erzielt werden soll.

Wahlkampfstrategien wie Programmentwicklung und Kandidatenauswahl sind das Ergebnis von innerparteilichen Willensbildungsprozessen und Machtkämpfen, die von vielfältigen Motiven und Kräftekonstellationen bestimmt werden. Die Anpassung der politischen Strategie an von der Wahlforschung erhobenen Meinungen und Einstellungen oder Reaktionen in der Wählerschaft spielt dabei eine untergeordnete Rolle. Dies läßt sich an vielen Beispielen aller Parteien belegen. Ähnliches gilt für die Formulierung der Politik von Regierung und Opposition. Zwar werden Popularitätstests gern gehandelt, aber die Politik definieren sie nicht. Diese Beobachtungen lassen die häufig geäußerte Furcht als unbegründet erscheinen, daß die Demoskopie die Politik ersetzen könnte. Sie ist ein nützliches Instrument auch in der Hand der Politiker, die sie zu nutzen wissen — und das sind wenige.

Literaturverzeichnis

I. Abschnitt:

Wahlforschung als Teil der empirischen Demokratieforschung

1. Kapitel:

Die Wahl im Gefüge der politischen Institutionen und der sozialen Strukturen

1. Gegenstand und Ziele der Wahlforschung

Diederich, Nils: Empirische Wahlforschung. Konzeptionen und Methoden im internationalen Vergleich, (Staat und Politik, Bd. 8), Köln, Opladen 1965.

Küchler, Manfred: Was leistet die empirische Wahlsoziologie?, in: M. Kaase (Hrsg.), Wahlsoziologie heute. Analysen aus Anlaß der Bundestagswahl 1976, H. 2/3 der Politischen Vierteljahresschrift, 18. Jg. (1977), S. 145 ff.

Meyer, Gerd: Thesen zur Kritik der empirischen Wahlforschung in der Bundesrepublik Deutschland, in: M. Kaase (Hrsg.), Wahlsoziologie heute, a. a. O., S. 169 ff.

Narr, Wolf-Dieter, Naschold, Frieder: Einführung in die moderne politische Theorie. Bd. III: Theorie der Demokratie, Stuttgart, Berlin, Köln, Mainz 1971, hier S. 164 ff.

Radtke, Günter D.: Zur Prognosekompetenz der empirischen Wahlforschung, in: M. Kaase (Hrsg.), Wahlsoziologie heute, a. a. O., S. 669 ff.

Scheuch, Erwin K. und *Wildenmann, Rudolf* (Hrsg.): Zur Soziologie der Wahl, (Kölner Zeitschrift für Soziologie und Sozialpsychologie, Sonderheft 9), Köln, Opladen 1968.

Wildenmann, Rudolf, Kaltefleiter, Werner, Schleth, Uwe: Auswirkungen von Wahlsystemen auf das Parteien- und Regierungssystem der Bundesrepublik, in: E. K. Scheuch und R. Wildenmann (Hrsg.), Zur Soziologie der Wahl, (Sonderheft 9 der Kölner Zeitschrift für Soziologie und Sozialpsychologie), Köln, Opladen 1965, S. 74 ff.

2. Funktionen der Wahl im demokratischen System

Bagehot, Walter: The English Constitution, London 1896.

Deutsch, Karl W.: Politische Kybernetik. Modelle und Perspektiven, Freiburg 1969.

Dicey, A. V.: Introduction to the study of the law of the constitution, 10th ed., London 1959 (Erstausgabe 1885).

Friedrich, Carl J.: Man and his government. An empirical Theory of Politics, New York u. a. 1963.

— The new belief in the common man, repr. ed., 1949.

Hermens, Ferdinand A.: Verfassungslehre, Köln, Opladen 1968.

von Heyl, Arnulf: Wahlfreiheit und Wahlprüfung, Berlin 1975.

Lakeman, Enid, Lambert, James D.: Voting in democracies. A Study of majority and proportional electoral systems, London 1955.

Leibholz, Gerhard: Das Wesen der Repräsentation und der Gestaltwandel der Demokratie im 20. Jahrhundert, 2. Aufl., Berlin 1960.

Niebuhr, Reinhold: Consensus in einer demokratischen Gesellschaft, in: Politische Vierteljahresschrift, 2. Jg. (1960), S. 202 ff.

Parsons, Talcott: Structure and process in modern societies, Glencoe, Ill. 1960.

— The political aspect of social structure and process, in: David Easton (ed.), Varieties of political theory, Englewood Cliffs, N. J. 1966, S. 71—112.

Pitkin, H.: The concept of representation, Berkely 1967.

Scheuch, Erwin K.: Der deutsche Wähler und ein alternierendes Regierungssystem, in: Jahrbuch „Verfassung und Verfassungswirklichkeit" 1967 II, Köln, Opladen 1967, S. 197 ff.

Unkelbach, Helmut, Wildenmann, Rudolf: Grundlagen des Wählens, (Demokratische Existenz heute, Heft 4), Frankfurt a. M., Bonn 1961.

Unkelbach, Helmut, Wildenmann, Rudolf, Kaltefleiter, Werner: Wähler. Parteien. Parlament. Bedingungen und Funktionen der Wahl, Frankfurt a. M., Bonn 1963.

Wildenmann, Rudolf: Macht und Konsens als Problem der Innen- und Außenpolitik, (Demokratie und Frieden, Bd. 6), Köln, Opladen 1967.

3. Das Zusammenwirken von Konfliktstruktur, Sozialstruktur und Institutionen

Kammler, Hans: Politische Heterogenität in Skandinavien. Der Fall Dänemark, in: Jahrbuch „Verfassung und Verfassungswirklichkeit" 1967 I, Köln, Opladen 1967, S. 137 ff.

Kaltefleiter, Werner: Politische Form, in: Rudolf Wildenmann (Hrsg.), Ein Leben für die Demokratie. Festschrift zum 70. Geburtstag von Ferdinand A. Hermens, Berlin 1976.

Kirchheimer, Otto: Der Wandel des westeuropäischen Parteisystems, in: Th. Stammen (Hrsg.), Vergleichende Regierungslehre. Beiträge zur theoretischen Grundlegung und exemplarische Einzelstudien, Darmstadt 1967, S. 253 ff.

LaPalombara, Joseph, Weiner, Myron (Hrsg.): Political parties and political development, Princeton 1969.

Lehmbruch, Gerhard: Strukturen ideologischer Konflikte bei Parteienwettbewerb, in: Th. Stammen (Hrsg.), Vergleichende Regierungslehre, a. a. O., S. 288 ff.

Lipset, Seymour M., Rokkan, Stein: Cleavage structures, party systems, and voter alignments. An introduction, in: Dieselben (Hrsg.), Party systems and voter alignments, New York 1967, S. 1—64.

Rokkan, Stein (with A. Campbell, P. Torsvik, H. Valen): Citizens, elections, parties. Approaches to the comparative study of the processes of development, New York, Oslo 1970.

Rokkan, Stein: Zur entwicklungssoziologischen Analyse von Parteiensystemen. Anmerkungen für ein hypothetisches Modell, in: Th. Stammen (Hrsg.), Vergleichende Regierungslehre, a. a. O., S. 360 ff.

Setzer, Hans: Wahlsystem und Parteienentwicklung in England. Wege zur Demokratisierung der Institutionen. 1832 bis 1948, Frankfurt a. M. 1973.

2. Kapitel:

Wahl und Wahlsystem

1. *Grundtypen von Wahlsystemen* und
2. *Exkurs: Das Wahlsystem der Bundesrepublik Deutschland* und
3. *Die Wirkungsweise von Wahlsystemen*
(zu 3.1—3.3)

Bick, Wolfgang: Mehrheitsbildende Wahlsysteme und Wahlkreiseinteilung. Zur Möglichkeit einer Korrektur des Bias, Meisenheim am Glan 1975.

Bredthauer, Rüdiger: Das Wahlsystem als Objekt von Politik und Wissenschaft. Die Wahlsystemdiskussion in der BRD 1967/68 als politische und wissenschaftliche Auseinandersetzung, Meisenheim am Glan 1973.

Duverger, Maurice: L'influence des systèmes électoraux sur la vie politique. Avec la collaboration de F. Goguel, J. Cadart, G. de Loys, S. Marstallene, A. Sonlier, G. Vlaches, Paris 1950.

Engelmann, Frederick C., Pobihushchy, Sidney I.: Parteiintegration in Kanada, in: Jahrbuch „Verfassung und Verfassungswirklichkeit" 1969, Köln, Opladen 1969, S. 137 ff.

Fenske, Hans: Strukturprobleme der deutschen Parteiengeschichte. Wahlrecht und Parteiensystem vom Vormärz bis heute, Frankfurt a. M. 1974.

Gehrig, Helmut (Hrsg.): Wahlrecht und Wahlgerechtigkeit. Mit Beiträgen von M. Hättich, F. A. Hermens, Th. Maunz, W. Mischnick, Karlsruhe 1970.

Gemmecke, Vera: Parteien im Wahlkampf, (Politik und Wähler, Bd. 7), Meisenheim am Glan 1967.

Gemmecke, Vera, Kaltefleiter, Werner: Die NPD und die Ursachen ihrer Erfolge, in: Jahrbuch „Verfassung und Verfassungswirklichkeit" 1967 I, Köln, Opladen 1967, S. 23 ff.

Grundlagen eines deutschen Wahlrechts. Bericht der vom Bundesminister des Inneren eingesetzten Wahlrechtskommission, Bonn 1955.

Hermens, Ferdinand A.: Democracy or Anarchy? A study of proportional representation, Notre Dame 1941. (Deutsche Ausgabe: Demokratie oder Anarchie, Frankfurt a. M. 1951).

— Zur Wahlrechtsdiskussion in der Bundesrepublik, in: Jahrbuch „Verfassung und Verfassungswirklichkeit" 1968, Köln, Opladen 1968, S. 1 ff.

Kaltefleiter, Werner: Vor einer neuen Wahlrechtsdiskussion in der Bundesrepublik? Erfahrungen mit der Anwendung von Simulationstechniken zur Analyse von Wahlverfahren, in: Jahrbuch „Verfassung und Verfassungswirklichkeit" 1972 II, Köln, Berlin, Bonn, München 1972, S. 121 ff.

Kammler, Hans: Politische Heterogenität in Skandinavien. Der Fall Dänemark, in: Jahrbuch „Verfassung und Verfassungswirklichkeit" 1967 I, Köln, Opladen 1967, S. 137 ff.

Lakeman, Enid, Lambert, James D.: Voting in democracies. A study of majority and proportional electoral systems, London 1955.

Lange, Erhard H. M.: Wahlrecht und Innenpolitik. Entstehungsgeschichte und Analyse der Wahlgesetzgebung und Wahlrechtsdiskussion im westlichen Nachkriegsdeutschland. 1945—1956, Meisenheim am Glan 1975.

LaPalombara, Joseph, Weiner, Myron (Hrsg.): Political parties and political development, Princeton 1966.

Lehmbruch, Gerhard: Parteienwettbewerb im Bundesstaat, Stuttgart, Berlin, Köln, Mainz 1976.

— Strukturen ideologischer Konflikte bei Parteienwettbewerb, in: Th. Stammen (Hrsg.), Vergleichende Regierungslehre. Beiträge zur theoretischen Grundlegung und exemplarische Einzelstudien, Darmstadt 1976, S. 288 ff.

Nass, Klaus Otto: Wahlorgane und Wahlverfahren bei Bundestags- und Landtagswahlen. Grundlagen des Wahlvollzugs, (Göttinger Rechtswissenschaftliche Studien, Bd. 28), Göttingen 1959.

Nohlen, Dieter: Wahlsysteme der Welt, München, Zürich 1978.

Nowka, Harry, Wiesner, Joachim: Die Einwirkung verschiedener Wahlsysteme auf die politische Struktur Australiens, in: Jahrbuch „Verfassung und Verfassungswirklichkeit" 1967 I, Köln, Opladen 1967, S. 107 ff.

Oppermann, Thomas: Britisches Unterhauswahlrecht und Zweiparteiensystem, Karlsruhe 1961.

Ortino, Sergio: Proporz und Staatskrise in Italien, in: Jahrbuch „Verfassung und Verfassungswirklichkeit" 1969, Köln, Opladen 1969, S. 82 ff.

Riker, William H.: The theory of political coalitions, New Haven 1962.

Scheuch, Erwin K.: Der deutsche Wähler und ein alternierendes Regierungssystem, in: Jahrbuch „Verfassung und Verfassungswirklichkeit" 1967 II, Köln, Opladen 1967, S. 197 ff.

Schütt, Eberhard: Wahlsystemdiskussion und parlamentarische Demokratie, Hamburg 1973.

Setzer, Hans: Wahlsystem und Parteienentwicklung in England. Wege zur Demokratisierung der Institutionen. 1832 bis 1948, Frankfurt a. M. 1973.

Sjöblom, Gunnar: Party strategies in a multiparty system, (Lund Political Studies, 7), Lund 1970.

Unkelbach, Helmut: Grundlagen der Wahlsystematik. Stabilitätsbedingungen der parlamentarischen Demokratie, Göttingen 1956.

Unkelbach, Helmut, Wildenmann, Rudolf: Grundlagen des Wählens, (Demokratische Existenz heute, Heft 4), Frankfurt a. M., Bonn 1961.

Wildenmann, Rudolf, Kaltefleiter, Werner, Schleth, Uwe: Auswirkungen von Wahlsystemen auf das Parteien- und Regierungssystem der Bundesrepublik, in: E. K. Scheuch und R. Wildenmann (Hrsg.), Zur Soziologie der Wahl, (Sonderheft 9 der Kölner Zeitschrift für Soziologie und Sozialpsychologie), Köln, Opladen 1965, S. 74 ff.

Ziegler, D. J.: Prelude to democracy. A study of proportional representation and the heritage of Weimar Germany. 1871—1920, (University of Nebraska Studies, New Series, No 20), 1958.

3.4 Methoden zur Analyse der Wirkungsweise von Wahlverfahren

Abelson, Robert P.: The use of surveys in simulations, in: Public Opinion Quarterly, Vol. 26 (1962), S. 485 ff.

Almond, Gabriel A., Powell, G. Bingham, jr.: Vergleichende Politikwissenschaft — ein Überblick, in: Th. Stammen (Hrsg.), Vergleichende Regierungslehre. Beiträge zur theoretischen Grundlegung und exemplarische Einzelstudien, Darmstadt 1976, S. 132 ff.

Barton, Richard F.: A primer on simulation and gaming, Englewood Cliffs 1970.

von Beyme, Klaus: Die vergleichende Methode, in: Th. Stammen (Hrsg.), Vergleichende Regierungslehre, a. a. O., S. 17 ff.

Blondel, Jean: Eine Einführung in die Vergleichende Regierungslehre, in: Th. Stammen (Hrsg.), Vergleichende Regierungslehre, a. a. O., S. 63 ff.

Guetzkow, Harold (Hrsg.): Simulation in social science. Readings, Englewood Cliffs 1962.

Hovland, Carl I.: Computer simulation of thinking, in: The American Psychologist, Vol. 15 (1960), S. 687 ff.

Kaltefleiter, Werner: Vor einer neuen Wahlrechtsdiskussion in der Bundesrepublik? Erfahrungen mit der Anwendung von Simulationstechniken zur Analyse von Wahlverfahren, in: Jahrbuch „Verfassung und Verfassungswirklichkeit“ 1972 II, Köln, Berlin, Bonn, München 1972, S. 121 ff.

Nowka, Harry, Wiesner, Joachim: Die Einwirkung verschiedener Wahlsysteme auf die politische Struktur Australiens, in: Jahrbuch „Verfassung und Verfassungswirklichkeit“ 1967 I, Köln, Opladen 1967, S. 107 ff.

Shaffer, William R.: Computer simulations of voting behavior, New York, London, Toronto 1972.

Unkelbach, Helmut: Ursachen des Zusammenbruchs der Weimarer Republik und ihre Lehren, in: Ferdinand A. Hermens und Theodor Schieder (Hrsg.), Staat, Wirtschaft und Politik in der Weimarer Republik, Festschrift für Heinrich Brüning, Berlin 1967, S. 393—429.

Wildenmann, Rudolf, Kaltefleiter, Werner, Schleth, Uwe: Auswirkungen von Wahlsystemen auf das Parteien- und Regierungssystem der Bundesrepublik, in: E. K. Scheuch und R. Wildenmann (Hrsg.), Zur Soziologie der Wahl, (Sonderheft 9 der Kölner Zeitschrift für Soziologie und Sozialpsychologie), Köln, Opladen 1965, S. 74 ff.

II. Abschnitt:

Untersuchungsansätze zum Wahlverhalten und ihre Techniken

1. Kapitel:

Sozialstruktur und Wahlverhalten: Aggregatdatenanalyse

1. Fragestellung der Aggregatdatenanalyse

Dogan, Mattei, Rokkan, Stein (eds.): Quantitative ecological analysis in the social sciences, Cambridge, Mass., London 1969.

Pappi, Franz-Urban: Aggregatdatenanalyse, in: J. van Koolwijk, M. Wieken-Mayser (Hrsg.): Techniken der empirischen Sozialforschung, Bd. 7: Datenanalyse, München, Wien 1977, S. 78 ff.

Ranney, Austin: The utility and limitations of aggregate data in the study of electoral behavior, in: Ders. (ed.), Essays on the behavioral study of politics, Urbana 1962, S. 91 ff.

Rice, Stuart, A.: Quantitative methods in politics, New York 1928.

Setzer, Hans: Determinanten der Wählerentscheidung. Eine politikwissenschaftlich-statistische Analyse der Unterhauswahlen in England und Wales zwischen den Weltkriegen, Frankfurt, New York 1974.

2. Die bisherige Entwicklung der Wahlforschung auf Aggregatdatenbasis

Diederich, Nils: Empirische Wahlforschung. Konzeptionen und Methoden im internationalen Vergleich, (Staat und Politik, Bd. 8), Köln, Opladen 1965.

Eulau, Heinz: Class and party in the Eisenhower years, New York 1962.

Faul, Erwin (Hrsg.): Wahlen und Wähler in Westdeutschland, Villingen 1960.

Goguel, François: Géographie des élections françaises sous la Troisième et la Quatrième République, Paris 1970.

— Géographie des élections françaises de 1870—1951, Paris 1952.

Goguel, François (Hrsg.): Nouvelles études de sociologie électorale, Paris 1954.

Harvard, William C., Heberle, Rudolf, Howard, Perry H.: The Louisiana elections of 1960, Baton Rouge 1962.

Heberle, Rudolf: Landbevölkerung und Nationalsozialismus. Eine soziologische Untersuchung der politischen Willensbildung in Schleswig-Holstein 1918—1932, Stuttgart 1963.

Herz, Dieter von: Die Politik des verspäteten Machtwechsels, (Politik und Wähler, Bd. 6), Meisenheim am Glan 1970.

Hirsch-Weber, Wolfgang, Schütz, Klaus: Wähler und Gewählte. Eine Untersuchung der Bundestagswahlen 1953, Berlin, Frankfurt a. M. 1957.

Howard, Perry H.: Political tendencies in Louisiana 1812—1952, Baton Rouge 1957.

Key, Valdimer Orlando: Southern politics in state and nation, 2nd ed., New York 1950.

Klatzmann, Joseph: Comment votent les paysans français?, in: Revue Française de Science Politique, Vol. 3 (1958), S. 12 ff.

Pollock, James K., Eldersveld, Samuel J.: Michigan politics in transition, Ann Arbor 1942.

Rice, Stuart A.: Quantitative methods in politics, New York 1928.

Sahner, Heinz: Politische Tradition, Sozialstruktur und Parteiensystem in Schleswig-Holstein. Ein Beitrag zur Replikation von Rudolf Heberles „Landbevölkerung und Nationalsozialismus", Meisenheim am Glan 1971.

Schuckmann, Gunnar von: Die politische Willensbildung in der Großstadt Köln seit der Reichsgründung im Jahre 1871, Köln (Diss.) 1966.

Siegfried, André: Tableau politique de la France de l'Ouest sous la Troisième République, Paris 1913.

— Géographie électorale de l'Ardèche sous la IIIme République, Paris 1949.

Silva, Ruth C.: Rum, religion, and votes: 1928 re-examined, University Park, Pa. 1962.

3. Probleme der Aggregatdatenanalyse

Alker, Hayward R.: A typology of ecological fallacies, in: M. Dogan, S. Rokkan (eds.): Quantitative ecological analysis in the social sciences, Cambridge, Mass., London 1969, S. 69 ff.

Blau, Peter M.: Structural effects, in: American Sociological Review, Vol. 25 (1960), S. 178 ff.

Buttler, Günter: Demographische Methoden, in: J. van Koolwijk, M. Wieken-Mayser (Hrsg.), Techniken der empirischen Sozialforschung, Bd. 7: Datenanalyse, München, Wien 1977, S. 45 ff.

Deutsche Akademie für Bevölkerungswissenschaft (Hrsg.): Statistische Methoden und Materialien für Demographen, Bd. 1, Hamburg 1966; Bd. II, Hamburg 1967.

Dogan, Mattei, Rokkan, Stein (eds.): Quantitative ecological analysis in the social sciences, Cambridge, Mass., London 1969.

Duncan, Otis D., Davis, Beverly: An alternative to ecological correlation, in: American Sociological Review, Vol. 18 (1953), S. 663 ff.

Goodman, Leo A.: Some alternatives to ecological correlation, in: American Journal of Sociology, Vol. 64 (1958/59), S. 610 ff.

— Ecological regressions and the behavior of individuals, in: American Sociological Review, Vol. 18 (1953), S. 663 ff.

Harder, Theodor, Pappi, Franz-Urban: Multiple-level regression analysis of survey and ecological data, in: Social Science Information, Vol. 8 (1969), N. S., S. 43 ff.

Hofstätter, Peter R.: Faktorenanalyse, in: R. König (Hrsg.), Handbuch der empirischen Sozialforschung, 3. Aufl., Bd. 3 a: Grundlegende Methoden und Techniken, 2. Teil, Stuttgart 1974, S. 204 ff.

Hummell, Hans-Joachim: Probleme der Mehrebenenanalyse, Stuttgart 1972.

Lazarsfeld, Paul F., Menzel, Herbert: On the relation between individual and collective properties, in: A. Etzioni (ed.), A sociological reader on complex organizations, 2. Aufl., New York, Toronto, London, Sydney 1969, S. 499 ff.

Luhmann, Niklas: Funktion und Kausalität, in: Kölner Zeitschrift für Soziologie und Sozialpsychologie, 14. Jg. (1962), S. 617 ff.

Pappi, Franz Urban: Aggregatdatenanalyse, in: J. van Koolwijk, M. Wieken-Mayser (Hrsg.), Techniken der empirischen Sozialforschung, Bd. 7: Datenanalyse, München, Wien 1977, S. 78 ff.

Ranney, Austin: The utility and limitations of aggregate data in the study of electoral behavior, in: Ders. (ed.), Essays on the behavioral study of politics, Urbana 1962, S. 91 ff.

Robinson, William S.: Ecological correlation and the behavior of individuals, in: S. M. Lipset, N. J. Smelser (eds.), Sociology. The progress of a decade, Englewood Cliffs 1961, S. 145 ff.

Sahner, Heinz: Aggregations- und Kontexteffekte. Probleme bei der Analyse ökologischer Daten, in: AIAS-Informationen, Heft 3/4 (1970/71).

— Politische Tradition, Sozialstruktur und Parteiensystem in Schleswig-Holstein. Ein Beitrag zur Replikation von Rudolf Heberles „Landbevölkerung und Nationalsozialismus“, Meisenheim am Glan 1971.

Schäffer, Karl-August: Multivariate Datenanalyse des Wahlverhaltens in der Bundesrepublik, (Habilitationsschrift), Mainz 1966.

Scheuch, Erwin K.: Entwicklungsrichtungen bei der Analyse sozialwissenschaftlicher Daten, in: R. König (Hrsg.), Handbuch der empirischen Sozialforschung, 3. Aufl., Bd. 1: Geschichte und Grundprobleme, Stuttgart 1973, S. 161 ff.

Scheuch, Erwin K.: Ökologischer Fehlschluß, in: W. Bernstorff (Hrsg.), Wörterbuch der Soziologie, 2. Aufl., Stuttgart 1969, S. 757 f.

— Cross-national comparisons using aggregate data. Some substantive methodological problems, in: R. L. Merritt, S. Rokkan (eds.), Comparing nations. The use of quantitative data in cross-national research, New Haven, London 1966, S. 131 ff.

Setzer, Hans: Determinanten der Wählerentscheidung. Eine politikwissenschaftlich-statistische Analyse der Unterhauswahlen in England und Wales zwischen den Weltkriegen, Frankfurt, New York 1974.

Shiveley, W. P.: „Ecological" inference. The use of aggregate data to study individuals, in: American Political Science Review, Vol. 63 (1969), S. 1183 ff.

Statistisches Bundesamt (Hrsg.): Das Arbeitsgebiet der Bundesstatistik, Stuttgart, Mainz 1971.

— Stichproben in der amtlichen Statistik, Stuttgart, Mainz 1960.

Tukey, John W.: Statistical and quantitative methodology, in: D. P. Ray (ed.), Trends in social science, New York 1961, S. 84 ff.

Überla, Karl: Faktorenanalyse. Eine systematische Einführung für Psychologen, Mediziner, Wirtschafts- und Sozialwissenschaftler, Berlin, Heidelberg, New York 1968.

Ziegler, Rolf: Theorie und Modell. Der Beitrag der Formalisierung zur soziologischen Theoriebildung, München 1972.

2. Kapitel:

Individuelle Einstellungen und Wahlverhalten

2. *Ansätze zu einer Theorie des Wahlverhaltens*
(2.1 bis 2.3)

Abelson, Robert P., Aronson, Elliott, McGuire, William, Newcomb, Theodore, u. a.: Theories of cognitive consistency. A sourcebook, Chicago 1968.

Belknap, George, Campbell, Angus: Political party identification and attitudes towards foreign policy, in: Public Opinion Quarterly, Vol. 16 (1952), S. 601 ff.

Berelson, Bernard R., Lazarsfeld, Paul F., McPhee, William N.: Voting. A study of opinion formation in a presidential campaign, Chicago 1954.

Berger, Manfred: Parteiidentifikation in der Bundesrepublik, in: Politische Vierteljahresschrift, 14. Jg. (1973), S. 215 ff.

Boulding, Kenneth E.: The image, Ann Arbor 1956.

Budge, Ian, Crewe, Ivor, Farlie, Dennis (eds.): Party identification and beyond. Representations of voting and party competition, London, New York, Sydney, Toronto 1976.

Burdick, Eugene, Brodbeck, Arthur J. (eds.): American voting behavior, New York, London 1968.

Campbell, Angus, Converse, Philip E., Miller, Warren E., Stokes, Donald E.: Elections and the political order, 2. Aufl., New York, London, Sydney 1967.

— The American voter, 4. Aufl., New York, London, Sydney 1966.

Campbell, Angus, Gurin, Gerald, Miller, Warren E.: The voter decides, Evanston, Ill., White, N. Y. 1954.

Campbell, Angus, Kahn, Robert R.: The people elect a president, Ann Arbor, Mich. 1952.

Diederich, Nils: Empirische Wahlforschung. Konzepte und Methoden im internationalen Vergleich, (Staat und Politik, Bd. 8), Köln, Opladen 1965.

Dreyer, Edward C.: Change and stability in party identification, in: Journal of Politics, Vol. 35 (1973), S. 712 ff.

Downs, Anthony: An economic theory of democracy, New York 1957.

Eltermann, Ludolf, Jung, Helmut, Kaltefleiter, Werner: Drei Fragen zur Bundestagswahl 1972, in: aus politik und zeitgeschichte, 1973.

Festinger, Leon A.: A theory of cognitive dissonance, Evanston, Ill. 1957.

Herder-Dorneich, Philipp, Groser, Manfred: Ökonomische Theorie des Politischen Wettbewerbs, Göttingen 1977.

Hummell, Hans J.: Psychologische Ansätze zu einer Theorie sozialen Verhaltens, in: R. König (Hrsg.), Handbuch der empirischen Sozialforschung. 2 Bde., II. Band, Stuttgart 1969, S. 1157 ff.

Kaltefleiter, Werner: Wirtschaft und Politik in Deutschland, 2. Aufl., Köln, Opladen 1968.

Key, Valdimer Orlando: The responsible electorate. Rationality in presidential voting. 1936—1960, Cambridge, Mass. 1968.

— Politics, parties, & pressure groups, 5. Aufl., New York 1964.

Lane, Robert E.: Political ideology. Why the American common man believes what he does, New York, London 1962.

Lazarsfeld, Paul F., Berelson, Bernard, Gaudet, Hazel: The people's choice: How the voter makes up his mind in a presidential campaign, 2nd ed., New York 1949.

Narr, Wolf-Dieter, Naschold, Frieder: Einführung in die moderne politische Theorie, Bd. III: Theorie der Demokratie, Stuttgart, Berlin, Köln, Mainz 1971, S. 174 ff.

Nie, Norman H., Verba, Sidney, Petrocik, John R.: The changing American voter, Cambridge, Mass., London 1976.

Nie, Norman H. with Kristi Andersen: Mass belief systems revisited. Political change and attitude structure, in: Journal of Politics, Vol. 36 (1974), S. 540 ff.

Nißen, Peter: Das Zusammenwirken von Parteiidentifikation, Issues und Images zur Erklärung politischen Verhaltens, Meisenheim am Glan 1976.

Parsons, Talcott: „Voting" and the equilibrium of the American political system, in: E. Burdick, A. J. Brodbeck (eds.), American voting behavior, a. a. O., S. 80 ff.

Pomper, Gerald M.: From confusion to clarity. Issues and American voters. 1956—1968, in: American Political Science Review, Vol. 66 (1972), S. 415 ff.

Rossi, Peter H.: Four landmarks in voting research, in: E. Burdick, A. J. Brodbeck (eds.), American voting behavior, a. a. O., S. 5 ff.

Scheuch, Erwin K., Wildenmann, Rudolf (Hrsg.): Zur Soziologie der Wahl, (Sonderheft 9 der Kölner Zeitschrift für Soziologie und Sozialpsychologie), Köln, Opladen 1965.

Simmel, Georg: Grundfragen der Soziologie, 1917.

— Über sociale Differenzierung, 1890.

Sperlich, Peter W.: Conflict and harmony in human affairs. A study of cross-pressure and political behavior, Chicago 1971.

Stokes, Donald E., Campbell, Angus, Miller, Warren E.: Components of electoral decision, in: American Political Science Review, Vol. 52 (1958), S. 367 ff.

2.4 Entwicklungsrichtungen in der Wahlforschung

Allardt, E.: The merger of American and European traditions of sociological research — Contextual analysis, in: Social Science Information, Vol. 7 (1968), S. 151—168.

Harder, Theodor, Pappi, Franz Urban: Multiple-level regression analysis of survey and ecological data, in: Social Science Information, Vol. 8 (1969), S. 43—67.

Herder-Dorneich, Philipp, Groser, Manfred: Ökonomische Theorie des politischen Wettbewerbs, Göttingen 1977.

Hibbs, Douglas A., Jr.: Industrial conflict in advanced industrial societies, in: American Political Science Review, Vol. 70 (1976), S. 1033—1058.

— Political parties and macroeconomic policy, in: American Political Science Review, Vol. 71 (1977), S. 1467—1487.

Hummell, Hans J.: Probleme der Mehrebenenanalyse, (Studienskripten zur Soziologie, hg. v. E. K. Scheuch), Stuttgart 1972.

Kendall, Patricia, Lazarsfeld, Paul F.: The relation between individual and group characteristics in the „American Soldier", in: P. F. Lazarsfeld, M. Rosenberg (eds.), The language of social research, Glencoe, Ill. 1955, S. 290—296.

Lazarsfeld, Paul F., Menzel, Herbert: On the relation between individual and collective properties, in: A. Etzioni (ed.), A sociological reader on complex organizations, New York 1969, S. 499—516.

Pappi, Franz Urban: Sozialstruktur und politische Konflikte in der Bundesrepublik. Individual- und Kontextanalysen der Wahlentscheidung, (Habil-Schrift), Köln o. J.

Putnam, Robert D.: Political attitudes and the local community, in: American Political Science Review, Vol. 60 (1966), S. 650—654.

Scheuch, Erwin K.: Entwicklungsrichtungen bei der Analyse sozialwissenschaftlicher Daten, in: R. König (Hrsg.), Handbuch der empirischen Sozialforschung, 2 Bde. I. Band, 2., unveränd. u. erw. Aufl., Stuttgart 1967, S. 655—685.

Ziegler, Rolf: Theorie und Modell. Der Beitrag der Formalisierung zur soziologischen Theoriebildung, München 1972.

3. Das Grundgerüst der Wahlentscheidung und ihrer Analyse

Abelson, Robert P., Aronson, Elliott, McGuire, William J., Newcomb, Theodore M., u. a.: Theories of consistency. A sourcebook, Chicago 1968.

Baker, Kendall L., Dalton, Russell J., Hildebrandt, Kai: Political affiliations. Transitions in the bases of German partisanship, Paper presented at the ECPR Joint Sessions of Workshops, London 1975.

Blalock, Hubert M. Jr. (ed.): Causal models in the social sciences, 2. Aufl., Chicago, New York 1972.

Blalock, Hubert M., Jr., Blalock, Ann B. (eds.): Methodology in social research, New York 1968.

Boulding, Kenneth E.: The image, Ann Arbor 1956.

Budge, Ian, Crewe, Ivor, Farlie, Dennis (eds.): Party identification and beyond. Representations of voting and party competition, London, New York, Sydney, Toronto 1976.

Boyd, Richard W.: Presidential elections. An explanation of voting defection, in: American Political Science Review, Vol. 63 (1969), S. 498 ff.

Converse, Philip E.: The nature of belief systems in mass publics, in: D. E. Apter (ed.), Ideology and discontent, New York, London 1964, S. 206 ff.

Converse, Philip E.: The problem of party distances in models of voting change, in: M. K. Jennings, L. H. Zeigler (eds.), The electoral process, Englewood Cliffs, N. J. 1966, S. 175 ff.

Easton, David, Dennis, Jack: The child's acquisition of regime norms. Political efficacy, in: American Political Science Review, Vol. 61 (1967), S. 25 ff.

Edwards, Allen L.: Techniques of attitude scale construction, New York 1957.

Festinger, Leon A.: A theory of cognitive dissonance, Evanston, Ill. 1957.

Froman, Lewis A., Skipper, James K.: Factors related to misperceiving party stands on issues, in: Public Opinion Quarterly, Vol. 26 (1962), S. 265 ff.

Gemmecke, Vera: Parteien im Wahlkampf, (Politik und Wähler, Bd. 7), Meisenheim am Glan 1967.

Haungs, Peter (Hrsg.): Wahlkampf als Ritual?, (Heidelberger Politische Schriften, Bd. 7), Meisenheim am Glan 1974.

Herz, Dieter von: Die Politik des verspäteten Machtwechsels, (Politik und Wähler, Bd. 6), Meisenheim am Glan 1970.

Hummell, Hans J.: Psychologische Ansätze zu einer Theorie sozialen Verhaltens, in: R. König (Hrsg.), Handbuch der empirischen Sozialforschung, Zwei Bände, II. Bd., Stuttgart 1969, S. 1157 ff.

Hyman, Herbert H.: Political socialization. A study in the psychology of political behavior, New York, London 1969.

Just, Dieter und Lothar Romain (Hrsg.): Auf der Suche nach dem mündigen Wähler. Die Wahlentscheidung 1972 und ihre Konsequenzen, Bonn 1974.

Jennings, M. Kent, Niemi, Richard G.: Patterns of political learning, in: E. C. Dreyer, W. A. Rosenbaum (Hrsg.), Political opinion and behavior. Essays and studies, 2. Aufl., Belmont 1970, S. 139 ff.

Kaase, Max (Hrsg.): Wahlsoziologie heute. Analysen aus Anlaß der Bundestagswahl 1976, in: Politische Vierteljahresschrift, 18. Jg. (1977), Heft 2/3.

— Die Bundestagswahl 1972. Probleme und Analysen, in: Politische Vierteljahresschrift, 14. Jg. (1973), S. 145 ff.

— Determinanten des Wahlverhaltens in der Bundestagswahl 1969, in: Politische Vierteljahresschrift, 11. Jg. (1970), S. 46 ff.

— Der Wechsel von Parteipräferenzen. Eine Analyse am Beispiel der Bundestagswahl 1961, Meisenheim am Glan 1967.

— Demokratische Einstellungen in der Bundesrepublik Deutschland, in: R. Wildenmann (Hrsg.), Sozialwissenschaftliches Jahrbuch für Politik, Bd. 2, München, Wien 1971, S. 119—326.

Kaltefleiter, Werner: Wirtschaft und Politik in Deutschland, 2. Aufl., Köln, Opladen 1968.

— Vorspiel zum Wechsel. Eine Analyse der Bundestagswahl 1976, Jahrbuch „Verfassung und Verfassungswirklichkeit“ 1977, Berlin 1977.

— Zwischen Konsens und Krise. Eine Analyse der Bundestagswahl 1972, Jahrbuch „Verfassung und Verfassungswirklichkeit“ 1973 I, Köln, Berlin, Bonn, München 1973.

Kaplan, Abraham: The conduct of inquiry: Methodology for behavioral science, San Francisco 1964.

Kelly, Stanley, Mirer, Thad W.: The simple act of voting, in: American Political Science Review, Vol. 68 (1974), S. 572 ff.

Klingemann, Hans-D.: Issue-Kompetenz und Wahlentscheidung. Die Einstellung zu wertbezogenen politischen Problemen im Zeitvergleich, in: Politische Vierteljahresschrift, 14. Jg. (1973), S. 227 ff.

— Bestimmungsgründe des Wahlverhaltens im Bundestagswahlkreis Heilbronn. Eine regionale Wahlanalyse, Diss., Köln 1966.

Kristof, Walter: Untersuchungen zur Theorie psychologischen Messens, Meisenheim am Glan 1969.

Langton, Kenneth P.: Political socialization, New York, London, Toronto 1969.

McGrath, Joseph E., McGrath, Marion F.: Effects of partisanship on the perception of political figures, in: Public Opinion Quarterly, Vol. 26 (1962), S. 236 ff.

Nie, Norman H., Verba, Sidney, Petrocik, John R.: The changing American voter, Cambridge, Mass., London 1976.

Nie, Norman H. with Kristi Andersen: Mass belief systems revisited. Political change and attitude structure, in: Journal of Politics, Vol. 36 (1974), S. 540 ff.

Nippert, Reinhardt: Quantifizierung der sozialen Realität, Düsseldorf 1972.

Nißen, Peter: Das Zusammenwirken von Parteiidentifikation, Issues und Images zur Erklärung politischen Verhaltens, Meisenheim am Glan 1976.

Oberndörfer, Dieter (Hrsg.): Wählerverhalten in der Bundesrepublik Deutschland, Berlin 1978.

Osgood, Charles E.: The measurement of meaning, Urbana, Ill. 1957.

Pappi, Franz Urban: Wahlverhalten und politische Kultur, Meisenheim am Glan 1970.

Pomper, Gerald M.: From confusion to clarity. Issues and American voters 1956—1968, in: American Political Science Review, Vol. 66 (1972), S. 415 ff.

Pomper, Gerald M.: Elections in America. Control and influence in democratic politics, New York, Toronto 1972.

Riker, William H., Ordeshook, Peter C.: A theory of the calculus of voting, in: American Political Science Review, Vol. 62 (1968), S. 25 ff.

Roth, Dieter: Ökonomische Variablen und Wahlverhalten. Eine empirische Untersuchung zur Validität von Einschätzungsfragen, in: Politische Vierteljahresschrift, 14. Jg. (1973), S. 257 ff.

Scheuch, Erwin K., Zehnpfennig, Helmut: Skalierungsverfahren in der Sozialforschung, in: R. König (Hrsg.), Handbuch der empirischen Sozialforschung, Band 3 a: Grundlegende Methoden und Techniken der empirischen Sozialforschung, 2. Teil, 3., umgearb. u. erw. Aufl., Stuttgart 1974, S. 97—203.

Scheuch, Erwin K., Wildenmann, Rudolf (Hrsg.): Zur Soziologie der Wahl, (Sonderheft 9 der Kölner Zeitschrift für Soziologie und Sozialpsychologie), Köln, Opladen 1965.

Sola Pool, Ithiel de: Die Auswirkungen der Kommunikation auf das Wählerverhalten, in: W. Schramm (Hrsg.), Grundlagen der Kommunikationsforschung, 5. Aufl., München 1973, S. 155 ff.

Sperlich, Peter W.: Conflict and harmony in human affairs. A study of cross-pressures and political behavior, Chicago 1971.

Stokes, Donald E., Campbell, Angus, Miller, Warren E.: Components of electoral decision, in: American Political Science Review, Vol. 52 (1958), S. 367 ff.

Wahlforschung. Sonden im politischen Markt, in: transfer 2, Opladen 1976.

Weisberg, Herbert F., Rusk, Jerrold G.: Dimensions of candidate evaluation, in: American Political Science Review, Vol. 64 (1970), S. 1167 ff.

4. *Wechsel von Parteipräferenzen — Nichtwählen — Protestwahl*

Budge, Ian, Crewe, Ivor, Farlie, Dennis (Hrsg.): Party identification and beyond. Representations of voting and party competition, London, New York, Sydney, Toronto 1976.

Boyd, Richard W.: Presidential elections. An explanation of voting defection, in: American Political Science Review, Vol. 63 (1969), S. 498 ff.

Converse, Philip E.: The problem of party distances in models of voting change, in: M. K. Jennings, L. H. Zeigler (Hrsg.), The electoral process, Englewood Cliffs 1966, S. 185 ff.

Dreyer, Edward C.: Change and stability in party identification, in: Journal of Politics, Vol. 35 (1973), S. 712 ff.

Ferejohn, John A., Fiorina, Morris P.: The paradox of not voting. A decision theoretic analysis, in: American Political Science Review, Vol. 68 (1974), S. 525 ff.

Kaase, Max (Hrsg.): Wahlsoziologie heute. Analysen aus Anlaß der Bundestagswahl 1976, in: Politische Vierteljahresschrift, 18. Jg. (1977), Heft 2/3.

Kaase, Max: Der Wechsel der Parteipräferenzen. Eine Analyse am Beispiel der Bundestagswahl 1961, Meisenheim am Glan 1967.

Klingemann, Hans D., Pappi, Franz Urban: Politischer Radikalismus. Theoretische und methodische Probleme der Radikalismusforschung dargestellt am Beispiel der Landtagswahl 1970 in Hessen, München, Wien 1972.

Osgood, Charles E., Tannenbaum, Percy H.: The principle of congruity in the prediction of attitude change, in: Psychological Review, Vol. 62 (1955), S. 42 ff.

3. Kapitel:

Das Instrumentarium der Analyse individuellen Wahlverhaltens

Allerbeck, Klaus: Computerunterstützte Datenaufbereitung und Datenanalyse, in: M. Wieken-Mayser, J. v. Koolwijk (Hrsg.), Techniken der empirischen Sozialforschung, Bd. 7: Datenanalyse, München, Wien 1977, S. 170—188.

Atteslander, Peter: Methoden der empirischen Sozialforschung, 2. Aufl., Berlin, New York 1971.

Friedrichs, Jürgen: Methoden empirischer Sozialforschung, Reinbek 1973.

Harder, Theodor: Werkzeug der Sozialforschung, München 1974.

Herkner, Werner: Inhaltsanalyse, in: M. Wieken-Mayser, J. v. Koolwijk (Hrsg.), Techniken der empirischen Sozialforschung, Bd. 3: Erhebungsmethoden. Beobachtungen und Analyse von Kommunikation, München, Wien 1974, S. 158—191.

Klingemann, Hans D., Mochmann, Ekkehart: Sekundäranalysen, in: M. Wieken-Mayser, J. v. Koolwijk (Hrsg.), Techniken der empirischen Sozialforschung, Bd. 2: Untersuchungsformen, München, Wien 1975, S. 178—194.

König, René (Hrsg.): Das Interview, 2. Aufl., Köln 1957.

Koolwijk, Jürgen van: Das Quotenverfahren. Paradigma sozialwissenschaftlicher Auswahlpraxis, in: M. Wieken-Mayser, J. v. Koolwijk (Hrsg.), Techniken der empirischen Sozialforschung, Bd. 6: Statistische Forschungsstrategien, München, Wien 1974, S. 81 ff.

Mayntz, Renate, Holm, Kurt, Hübner, Peter: Einführung in die Methoden der empirischen Soziologie, 4. Aufl., Opladen 1974.

Nehnevajsa, Jiri: Analyse von Panel-Befragungen, in: R. König (Hrsg.), Handbuch der empirischen Sozialforschung, Zwei Bände, I. Bd., 2., unveränd. u. erw. Aufl., Stuttgart 1967, S. 197—208.

Neurath, Paul: Grundbegriffe und Rechenmethoden der Statistik für Sozialwissenschaftler, in R. König (Hrsg.), Handbuch der empirischen Sozialforschung, Zwei Bände, I. Bd., 2., unveränd. u. erw. Aufl., Stuttgart 1967, S. 241—308.

Scheuch, Erwin K.: Entwicklungsrichtungen bei der Analyse sozialwissenschaftlicher Daten, in: R. König (Hrsg.), Handbuch der empirischen Sozialforschung, 3. Aufl., Bd. 1: Geschichte und Grundprobleme, Stuttgart 1973, S. 161 ff.

— Das Interview in der Sozialforschung, in: R. König (Hrsg.), Handbuch der empirischen Sozialforschung, Zwei Bände, I. Bd., 2., unveränd. u. erw. Aufl., Stuttgart 1967, S. 136—196.

— Auswahlverfahren in der Sozialforschung, in: R. König (Hrsg.), Handbuch der empirischen Sozialforschung, Zwei Bände, I. Bd., 2., unveränd. u. erw. Aufl., Stuttgart 1967, S. 309—347.

Schrader, Achim: Einführung in die empirische Sozialforschung, Stuttgart, Berlin, Köln, Mainz 1971.

Silbermann, Alphons: Systematische Inhaltsanalyse, in: R. König (Hrsg.), Handbuch der empirischen Sozialforschung, Zwei Bände, I. Bd., 2., unveränd. u. erw. Aufl., Stuttgart 1967, S. 570—600.

Sturm, Manfred, Vajna, Thomas: Planung und Durchführung von Zufallsstichproben, in: M. Wieken-Mayser, J. v. Koolwijk (Hrsg.), Techniken der empirischen Sozialforschung, Bd. 6: Statistische Forschungsstrategien, München, Wien 1974, S. 40—80.

Wieken-Mayser, Maria, Koolwijk, Jürgen van (Hrsg.): Techniken der empirischen Sozialforschung, Bd. 4: Erhebungsmethoden. Die Befragung, München, Wien 1974.

Ziegler, Rolf: Theorie und Modell. Der Beitrag der Formalisierung zur soziologischen Theoriebildung, München 1972.

III. Abschnitt:

Was kann die Wahlforschung leisten?

Grube, Frank, Richter, Gerhard und Thaysen, Uwe: Politische Planung in Parteien und Parlamentsfraktionen, Göttingen 1976.

Küchler, Manfred: Was leistet die empirische Wahlsoziologie?, in: M. Kaase (Hrsg.), Wahlsoziologie heute, Politische Vierteljahresschrift, 18. Jg. (1977), H. 2/3, S. 145—168.

Meyer, Gerd: Thesen zur Kritik der empirischen Wahlforschung in der Bundesrepublik Deutschland, in: M. Kaase (Hrsg.), Wahlsoziologie heute, a. a. O., S. 169—194.

Naschold, Frieder: Wahlprognosen und Wählerverhalten in der BRD, Stuttgart, Berlin, Köln, Mainz 1971.

Radtke, Günter D.: Zur Prognosekompetenz der empirischen Wahlforschung, in: M. Kaase (Hrsg.), Wahlsoziologie heute, a. a. O., S. 669—688.